製品原価計算論

片岡洋人 著

東京 森山書店 発行

は　し　が　き

　近年の会計学は，その歴史上，大きな変革期を迎えているように思われる。とくに国際財務報告基準（IFRS）による影響は大きい。しかし，その変革期の中でも，製品原価計算研究の領域における進展の速度は牛歩のごとくであると言える。活動基準原価計算（ABC）の登場によって一時的に製品原価計算研究が活性化したのも 20 年近く前のことであった。

　原価計算は，現代の経済社会で組織を適切に運営していくためには不可欠なシステムである。それは，原価計算システムが組織内部の経済活動を写像し，組織構成員が進むべき道筋を決定するのに役立つ増分原価情報を提供するからである。しかしながら，原価計算自体の重要性は研究者間・実務者間を問わず広く認識されているものの，しばしば原価計算における平均化の側面に焦点が当たり，批判の矛先が向けられている。原価計算の本質を適切に理解するためには重要な課題が未解決のまま残されてきたように思われる。

　本書の執筆も，このような問題意識から出発した。会計学全体の歴史の中では微力ながらも，真理を追究し，残された重要な課題を明らかにして解決の糸口を見つけることが，後世に対する責任でもある。これまで，原価計算における個別の技法について考察する研究は見られたが，個々のプロセスと原価計算システム全体とを関連付けて体系化した研究は数少ないように思われる。その意味でも，とくに Noreen（1991）他による analytical approach の研究潮流に基づいて，製品原価計算システムの構築に関する基礎理論を究明する必要があった。そこで，製品原価計算論の生成から現在に至るまでの発展を回顧し，どのようにして因果関係が追究され，どのようにして意思決定に資する増分原価概念が洗練化されるべきかという点に基本的課題を据えた。本書では，しばしばこれを「正確性」という用語で表現している。

　本書によって，現代の管理会計研究者が製品原価計算研究の領域に一条の光明を見出すことができれば，それは筆者にとって望外の歓びである。

本書を上梓することができたのは，恩師・廣本敏郎先生のお蔭である。1999年に一橋大学大学院商学研究科博士後期課程に入学し，廣本先生に師事することを許可されて以来，暖かくも厳しいご指導の下で過ごした5年間で，本書を執筆するための基礎が築かれた。現在，筆者は大学院を終え，大分大学，明治大学へと奉職先を移したが，ことあるごとに廣本先生からお声を掛けていただき，常に緊張感と安心感をもって研究に取り組むことができた。廣本先生のご指導・ご助言・叱咤激励なしには本書の上梓はあり得なかった。謹んで本書を廣本先生に捧げる次第である。

本書を執筆するに当たり，たいへん素晴らしい環境に恵まれていたことにも感謝しなければならない。大学院時代より現在に至るまでの所属大学はいずれも会計部門の伝統校であり，充実した図書館と尊敬すべき先生方に囲まれていた。母校・一橋大学では，尾畑裕教授，挽文子教授から筆舌に尽くせぬご指導とご支援を賜った。奉職後の大分大学では，大崎美泉教授，椛田龍三教授，岸牧人教授（現・法政大学）が研究するための諸環境を整えて下さった。さらに現在の会計専門職研究科では，佐藤信彦教授，田中建二教授，長吉眞一教授，本橋正美教授，渡辺雅雄准教授といった会計学専攻の先生方に加え，沼田博幸教授，吉村孝司教授，秋坂朝則教授のお蔭で，安心して本書の執筆活動に取り組むことができた。また，一橋大学名誉教授である松本雅男先生・岡本清先生にルーツをもつ一橋大学管理会計ゼミ出身の先輩諸兄にあたる，中村博之教授（横浜国立大学），簗本智之教授（小樽商科大学），髙橋賢准教授（横浜国立大学），伊藤克容教授（成蹊大学），荒井耕准教授（一橋大学），諸藤裕美教授（立教大学），藤野雅史准教授（日本大学），渡辺章好准教授（東京経済大学），前田陽准教授（明治大学），岡田幸彦准教授（筑波大学），堺昌彦准教授（小樽商科大学），西村三保子講師（明治学院大学）からいただいた数えきれないほどの激励やご助言も忘れられない。

これまでも本書の執筆には多くの方々からご支援いただいてきたが，とくに常日頃から筆者を支え続けてくれている家族に，この場を借りて心から感謝の言葉を述べたい。

最後になったが，本書の刊行の機会を与えていただいた森山書店・菅田直文社長，ならびに本書の刊行にご尽力くださった菅田直也氏をはじめ森山書店の方々に厚く御礼を申し上げる。また，本書刊行に際して，日本会計研究学会における平成22年度の財団法人産業経理協会の寄付による出版助成金の交付を受けたことを記し，感謝の意を表したい。

2011年1月　神田駿河台の研究室にて

片岡　洋人

目　次

序章　製品原価計算の分析的研究

第1節　問 題 の 設 定 ……………………………………………………… *1*
　1-1. 本書における問題意識 ……………………………………………… *1*
　1-2. 本書の意義：analytical approach ………………………………… *4*
第2節　原価計算システムの利用に関する諸問題 ……………………… *5*
　2-1. ABC の提唱と発展の概略 …………………………………………… *5*
　2-2. 原価計算システムの現状：ABC の普及状況 …………………… *10*
　2-3. ABC の利用に関する諸問題 ……………………………………… *15*
　2-4. ABC の実行可能性が問題になる理由 …………………………… *26*
第3節　研 究 の 潮 流 …………………………………………………… *29*
　3-1. 実行可能性の問題と3つの潮流 ………………………………… *29*
　3-2. 組織内部環境の諸問題を扱った研究：implementation-phase approach … *29*
　3-3. 計算構造上の諸問題を扱った研究：analytical approach ……… *31*
　3-4. 費用便益アプローチに属する研究：cost-benefit approach …… *32*
　3-5. 製品原価計算研究の3つの潮流 ………………………………… *33*
　3-6. 研究の潮流の範囲と研究対象の限定 …………………………… *34*
第4節　本 書 の 構 成 …………………………………………………… *36*

第1章　製品原価計算の基本構造に関する前提的考察

第1節　問 題 の 所 在 …………………………………………………… *41*
第2節　原価計算の手続 …………………………………………………… *42*
　2-1. 原価計算の基本的プロセスと資源の投入・利用 ……………… *42*

2-2. 原価計算の基礎概念：原価の凝着性と因果関係……………………*45*
第3節　Noreen（1991）の提示する3つの条件………………………*49*
　3-1. 条件導出のための前提的考察………………………………………*49*
　3-2. 基礎原価データ算出のための必要十分条件………………………*51*
第4節　原価計算における基本構造内のプロセスと3つの条件………*53*
　4-1. Noreen（1991）が示す3つの条件の貢献………………………*53*
　4-2. 伝統的方法とABCとの相違………………………………………*55*
　4-3. 原価計算プロセスと3つの条件……………………………………*57*
第5節　本章のまとめ……………………………………………………*59*

第2章　ABC以前の製品原価計算研究の発展：1986年まで

第1節　問題の所在………………………………………………………*63*
第2節　製品原価計算論の史的展開についての先行研究………………*65*
　2-1. Littleton（1933）……………………………………………………*66*
　2-2. Garner（1954）………………………………………………………*66*
　2-3. Brummet（1957）……………………………………………………*68*
　2-4. Solomons（1968）……………………………………………………*69*
　2-5. Wells（1978b）………………………………………………………*70*
　2-6. Johnson & Kaplan（1987）…………………………………………*71*
　2-7. 廣本（1993a）………………………………………………………*72*
第3節　生成・確立期の原価計算における3つの視点…………………*73*
　3-1. 視点の設定：Littleton（1933）およびGarner（1954）の所説……*73*
　3-2. 3つの視点と原価計算の基本的プロセス…………………………*77*
第4節　展開・反省期の製品原価計算研究………………………………*84*
　4-1. 展開・反省期原価計算論の諸論点…………………………………*84*
　4-2. 製品原価概念の洗練化と増分原価…………………………………*94*

第 5 節　本章のまとめ ……………………………………………………… *100*

第 3 章　コスト・プールの設定とコスト・プール別計算

第 1 節　問 題 の 所 在 ……………………………………………………… *107*
第 2 節　諸概念の整理 ……………………………………………………… *108*
　2-1. 前提：原価計算の基本構造 ………………………………………… *108*
　2-2. コスト・プールと原価部門の概念整理 …………………………… *110*
　2-3. 伝統的方法における原価部門の設定 ……………………………… *113*
第 3 節　伝統的方法によるコスト・プールと ABC の活動 …………… *120*
　3-1. 伝統的方法と ABC との比較：コスト・プールの設定 ………… *120*
　3-2. コスト・プール別集計の方法 ……………………………………… *125*
第 4 節　古典的アプローチによる分割可能性と加法性 ………………… *128*
　4-1. 古典的アプローチの前提 …………………………………………… *128*
　4-2. 弾力性の概念 ………………………………………………………… *129*
　4-3. コスト・プールへの分割可能性：分割可能性の条件 …………… *130*
　4-4. コスト・プール間の独立性：加法性の条件 ……………………… *133*
　4-5. 統計的手法による補完 ……………………………………………… *135*
第 5 節　会計的アプローチと古典的アプローチとの比較 ……………… *137*
　5-1. 焦 点 の 相 違 ………………………………………………………… *137*
　5-2. 責任センターの特性 ………………………………………………… *139*
　5-3. 活動センターの特性 ………………………………………………… *140*
　5-4. 機能別分類との関係 ………………………………………………… *140*
第 6 節　本章のまとめ ……………………………………………………… *141*

第4章　コスト・ドライバーと製品別計算

第1節　問　題　の　所　在 …………………………………………………… *147*
第2節　コスト・ドライバーの分析に関する主要文献のレビュー ……… *149*
　2-1. Foster & Gupta（1990a）の見解 ………………………………… *149*
　2-2. Banker & Johnston（1993）の見解 ……………………………… *150*
第3節　正比例性の検証：Noreen の見解 ………………………………… *151*
　3-1. Noreen の見解 ……………………………………………………… *151*
　3-2. 1994 年論文の分析 ………………………………………………… *152*
　3-3. 1997 年論文の分析 ………………………………………………… *155*
　3-4. 各検証の限界点の検討 …………………………………………… *159*
第4節　コスト・ドライバー・レートの設定：Demski の見解 ………… *162*
　4-1. Demski（1997）の見解 …………………………………………… *162*
　4-2. 直接原価計算と全部原価計算との相違 ………………………… *166*
　4-3. 代替的な生産環境における基礎概念の利用 …………………… *168*
　4-4. 選択問題と生産環境 ……………………………………………… *171*
第5節　見解の相違と本章のまとめ ……………………………………… *172*

第5章　コスト・プール別計算と製品別計算の関係の分析

第1節　問　題　の　所　在 …………………………………………………… *177*
第2節　製品原価差額の相殺：Gupta（1993）の見解 …………………… *179*
　2-1. 異質性および差額に関する尺度と仮説検証の過程 …………… *179*
　2-2. 歪みの尺度の数値例 ……………………………………………… *182*
　2-3. 差額の相殺についての検討 ……………………………………… *183*

第 3 節 製品原価における誤差の
　　　　 トレード・オフ：Datar & Gupta（1994）の見解……………………*185*
　3-1. 誤差の概念と種類………………………………………………………*185*
　3-2. 誤差の数値例と意義……………………………………………………*187*
　3-3. トレード・オフについての検討………………………………………*189*
第 4 節 Noreen（1991）の条件間の関係……………………………………*190*
　4-1. Gupta（1993）および Datar & Gupta（1994）のまとめ……………*190*
　4-2. 第 1 条件の検討…………………………………………………………*191*
　4-3. 第 2 条件の検討…………………………………………………………*193*
　4-4. 第 3 条件の検討…………………………………………………………*195*
　4-5. 条件間の相互関係………………………………………………………*196*
第 5 節 本章のまとめ……………………………………………………………*198*

第 6 章　現代的原価計算システムの再構築

第 1 節 問 題 の 所 在……………………………………………………………*203*
第 2 節 コスト・プール別計算と製品別計算において残された課題……*204*
　2-1. コスト・プール別計算の段階における諸問題………………………*204*
　2-2. 製品別計算段階における諸問題………………………………………*206*
　2-3. 原価計算システム全体の一貫性に関する問題………………………*207*
第 3 節 Bromwich & Hong（1999）の見解…………………………………*208*
　3-1. 議論の前提：古典的アプローチの拡張………………………………*209*
　3-2. 技術に関連する条件……………………………………………………*211*
　3-3. 会計システムに関連する条件…………………………………………*215*
　3-4. 資源の価格に関連する条件……………………………………………*217*
　3-5. 原価関数の分割可能性に関する条件…………………………………*218*

第4節　正確な原価計算システムの実行可能性の条件 …………… *219*
　4-1. Bromwich & Hong（1999）から得られるインプリケーション ………… *219*
　4-2. Noreen および Christensen & Demski の見解に関する分析 …………… *222*
　4-3. Noreen & Soderstrom と Demski の見解に関する分析 ………………… *223*
　4-4. コスト・プール別計算と製品別計算との間のジレンマ ……………… *225*
第5節　課題への対処と本章のまとめ：製品原価計算システムの意義と限界
　　　　……………………………………………………………………………… *227*

第7章　製品原価計算研究の近年の動向

第1節　問 題 の 所 在 ……………………………………………………… *235*
第2節　実行可能性の問題の再認識と3つの潮流 ………………………… *236*
　2-1. 実行可能性の問題：TDABC 提唱の背景 …………………………… *236*
　2-2. 潮流間の相互作用の必要性 ………………………………………… *238*
第3節　近年の動向とインプリケーション ………………………………… *240*
　3-1. Kaplan & Anderson（2007）の所説：TDABC ……………………… *240*
　3-2. Labro 等の所説 ………………………………………………………… *242*
　3-3. その他の主要な研究 ………………………………………………… *246*
第4節　本章の要約と結論 …………………………………………………… *246*

終章　製品原価計算研究の課題と展望

第1節　本書の要約と結論 …………………………………………………… *249*
　1-1. 研究の潮流と研究対象 ……………………………………………… *249*
　1-2. 原価計算における前提と史的展開 ………………………………… *250*
　1-3. コスト・プール別計算段階 ………………………………………… *251*
　1-4. 製品別計算段階 ……………………………………………………… *253*

1-5. 原価計算システムにおける一貫性 ……………………………………254
　　1-6. 原価計算システムの意義と限界 …………………………………………256
　　1-7. 近年の動向：TDABC と Labro 等の所説 ……………………………258
第 2 節　課題と今後の展望 ………………………………………………………259

参考文献 ………………………………………………………………………263

序章　製品原価計算の分析的研究

第1節　問題の設定

1-1. 本書における問題意識

　会計システムは，企業の経済活動を認識し，測定し，伝達する役割を担っている[1]。とくに原価計算システムには，その有史以来，生産活動を中心とした企業内部の経済活動を正確に認識・測定・伝達する役割が期待されている。その際，活動基準原価計算（Activity-Based Costing : ABC）のように精緻で正確な原価計算システムによって，資源の投入と利用の関係を可視化することが重要である。とくに近年の厳しい経営環境の下では，組織における種々の意思決定やマネジメント・コントロールのためにも，ABCのように洗練化された原価計算システムが不可欠である。したがって，そのような組織の様々な意思決定に資する原価計算システムを構築するために，その基本構造を分析し，探究する必要性を感じたところに本書の問題意識がある。

　ところが，実務では，種々の経営管理目的に利用可能な基礎原価データを提供するABCのような洗練化された原価計算システムは，必ずしも適切に実施されているとはいえない。企業がABCを利用しない理由には，ニーズ，コスト，組織内部環境の問題，計算構造上の問題等，様々な要因を考えることができるが，これらを要するに，ABCシステムの実行可能性に問題を集約できると考えられる。そのような実行可能性の問題に関連して，ABC登場以降の製

品原価計算に関する研究には，次の3つの潮流がある：

(1) Anderson (1995) 他による実施段階における諸問題についての研究
 (implementation-phase approach)
(2) Noreen (1991) 他による計算構造上の理論的問題についての研究
 (analytical approach)
(3) Cooper (1988b) 他による測定コストとエラーのコストについての研究
 (cost-benefit approach)

　Noreen (1991) 他による analytical approach は理論的研究であるのに対して，Anderson (1995) 他による implementation-phase approach および Cooper (1988b) 他による cost-benefit approach は，実務で生じる問題に関連している。正確な製品原価計算システムの構築に関する基礎理論を究明するためには，製品原価計算研究の生成・確立から展開期・反省期を経て現代に至るまでの洗練化の過程を明らかにした上で，とくに Noreen (1991) 他による analytical approach を受け継いで，その課題を克服していくことが必要不可欠である。Noreen (1991) は，製品の販売価格設定や生産中止等の意思決定に用いる関連原価の計算に必要な基礎原価データを ABC が提供するための条件を導出するために，その基本構造を分析しており，以後の研究にも大きな影響を与えているものとして注目されている。したがって，本書における考察は，Noreen (1991) を中心的文献として議論を展開している。

　ここで重要なことは，企業の経済活動をありのままに，そして正確に会計空間へ写像することである。これは，会計が本来的に有するべき機能の1つであり，換言すると，何の目的で，いかなる活動が行われ，それによって資源がどれだけ消費されたかを把握し，資源の投入と利用の関係を可視化することである。つまり，原価計算は，資源の投入と利用の関係を正確に写像することによって，種々の意思決定やマネジメント・コントロールといった目的に利用可能な基礎原価データを提供する。そのためには精緻で正確な原価計算システムが必須となる。したがって，本書における基本的な研究課題は，組織の経営意

思決定に有用な情報を提供することを目的とした**原価計算における正確性の追究**であり，主として次の視点から考察する：
　①原価計算における正確性は，なぜ必要なのか
　②いかにして原価計算における正確性を追究するか

　正確な原価計算システムの必要性については次のように説明することができる。すなわち，「原価計算がないと，製造現場における無駄な資源消費を把握できないのみならず，希少資源が収益性の高い製品の製造・販売に振り向けられているかどうかも明らかにならない」(廣本1997, p.8)。それは，精緻で正確な製品原価計算システムによって初めて，日々の活動や因果フローをありのままに写像することが可能になることを示している。ここで，ありのままに写像するということとは，経済活動／業務の様々な変化を会計空間上に反映させることであり，それによって経営上の様々な意思決定に資する適切な情報を提供できるのである[2]。したがって，本書でいう正確性とは，意思決定に資するという意味に他ならない。このことは，会計責任 (accountability) を全うすることにも直結する。

　一方，正確性を追究するアプローチによると，消費された資源を製品に跡付ける方法の合理性・適切性が追究される。より一般的には，原因と結果をリンクさせる企てであると言えよう。資源の投入と利用の関係を正確に把握するためには，例えばコスト・センターないしコスト・プールの活動別細分化と，それに対応した適切なコスト・ドライバーの選択による原価計算システム精緻化のアプローチを挙げることができる。活動別にコスト・プールを細分化すると，不要な平均化を回避することができ，原材料の加工に必要な作業・活動のコストのみを負担させることが可能であり，かつ，作業・活動の別に異なる負担方法を選択することが可能だからである。これによって，因果関係が適切に表現され，正確な製品原価の計算が可能になる。このようなアプローチは，本書の中心的課題でもあり，20世紀初頭における Church の生産中心点から近年の ABC にまで受け継がれている。

1-2. 本書の意義：analytical approach

前述の問題意識を受け，本書は，製品原価計算論の生成から現代における製品原価計算研究の動向を捉えた上で，種々の経営意思決定に利用可能な正確で適切な基礎原価データを求めるための理論的枠組みを明らかにすることを目的としている。その際，理論的な諸問題を取り扱った Noreen 等による analytical approach の潮流を議論の中心に据え，実行可能性，とくに技術的な理論上の妥当性の観点から[3]，意思決定に資する製品原価計算システムの構築に関する基礎理論を究明したい。

ABC 登場以後，原価計算の基本構造上の諸問題に焦点を当てた analytical approach に属する研究が数多く見られるようになってきた。その代表例には，Noreen (1991), Gupta (1993), Hwang et al. (1993), Datar & Gupta (1994), Noreen & Soderstrom (1994；1997), Christensen & Demski (1995；1997), Bromwich & Hong (1999；2000) 他を挙げることができる。なお，本書でいう "analytical" とは，数理モデルによる分析的手法を用いるアプローチをいう。一般に，科学は positive science と normative science に区分できる (Keynes 1891)。前者は会計事実・会計現象・経済活動それ自体を研究対象としており，後者は会計空間への写像方法を研究対象としている。その意味で，本書の研究方法は，分析的手法を用いた規範的研究であり，文献サーベイに基づく理論的研究と位置づけることができる。

したがって，本書は，この analytical approach に属する一連の研究に追随するものであり，とくに意思決定に資する原価計算の正確性を追究する観点から，その基本構造を分析することを主眼としている。一般に，製造間接費計算において，コスト・プールを活動別に細分化すればするほど，より正確な製品原価が得られるとされている (番場 1963；他)。その方向性は ABC においても見ることができ，通常，活動の集合たる大きい括りのコスト・プールよりも，単一の活動を表す小さい括りのコスト・プールが用いられる。この命題に対して，本書では，原価計算の基本構造内における各プロセス別に問題を検討した上で，その基礎的な計算構造を明らかにし，体系的に考察する。

ABCが製品別計算の段階に焦点を当てているように，従来は原価計算の基本構造内における各プロセス別に個々に考察する研究は見られた。しかし，原価計算における個々のプロセスと原価計算システム全体とを関連付け，正確な製品原価の計算という観点から体系化して考察した研究はほとんど見られないように思われる。したがって，本書の特徴の1つは，原価計算の基本構造について，その正確性を追究して経営意思決定に役立つ情報を提供するために，個々のプロセスを分析した上で，原価計算システム全体と関連付け，体系化していることにある。本書における考察により，ABCの実行可能性を高め，さらに今後の研究に有用な示唆を提供できることを期待している。

本書における分析・検討の前提として，まず次節において原価計算システムの構築・導入・運用の際に生じる諸問題について検討し，実行可能性に集約する。第3節では，製品原価計算システムの実行可能性の観点から，ABC登場以後の研究を3つの潮流に分類する。その上で，第4節において本書の構成を示す。

第2節　原価計算システムの利用に関する諸問題

2-1．ABCの提唱と発展の概略
2-1-1．背景：ABCの役割とその必要性

主に実務では，正確な製品原価計算システムに対する需要は少ないとか，なぜ正確性が必要なのかといった議論がある。しかしながら，ABCが登場した背景は，まさに正確な製品原価計算システムに対するニーズであった。Kaplan (1988) が示す製品別収益性分析のための製品原価情報や，特定製品の生産中止や販売価格設定等の意思決定に資する適切な基礎的原価データは，操業度関連のコスト・ドライバーのみを用いる単純な原価計算システムからは得られない。このことは，現代のような多品種少量生産が主流の時代には，とくに大きな問題となり得る (Hayes & Pisano 1994)[4]。このような問題はJohnson & Kaplan (1987) によって提起され，当時の管理会計／原価計算研究者には少なからず衝

撃的であった。

ここで，Kaplan (1988) の示す原価計算の3つの機能ないし役割を示しておく必要があろう。すなわち，原価計算には，①財務報告用の棚卸資産評価，②オペレーショナル・コントロール，③個別の製品原価の測定（製品戦略用原価情報の提供）という機能・役割がある。

①棚卸資産評価については，財務会計目的ないし納税報告書作成目的のために，製品原価を売上原価と在庫とに配分する手続を行うものである。②オペレーショナル・コントロールについては，各期別に部門マネジャーに対して，消費された資源（労務費，材料費，動力費，その他の間接費）についてのフィードバックを提供するものである。③個別の製品原価の測定については，製品別収益性を分析して意思決定に活かすために，製品戦略の策定に資する製品原価情報を提供するものであり，当初，ABCは，この第3の役割に資するシステムとして提唱された。

以上の機能・役割は，Kaplan (1988, p.63) によると，報告の頻度，配賦の程度，コスト・ドライバーに対する原価の変動性の性質，システムの範囲，および客観性の程度の点で異なっているという（図表0-1）。

図表0-1：異なる機能と異なる要求

機能	頻度	配賦の程度	システムの範囲	変動の性質	客観性の程度
棚卸資産評価	月次・四半期	集約的	工場原価	無関係	高い
オペレーショナル・コントロール	日次，完了作業単位別	不要	責任センター	短期的に変動的か固定的か	高い
製品原価の測定	年次，または変化があった時点	全面的，かつ，製品ラインにまで詳細に	全社的（生産，マーケティング，流通，技術，サービス，管理の各部門）	すべて変動的	低い

このような製品戦略策定のための正確な製品原価の必要性から，Cooper & Kaplan (1988a) は，ABCのような精緻で正確な原価計算システムが必要であ

る旨を示した。しかしその後，ABC は，実務における研鑽を経て，活動自体の管理を通じての戦略的コスト・マネジメントのツールとしても利用されるようになった。その背景には，日々の活動そのものや，微細な改善活動の効果をABC によって詳細に測定できるということが挙げられる。製造現場における日々の原価を1円でも下げようとする継続的改善をサポートするためにも，その効果を測定できるより精緻な原価計算システムが必要であると考えられる（片岡2007；2008）。その意味でも ABC を実施するには「活動と資源の流れを示すプロセス・マップを作成する」(Horngren et al. 1999, p.140) ステップが必要であり，企業内部で行われている諸活動を可視化しなければならない。この点について，Kaplan & Cooper (1998) は，企業が進むべき道筋を決定するためにはABC から提供される経済的マップを見ながら自らのエネルギーと注意を注ぐ場所を理解する必要がある旨を述べている (pp.79-81)。

2-1-2. ABC の発展の概略

本書における議論の中心となる ABC システムは，製品戦略策定に資する原価計算システムの構築を志向して Cooper & Kaplan (1988a) が提唱した[5]。1980年代末の *Journal of Cost Management* に掲載された Cooper の一連の論文によってABC の基本的な考え方の体系化や，ABC という用語の確立が見られたと考えることができよう[6]。

ABC の登場は，Christensen & Demski (1997) が指摘するように現代的な製品原価計算研究におけるルネッサンスを引き起こし，製品原価計算に関連する様々な論点について飛躍的な進化をもたらしたといえる。その中でも，初期のABC の理論的な深化の過程において重要な展開をもたらしたのは，1990年における2本の論文，Cooper (1990) および Kaplan (1990a) であるように思われる。Cooper (1990) は，製品原価計算を行う上での中間的原価計算対象である活動には4つの階層レベルがあると指摘した。すなわち，ユニット・レベル活動，バッチ・レベル活動，製品維持レベル活動，および工場維持レベル活動である。操業度関連のコスト・ドライバーおよび非操業度関連のコスト・ドライバーは，これらの活動別階層別に設定される。例えば，バッチ・レベル活動の

代表例である段取活動では、段取回数や段取時間等がそのコスト・ドライバーとして選択される。それを受けて、Kaplan (1990a, p.8) は、従来の共通費ないし固定費を配賦しない貢献利益法に対し、ABCによる活動の階層に応じた貢献利益計算の方式を提唱している。すなわち、活動の階層構造に基づいて固定費を配賦する新しい貢献利益の計算方式では、3つの製品関連原価に基づいて段階的に貢献利益を計算するのである（図表0-2）。

図表0-2：製品関連原価の測定

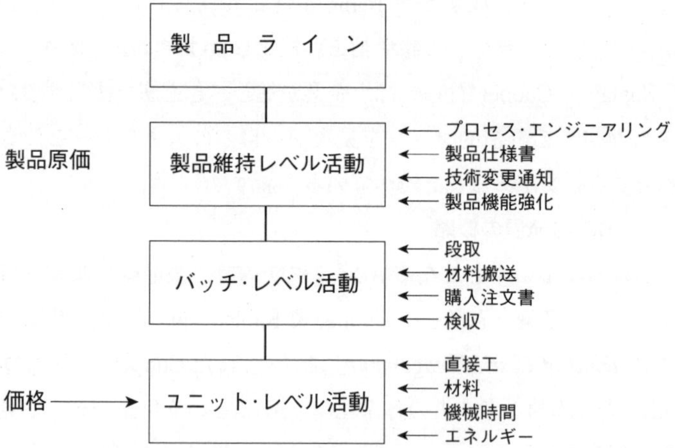

```
                  ┌─────────────┐
                  │  製  品  ラ  イ  ン  │
                  └──────┬──────┘
                         │
                  ┌──────┴──────┐  ← プロセス・エンジニアリング
製品原価           │ 製品維持レベル活動  │  ← 製品仕様書
                  │              │  ← 技術変更通知
                  └──────┬──────┘  ← 製品機能強化
                         │
                  ┌──────┴──────┐  ← 段取
                  │ バッチ・レベル活動  │  ← 材料搬送
                  │              │  ← 購入注文書
                  └──────┬──────┘  ← 検収
                         │
                  ┌──────┴──────┐  ← 直接工
価格 ──────→     │ ユニット・レベル活動 │  ← 材料
                  │              │  ← 機械時間
                  └─────────────┘  ← エネルギー
```

また、この新しい貢献利益計算は、短期的意思決定のみに利用されるのではなく、中長期の利益計画に資する戦略的な製品別、顧客別、ないしチャンネル別収益性分析としても利用されるべきであることも注意すべきであろう[7]。この多段階の収益性分析も、現代的に正確性を志向する原価計算システムが必要になる理由の1つである。

ABCの製品戦略策定に資するシステムとしての役割期待に関する議論はKaplan (1990a) の見解をもって一応の区切りとなった。その後のABCは、Johnson (1992) による批判や、理論上のみならず実務における研鑽を経て、活動基準管理（Activity-Based Management：ABM）へと展開する方向が見られる (Cooper et al. 1992；他)。この展開の方向においては、製造間接費の配賦問題は

大きく採り上げられることなく，Cooper & Kaplan (1992) や Kaplan (1992) 以後に見られるように，むしろ活動それ自体の管理に焦点が当てられるようになっていった。また，活動基準予算 (Activity-Based Budgeting : ABB) による予算編成への展開も見られる。最終的には，4つの段階を介して Kaplan (1988) が提示した原価計算の3つの機能に対応可能になるように，ABC の理論を集大成したものが Kaplan & Cooper (1998) であると位置付けることができよう。Kaplan & Cooper (1998) が示す4つの段階とは，原価計算システム設計の4段階モデルのことであり，概ね次の通りである。

　まず第1段階は，原価計算の機能のいずれにも対応できていない段階で，財務報告目的にさえも不適切なシステムであると言える。第2段階は，標準原価計算システム等を用いて財務報告目的のみには対応している段階で，現在のアメリカ企業が主に有する財務報告に偏重したシステムである。第3段階は，原価計算における3つの機能の別に，それぞれに対応した独立のシステムを有している段階である。この段階のシステムは，カスタマイズされた経営管理上適切なスタンドアローン・システムと言える。さらに第4段階は，第3段階における独立したシステムを相互にリンクさせ，コスト・マネジメントと財務報告の統合したシステムを有する段階である。これらの4段階を図表0-3に示すことができる。

2-1-3. ABC に求められる役割の拡大

　前述の通り，当初，ABC には製品戦略策定への役立ちが期待されていた。その後に実務における研鑽と理論の深化に伴って期待される役割が拡大し，現代の ABC は次のような問題に取り組んでいるという (Kaplan & Cooper 1998, p.79)。

①企業の資源によって，どのような活動が行われているか。
②企業の活動のビジネス・プロセスを遂行するために，どれだけの原価がかかっているか。
③企業はなぜ活動のビジネス・プロセスを遂行する必要があるのか。

図表0-3:原価計算システム設計と4段階モデル

システムの特徴	第1段階のシステム 不完全	第2段階のシステム 財務報告偏重	第3段階のシステム 専門化	第4段階のシステム 統合化
データの質	・エラーが多い ・差異が大きい	・驚く程ひどくはない ・監査基準に合致	・データベースの共有化 ・スタンドアローン・システム ・非公式のリンケージ	・データベースとシステムを完全にリンク
外部財務報告	・不適切	・財務報告ニーズに合致	・第2段階のシステムを維持	・財務報告システム
製品別／顧客別の原価	・不適切	・不正確 ・隠れた原価と利益	・複数のスタンドアローンABCシステム	・統合されたABMシステム
オペレーショナル・コントロールと戦略的なコントロール	・不適切	・フィードバックが限定的 ・フィードバックが遅すぎる	・複数のスタンドアローン業績測定システム	・オペレーショナル業績測定システムと戦略的業績測定システム

(Kaplan & Cooper 1998, p.12)

④企業の製品，サービス，顧客には，それぞれどれだけの活動が必要とされているか。

これらの問題に対する解は，ABCが提供する活動基準の経済的マップによって導き出すことができる。企業が経営上の様々な問題に対処するためには，マネジャーは，ABCのような精緻なシステムを利用することによって資源の投入と利用の関係を可視化する必要がある。この可視化によって，種々の意思決定に資する基礎的原価データを提供することができるのである[8]。

2-2. 原価計算システムの現状：ABCの普及状況

1987年にABCが提唱された当初その価値と有効性に関する多くの研究が行われたが，それまでの研究とは趣向を異にする著書 *Implementing Activity-Based Cost Management* が1992年にCooper等によって刊行された。Cooper et al. (1992) は,「当初,製品原価の改善や経営の意思決定に対するABCの効用が,専門家によって盛んに研究されていたが,最近では,そうした専門家がABMのより全般的な利用を勧めるようになってきている」とし[9],ABCの適用実態を解明することに焦点を当てている。つまり,①ABCシステムに期待できる潜在的な利益とは何なのか,②これらの利益の獲得を可能にしてくれるABCシステムを,どうやって設計し実行すればよいのか,および③どうすればこれらの利益の獲得を確実なものにすることができるのかという3点を明らかにするべく導入企業8社の事例を採り上げて分析している。1992年の段階ではABCの成功事例は僅かであり,ABCを普及させるために,Cooper et al. (1992) は,その実施方針と陥りやすい誤りを企業に理解させ,ABCシステムの成功を直接的に左右する組織的取り組みの必要性を理解させる必要があったといえる。しかしながら,それは同時に欧米においてもABCの普及が順調には進んでいないことを表していた。この点はKaplan & Anderson (2007) の問題意識にも直結している。

ABCの普及について,例えばInnes & Mitchell (1995) は,1994年にイギリスにおける大企業1,000社を対象にサーベイを行っている。そのサーベイは,ABCの採用割合,ABCの特定目的での適用,ABCの成功と重要性に関するユーザーの視点,非ABCユーザーの視点,および将来の研究のための可能性について確かめるために設計されている。従来,ABCの採用のペースは,イギリスやEU圏だけでなくアメリカにおいても非常に遅いといわれている。それに対して,Innes & Mitchell (1995) は,それまでの研究によるとABCの採用割合が最大でも14%に過ぎないとされているが,それらのサーベイが国レベルの規模で行っていないことと,それらの強調するところがABCの存在と性質に関することであると指摘した。そして,イギリスの大企業1,000社がABCを様々な役割のために利用している場合をも対象にした。その結果,回答を得られた企業は43.9%で,有効回答は25.1%であったという。有効回答251社についての内訳は図表0-4の通りである。

Innes & Mitchell (1995) は,いわゆる製品原価測定のためのABCの利用に

図表0-4：ABCの採用

	n	%
現在ABCを採用している	49	19.5
採用を検討中である	68	27.1
査定後に棄却した	33	13.2
今日までABCに関心がない	101	40.2
合計	251	100.0

（Innes & Mitchell 1995, p.141）

とどまらず，製品ないしサービスの販売価格設定，アウトプットの意思決定，原価削減，付加価値分析，コア／支援／牽制，活動の写像，予算，新製品ないし新サービスの設計，顧客収益性分析，業績評価，および原価モデリングといった様々な用途でのABCの利用をも対象としている。このことはABCの用途の拡大を表しているのと同時に，正確な原価計算システムこそが様々な用途に利用可能であることを示す証拠ともいえよう。

しかしながら，とくに注目したいのは，査定後にABCの採用を棄却した約13％の企業についてである。その理由は，ABCシステムの査定を行った結果，多くの場合，その初期段階，設計，および運用のために必要な資源レベルが高いことに関連している（ABCを棄却した企業の内の36％（n=12））。さらには，そのプロジェクトに取りかかるために必要な追加的資源が入手できそうもない場合や，既存のスタッフでは受け入れ難いほどの高い負荷が課せられる場合もあったという。またコスト面よりもむしろ，ABCシステムに関するコストに対してシステム変更から得られる便益が少ないことも強調されている。ABCを棄却した企業の内の27％（n=9）はシステム変更の便益を識別するのが困難であると考えたようである。便益の識別が困難な要因には次のことを含む：すなわち，製造直接費の割合が高いこと，現存の製品ラインや顧客が少ないこと，更なる説明もなく自分たちの業種には不適合との単純な主張である。その他の理由は，ABC本来の配賦の恣意性や，ゼロベース予算やワークスタディのような他の技術の選好，価格設定に対する原価情報の不適切さ，すべての労務費と

間接費を期間原価として扱う原価計算システムの確立，急成長している場合の原価計算やコントロールの技術における投資の不適切さが挙げられていた。

また，ABCシステムの検討や査定すらしていない企業も約40％（n=101）ある。その理由のうち最多のものは，業種が適合しないとの返答であった（36％(n=36)）。しかしながら，この返答は広い範囲の産業から得られている。また多くの回答（19％(n=19)）は，既存の原価計算システムに満足しているというものであった。既存のシステムとは，そのほとんどが伝統的方法として記述されるもので，1/4超（n=5）は直接原価計算であった。その他にも，査定するための時間と資源に制約があるとの返答や，ABCを認知していないこと等も挙がっている。

一方で，わが国におけるABC採用の状況について，日本会計研究学会特別委員会編（1999）の実態調査によると，ABCを採用している日本企業は，330社中わずか22社であり（6.7％），欧米と比較しても非常に採用率が低いことがわかる（図表0-5）。

さらに，同委員会による1998年10月の調査では，ABCを採用している企業22社について，その導入の結果，新たに発生した問題点を明らかにしたものとして，図表0-6のような調査結果を示している（複数回答可）。同様に，ABCを認知していない企業（132社）および現在採用していない企業（201社）

図表0-5：ABC/ABMの採用・検討状況

	企業数（社）	割合（％）
ABC採用	22	6.7
将来採用	7	2.1
過去採用	1	0.3
検討後不採用	15	4.5
検討中	107	32.4
非検討	178	53.9
合　　計	330	100.0

（日本会計研究学会特別委員会編1999, p.117）

図表 0-6：ABC 採用企業の問題点

ABC の導入によって生じた問題点	企業数	割合
①導入コストに見合う効果がない	1	2.94%
②従業員の理解を得るのが困難	8	25.53%
③継続的に実施するためには手間がかかる	7	20.59%
④データがとりにくい	5	14.71%
⑤監査上の問題が生じた	0	0.00%
⑥税法上の問題が生じた	0	0.00%
⑦活動の決定が難しい	9	26.47%
⑧経営トップの要求に応えられない	0	0.00%
⑨その他	4	11.76%
合　　計	34	100.0%

（日本会計研究学会特別委員会編 1999, p.31）

図表 0-7：ABC 不採用企業の問題点

ABC の計算構造のどこに問題があるか	企業数	割合
①活動もしくはビジネス・プロセスの分割が困難	77	20.75%
②コスト・ドライバーや資源ドライバーの設定が困難	77	20.75%
③活動原価の製品への割当てが困難	71	19.14%
④資源コストの活動あるいはビジネス・プロセスへの割当てが困難	52	14.02%
⑤ABC の採用によっても伝統的原価計算以上の成果が得られない	38	10.24%
⑥製造間接費の増大はそれほど深刻ではない	9	2.43%
⑦ABC の計算構造は監査上あるいは税務上容認されない	15	4.04%
⑧その他	32	8.63%
合　　計	371	100.0%

（日本会計研究学会特別委員会編 1999, p.31）

について，ABCの計算構造上のどこに問題点があるかの回答として，図表0-7のような調査結果が示されている（複数回答可）。図表0-6および図表0-7に示される結果からも明らかであるように，ABCを採用している企業は，監査上ならびに税務上，何ら問題も生じないと回答している一方で，ABC不採用企業は何らかの問題点があると考えているのがわかる。この結果は，欧米と比較してもわが国のABC採用率が低い原因の1つを表していると思われる。すなわち，わが国では，公表財務諸表への利用可能性や監査上の問題がABCの採用を判断する際の重要な要因の1つになっているといえよう。

　また，会計システムは目的と状況に応じて設計される必要があるが，とくに実務等では，コスト・ベネフィット分析の結果，意思決定等に重大な問題を引き起こさない程度の正確性があれば十分であると判断されるだろう。その意味では，ABCもある程度の精度が求められるのみとなっており，コスト・プール細分化の程度も測定のコストとエラーのコストとのトレード・オフに基づいて決定されるべきという指摘も見られる（Cooper 1989a；他）。なお，日本の組立産業等では，適切な原価情報を提供するために製品系列に製造間接費を直課する原価計算システムも見られる。この場合には，原価計算システムが適切な原価情報を提供するための手段として，ABCのような精緻化による配賦の正確性よりも直課による正確性が志向されていると考えられる。これらの点は，様々な目的，状況，組織コンテクストの相違を考慮して検討する必要がある。

2-3. ABCの利用に関する諸問題

　前述の通り，Inness & Mitchell (1995) によるイギリスでのABC採用率は19.5％で，日本会計研究学会特別委員会編 (1999) によるわが国でのABCの採用率は6.7％であった。ABCの利用用途・目的についても，両調査では製品戦略策定のための製品原価測定に止まらずに非常に多目的での用途を想定しているにもかかわらず[10]，低い採用率が示されている。そもそも，なぜABCは利用されていないのか。その理由について，そもそもABCに対するニーズはあるのか，コスト・ベネフィットの問題か，組織的な抵抗か，それとも計算構造

上の問題かといった点を検討する必要がある。
　①ニーズはあるのか？
　まず日英の実態調査によると，非常に高い割合でABCの採用を検討すらしていないことを指摘できる（図表0-4および図表0-5）。その理由は様々だが，例えば，ABCを知らないことを除くと，（①-1）現存の原価計算／管理会計システムで十分であること，（①-2）変化を望まない企業文化があること，（①-3）各担当者別の視点の相違等を挙げることができよう。
　まず（①-1）現存の原価計算／管理会計システムで十分であることについては，現代の生産環境に適合したシステムが既に導入されている可能性や，会計システム以外の部分で管理している可能性を考えることができよう（会計フリー・アプローチ）[11]。例えばトヨタ自動車株式会社の製造の現場では，必ずしもABCのような精緻なシステムを有しているわけではないが，モノが滞りなく流れるように設計されたトヨタ生産方式／JITによって管理されている（大野1978；他）。また，そもそも原価計算の生成・発展が企業規模の巨大化に伴う内部管理の必要性を背景としていたことを鑑みると，小規模の組織単位で自己充足し，管理している場合にはABCのような精緻な原価計算システム自体を必要としないと考えることもできる。さらに，Hunt et al. (1985) はHewlett-Packard社が製造間接費を売上原価に直課する方法を採用していることを紹介しているし，わが国の組立産業では製品系列に製造間接費を直課する原価計算システムも見受けられる。その場合には，たとえ精緻でなくとも十分に正確ないし適切な原価情報を得ることができるかもしれない。
　しかしながら，必ずしもトヨタのような理由により現存システムの優位性を主張できるとは限らない。例えば，Kaplanの1984年の論文，"Yesterday's Accounting Undermines Production"では，次のように指摘されている。

　　「現代のグローバルで熾烈な競争の下で，アメリカ企業は，製造における優位を再び取り戻すべく取り組んでいる。製品および工程の品質，在庫のレベル，および労働力に対する政策の改善に注意を払うことによって，ワールド・クラスの競

争者になるべく，製造が再び企業の戦略における重要な要素になってきた。しかしながら，製造活動の組織と技術におけるこの革命の成功を継続するためには，大きな，得てしてほとんど気づかれない障害が残されている。ほとんどの企業は，今日とは極めて異なる競争環境のために開発された原価計算とマネジメント・コントロール・システムを依然として利用している」(Kaplan 1984, p.95)

その上で，「内部の管理会計システムは刷新を必要としている。旧式の内部の原価計算とコントロールの実務が企業の製造環境から独立して存在することは，許されない。―すなわち，その企業がワールド・クラスの競争者として活躍するためには，許されないのである」(Kaplan 1984, p.101) と指摘している。確かに現代の企業の多くは，様々な生産革新等により競争力の回復を図っている。それをサポートできる原価計算／管理会計システムが必要であるのは間違いない。後述の通り，Kaplan (1985) が示した管理会計システムの再設計が必要であるという認識の欠如のような，消極的な理由である可能性も高いことにも注意が必要と言える。

つぎに (①-2) 変化を望まない企業文化という点については，1980年代前半に Kaplan が抱いた管理会計の実務と理論との間の乖離に関する問題意識が思い起こされる。企業が優れた業績を上げるためには，優れた原価計算／管理会計システムが重要な役割を果たすことは言うまでもないだろう。"Accounting Lag: The Obsolescence of Cost Accounting Systems" と題する Kaplan の論文では，次のように述べられている。

「（製造工程の組織や技術の）すべてが変更する中で，1つ不変なのは企業の管理会計システムである」(Kaplan 1985, p.76)。

企業は多かれ少なかれ今日の厳しい経営環境で生き残るために，製品技術や製造工程における革新を行っている。そのような状況下でも会計システムだけが旧態依然のままであるという。この旧式の管理会計システムが利用され続け

ている現象をKaplanは，"accounting lag"と呼び，4つの理由を挙げている。"accounting lag"の第1の理由は「適切な役割モデルの欠如」であるとし，革新的企業の経験をモデル・ケースとして共有することができなかったことであるという。第2の理由は「コンピュータ・ベースの会計システムの普及」であり，コンピュータ会計システムのアップデートの困難性が指摘されている[12]。第3の理由は財務会計の強調であり，管理会計の展開が十分でないことに依拠している。最後の第4の理由が最重要であり，それは管理会計システムの再設計が必要であるという認識が欠如していることである。その意味でも，変化を望まない企業文化は，厳しい競争下での企業努力の足枷になる可能性すらあるといえよう。したがって，「会計システムは企業の目的に役立たなければならない。すべての状況によく適合する普遍的な会計モデルは存在しない。適切なコスト・ドライバーの選択，集約，および配賦はアートであるが，そのアートは正に企業の戦略的ゴールと結びついて実施されなければならず，企業の生産工程で生じる急速な変化と密な連絡をとりつつ実施されなければならない。このことは，内部会計システムが企業の全社と製造の戦略の選択を伴って，明示的および同時に，作り上げられるべきことを要求している」(Kaplan 1985, p.79)のである。

　さらに，(①-3) 各担当者別の視点の相違についても述べる必要がある。片岡（2004c；2005b）でも提示されている通り，同一企業の内部においてさえも，必要とする原価計算システムの正確性のレベルが異なっていることを指摘できる。すなわち，本社経理担当者，工場経理担当者，および現場責任者・作業者の間に，意識・視点の相違が存在する。まず，本社経理部門では公表財務諸表の作成等の全社的な会計業務を主として行っている。工場の経理部では本社に対して原価データを提供するのみならず，現場業務の管理に役立つ原価情報を現場責任者・作業者に提供したいと考えている。現場責任者・作業者は，自分たちの作業をいかに有効的に効率的に実施し，ムダを削減するかを考えている。とくに現場では，自分たちのどの作業がどれだけムダかを把握するために，資源の投入と利用の関係を，なるべく詳細に正確に把握したいと考えてい

るのである。その一方で，本社経理担当者は財務会計業務に時間の大部分を費やすと共に事業計画策定に役立つような原価情報も提供しているが，原価計算システムの精粗については大きな関心をもっていない。工場経理担当者は，Kaplan (1988) が示す原価計算における3つの役割のいずれにも対応できる原価計算システムが必要である旨を主張している。したがって，同一企業内においても，ABCのような精緻で正確な原価計算システムに対するニーズの相違が存在することも指摘できる。

　なお，それならば何故，ABCを利用している会社は，その導入に踏み切ったのか。例えば日本会計研究学会特別委員会編 (1999) によると，銀行や生命保険業界ではABCを採用する企業が増えており，その理由は，「当該業種の規制緩和や競争激化等により，サービス価格の決定，顧客収益性分析，および業務改善等のための正確なコスト情報の必要性が高まっていると考えられる」(p.118)とされている。さらに，「非製造業では，ABC/ABMが，初めて採用した原価計算システムであるケースが相当存在すると思われ，その場合，製造業におけるような既存のコスト・システムの変更に伴う様々な問題が生じないため，ABC/ABMの採用が円滑に進んでいるとも考えられる」(p.118) という。そのような状況からも，少なくともわが国においては非製造業の方が製造業よりも積極的にABCを採り入れていると言える。とくに日本会計研究学会特別委員会編 (1999) の第6章では，次の3つの知見が述べられている。

　第1には，「ABC/ABM採用企業には，非製造業が多く，規模，とくに資本金額と総資産額が大きく，原価計算システムと業務システムが連携している程度が低く，受注生産を行っている企業が多いということであり，また，将来ABC/ABMを採用する予定の企業は，製造間接費の割合が比較的高いということである」(p.134)。第2には，「ABC/ABMの構造を業種別に比較分析した結果，製造業と比較して非製造業では，より詳細な計算構造を有するABC/ABMを構築していること，およびコスト・ドライバーの選定基準，原価計算の種類，ABC/ABMを業務システムと連携させている程度については，両社は比較的共通している」(p.134) ということである。さらに第3の知見は，

「ABC/ABMの利用目的毎の重要性と効果を，業種別に比較した結果，…（中略）…，製造業については，ABC/ABMの全目的について比較的等しく，かつ高水準の重要性を認識しており，効果もそれに対応している。これに対して，非製造業については，目的別に重要性の認識に高低があり，その差は非常に大きい。しかし，効果はその重要性の水準と必ずしも対応しておらず，あらかじめ認識していた重要性の水準を大きく下回る場合や大きく上回る場合が混在している。非製造業では，ABC/ABMの利用に関して，試行錯誤を重ねている段階であると思われる」(pp.134-135)という。この場合も，既に原価計算システムを有しているわけではない企業（非製造業）の方が，積極的にABCを採用している傾向があると言えよう。

②コストの問題なのか？

当然のことながら会計システムは無償ではない。その導入，設計，運用等には非常に多額のコストが必要となる。実際，日英の調査におけるABCを採用しない理由の上位は，まさにコストの問題であるといえよう。さらにコストの問題と表裏一体の問題として考えなければならないのが便益の問題である。仮に，その原価計算システムが非常に高価であったとしても，それに見合うだけの便益が得られれば採用されているはずである。

通常，企業は，その利害関係者に対して会計情報を提供するために，少なくとも何らかの会計システムを有している。いかに規模の小さい企業であろうとも必ず納税目的には対応した会計システムを有しているといえる。そのシステムを変更するには，それに見合うメリットがなければならない。したがって，例えば「ABCの採用によっても伝統的原価計算以上の成果が得られない」，「導入コストに見合う効果がない」，「データがとりにくい」，「継続的に実施するためには手間がかかる」，「ABCシステムに関するコストに対してシステム変更により得られる便益が少ない」等の問題は当然に生じ得る。ここで，さらに問題と思われるのが「得られるであろう便益を識別するのが困難」という場合である。これらの点については，Cooperの見解が役立つと思われる。Cooper (1989c) は，新原価計算システムが必要になるタイミングについて，

(②-1) 現状の原価計算システムからその陳腐化の信号を読み取ること，かつ，
(②-2) 環境を適切に分析することから判定しようとしている。そのためにまず，後述の図表0-10のように，測定コストの曲線とエラーのコストの曲線とを描き，総コストを最小化するポイントを把握することが概念上必要とされている。仮に環境の変化によってエラーのコストが増大したら，総コストの均衡点はスライドし，企業はより正確なシステムを必要とするという。また，技術進歩によって測定コストが減少した場合にも，総コストの均衡点はスライドし，企業はより正確なシステムを必要とするという。それらを示すタイミングを図表0-8にまとめることができよう。ただし，このようなシグナルを読み取ることができたとしても，新原価計算システム（ABCシステム）から得られる

図表0-8：新原価計算システムが必要になるタイミング

(②-1) 陳腐化の信号
- 機能部門の責任者が，表面上は利益を上げている製品ラインから撤退を求めるとき
- 収益性の説明が困難なとき
- 製造の難しい製品が大きな利益を出すように見えるとき
- 各部門が独自にコスト・システムを持つようになるとき
- 特別なプロジェクトのために会計部門が大幅に時間を取られるとき
- 自社だけの高収益のニッチ市場を持っているとき
- 競合企業の価格が現実離れして低いとき
- 顧客が値上げを気にしないとき
- 入札価格の説明がつかないとき
- 納入企業の言い値が予想よりも低いとき
- 新たな財務会計基準の導入で，報告されるコストが変動するとき

(②-2) 環境の変化のシグナル
- 自動化の進展
- サポート機能の利用の変化
- 製品市場戦略の変化
- 製造工程の単純化
- 競争の激化
- 連結価格の廃止
- 規制緩和
- 技術進歩
- 戦略と行動目標の変化

便益を正確に見積もることは不可能である。ABCシステムを採用する上で便益を正確に見積もることが実際の企業において非常に重要な項目であるにもかかわらず、そのような限界があることにも注意が必要といえよう。

また、前述の通り、Kaplan (1988) は、原価計算システムに対して3つの異なる役割・機能を期待し、それぞれに対応したシステムの必要性を唱えている。企業が利用用途／目的に応じて複数の原価計算システム（多元的原価計算システム）を有するべきという点についての実務家等の反応は、複数の原価計算システムを有すると、どの原価情報を信頼してよいのかが不明確になるとか、非常に不経済である等の否定的見解が圧倒的多数であったと言われている[13]。

③組織上の問題はどうか？

ABCシステムか否かに関わらず、新しいシステムを企業に導入するには組織構成員の協力が必要になるのは言うまでもない。Kaplan (1998) や、近年の導入研究でも示されている通り、トップからの強力な推進が必要な他、従業員の理解が必要であること等が強調される。実際にABCを採用してみたが、組織構成員からの抵抗にあったり、組織にフィットせず有効に機能しなかったりという事例も報告されている (Cooper et al. 1992)。したがって、ABCを採用決定後にそれが適当に運用されるか否かは、その実施と組織要因や環境要因といった組織コンテクストが大きく関連する可能性が高いと考えられている。例えばArgyris & Kaplan (1994) は、ABCのケースを用いて、新しい知識を実施するには、まず第1に技術的な理論が確実に妥当であり、その上で「教育と助成」および「内部コミットメントの創造」が必要である旨を説明している。もし仮にABCが計算技術上の理論的な問題を有していないとすれば、ABCの採用決定後に実施・運用する段階では「教育と助成」および「内部コミットメントの創造」が重要な役割を果たすということになろう。

④計算構造上の諸問題か？

ABCシステムの伝統的原価計算システムに対する理論的優位性は、多くの研究者たちによって支持されている。しかしながら、図表0-7によっても明らかな通り、実際の多くの企業は、ABCに計算構造上の問題があることを認

識している。それらの問題のうち，(④-1) 経営資源を十分に費やせば解決されるものと，(④-2) 解決されないものとに区分できる。前者 (④-1) については，資金力の問題，コスト・ベネフィットの問題，組織構成員の抵抗の問題に大きく関連している。製造活動における作業の細かなデータを入手しようとすれば，例えば機械別に電力消費量の測定器を設置するためのコストが必要であったり，現場作業員たちの手間が増えたりするのは間違いない。

一方，後者 (④-2) について，ABC システムが適切に稼動し，種々の意思決定に有用な原価データを提供するための計算構造に関する具体的な条件については，必ずしも解明されているとは言えないことを指摘しておく必要がある。確かに多くのケースやコンサルタントらの努力もあるが，各資源と各コスト・プールとの対応関係を表す条件や，コスト・プール別原価とコスト・ドライバーとの関係を表す条件等も未だ詳細なレベルでの条件が提示されているとは言い難い。とくに，活動もしくはビジネス・プロセスの分割が困難であるとか，コスト・ドライバーの設定が困難であるといった実務運用上の問題は，いかなる状況下では，いかなるドライバーが良いか等を条件として明確に示す必要があろう。

⑤情報システムか影響システムか？

ABC を利用していない会社は，なぜ利用していないのか。それとも利用の方法に差があり，利用していないように見えるのか。これまでに採り上げたニーズの問題，コストの問題，組織上の問題が ABC 不採用の主たる理由であるといえよう。しかし，原価計算システムにおける情報システムと影響システムとしての側面にも注意が必要である[14]。

計算の正確性を志向した ABC のような精緻なシステムは，通常，経営者や経営管理者の意思決定に役立つ情報提供システムとしての役割が期待されている。しかしながら，計算の正確性を多少犠牲にしてでも，戦略的メッセージを組織構成員に伝達できるような影響システムとして原価計算システムを設計するべきであるとの指摘を見ることができる[15]。例えば，廣本 (1986) は，「機械作業時間を配賦基準とすると，設計者は，機械作業時間を削減するように一所

懸命になって設計をする。しかし，設計者に削減を考えてもらいたいのは，直接作業時間であるというのである。要するに，必要な直接工の人員が，したがって，直接工数が少なくなるような設計を設計者がすることを望んでいるために，直接作業時間を配賦基準として利用しているわけである」(p.66) と示しており，製品設計技術者の製品設計活動に対する影響を考えたシステム設計が注目されている。要するに，何らかの尺度が設定されると，その尺度に目が向けられるようになり，人々の行動に影響を与えるのである。したがって，配賦基準数値を引き下げることが原価削減に及ぼす影響として，次の2つを考えることができる：(⑤-1) 配賦基準と比例関係をもつ製造間接費が配賦基準に比例して減少する効果，および (⑤-2) 配賦基準が表す活動それ自体の節約によって生じるコスト・ダウン効果である。

ただし，(⑤-1) のコストダウン効果に多くは期待できず，(⑤-2) によるコストダウンの効果が期待されるという。

確かに管理会計システムには，情報システムとしての役割と影響システムとしての役割がある。その際の問題は，一方の役割には適切でも，もう一方の役割には不適切な場合があることである。廣本 (1988, p.38) は，その例を「かなり機械化が進んだ工場で，更に無人化を達成すべく，直接工を削減するために直接作業時間基準による配賦を行うとしよう。それは，そのような影響システムとしては適切な方法であるかもしれないが，より正確な製品原価情報を提供するという役割には不適切になりそうである」と示している。ここで，ABCの利用方法について，廣本 (1993b, p.53) は，「たとえば，部品点数を配賦基準に製品原価を測定することによって製品の再設計において部品点数を大幅に削減したという事例が，ABCの利用の一例としてアメリカでもしばしば紹介されている」としている。この点について，例えば Cooper & Turney (1990) は，内部志向の ABC と外部志向の ABC について検討している。外部志向の ABC は正確な製品原価情報を提供するのに対し，内部志向の ABC ではコスト・ドライバーに戦略的要素を組み込み，その促進のメッセージを製品設計者や工程設計者に伝達するという。Cooper & Turney (1990) が示す第1の事例では，部

品点数をコスト・ドライバーとし，製品設計者に部品数の少ない製品の設計を促している[16]。これによって，部品点数の少ない製品が設計され，工程能力，技術，維持，工程の複雑化，コストのいずれに対しても良い影響を与えたという。ただし，伝達の効果を考慮し，その他のコスト・ドライバーを簡略化した。これによって計算の正確性が犠牲になったことは言うまでもないだろう。Cooper & Turney（1990）は，内部と外部の2つの志向をもったABCについて，戦略の確立，製品のライフサイクル，およびコスト・ドライバーの数と性質の点から相違を述べているが，これを図表0-9にまとめることができる[17]。

図表0-9：内部志向ABCと外部志向ABCとの相違

	戦略の確立	製品ライフサイクル	コスト・ドライバーの性質と数	正確性
内部志向ABC	十分に確立された戦略	比較的短期	性質：戦略的メッセージ 数：比較的少ない（単純化）	×
外部志向ABC	新しい製品戦略の策定を支援	比較的長期	性質：各活動の属性を表す 数：比較的多数（詳細）	◎

また，Cooper & Turney（1990）の採り上げた事例は，ABCという精緻なシステムによって，例えば部品点数が製品原価に重要な影響を与えることを把握し，それをコスト・ドライバーに選択することによって影響システムとしての内部志向ABCを構築している。ただし，必ずしも1つのシステムで対応しなければならないわけではない。図表0-9にあるように，内部志向ABCと外部志向ABCとでは明らかに役割が異なる。通常，ABCシステムによって初めて，活動を介して資源の投入と利用の関係が可視化されているのが分かる。例えば，同種部品の取付作業に注目してみる。同作業（活動）では取り付け1回当たりの時間は同じとし，部品点数が活動ドライバーに選択されているとする。もちろん，操業度関連のコスト・ドライバーのみを利用するような伝統的方法からは得られない情報である。この種の情報は，組立部門内にある部品取付活動を精緻なシステムによって識別しなければ得られない。これによって，製品設計技術者は，新製品を設計する時に，原価削減のために可能な限り部品

点数の少ない仕様に設計しようとするだろう。しかし，その原価計算システムで部品の取付活動を識別し，部品点数をコスト・ドライバーに選択していなければ，そのような意識は生じない。ABCシステムが計算の正確性を志向しているからこそ，生まれてくるモチベーションと考えられる。資源の投入・利用の関係を正確に写像することによって，設計の段階で原価を削減するために部品点数の少ない製品設計を行われるということにも注意が必要であろう。

したがって，基礎的なレベルでは内部志向ABC（影響システム）と外部志向ABC（情報システム）との間には共通点があるものの，その利用方法や組織コンテクストに相違があるとも言える。一般に地図を利用する時に，登山の目的には，正確な地形図を示しており，かつ等高線が示されていることが有用であろう。しかし，最寄駅から目的地までの簡単な道案内をする場合には必ずしも詳細な地図を示す必要はなく，目印を判りやすく示すことが重要である。いかなる組織コンテクストの下で，どのような戦略的メッセージを伝えたいのか，いかなる影響を与えるのが望ましいコントロールであるのか，その現場における経営管理問題は何かについて，管理会計担当者は十分に精通していなければならない。したがって，管理会計担当者は，絶えず現場へ赴いて担当者たちとの密接なコミュニケーションをとり，コミットメントを形成しなければならない（片岡2010a）。

いかなる問題の解決をサポートするかによって利用方法の相違があるものの，情報システムとしてのABCを採用／利用しない理由として，影響システムとしての側面を強調することは非常に積極的な理由であると言えよう。

2-4. ABCの実行可能性が問題になる理由

前項における考察の第1にも示した通り，ABCのように資源の投入と利用の関係を明確化／可視化できる原価計算システムに対するニーズを企業が本当に感じているか否かが，ABCシステム採用のための前提であるといえる。ABCを認知していない企業にとって，ABCに対するニーズがないのは言うまでもない。ABCを認知しながら，その採用の検討をした企業および検討すら

していない企業については，Kaplan (1985) も示すように，会計システムが非常に硬直的であり，変化を好まない組織文化が存在する理由も重要な視点となろう。また，既に利用されているシステムに優位性があれば，とくにABCシステムを利用する必要性は生じないだろう。トヨタ生産システムや，原価計算／管理会計システムの影響システム的な側面に注目する場合が，現存システムの優位性を示す例であると言える。しかしながら，図表0-6に示されるように，ABC不採用企業の多くがABCの計算構造上の問題を感じているという調査結果も存在する。それらの問題のうち，経営資源を十分に投入することによって解決できる問題と，解決できないものが存在する。前述の通り，とくに後者に関しては，ABCがいかなる状況下で，いかなる条件の下で，いかなる意思決定に資する原価データを提供できるのかを，その計算構造上の観点から明確に示されなければならない。ABC導入企業8社の事例を採り上げたCooper et al. (1992) も，その成功要因について分析しているものの，Noreen (1991) のようにABCを含む原価計算システムの計算構造上の諸問題には焦点を当ててはいない。ABCの実行可能性を高めるためには，ABCの採用／不採用にかかわらず，Noreen (1991) 等の一連の研究から今後さらに多くのインプリケーションを得る必要があるといえよう。

また，何をもってABCシステムと呼ぶかについても言及しておく必要がある。一般に対比される伝統的方法は，間接費の製品別配賦計算の段階で，機械稼働時間や直接作業時間のようないわゆる操業度関連の配賦基準ないしコスト・ドライバーのみを利用する原価計算の方法である。一方，ABCは，操業度関連だけではなく非操業度関連の配賦基準／コスト・ドライバーをも利用する。すなわち，機械稼働時間や直接作業時間のみならず，段取回数／時間，金型交換回数，製品種類数等を用いて製品別の原価を集計する原価計算の方法がABCなのである。伝統的方法とABCとの相違がABCの実行可能性に影響を与えるのか否かも適切に分析する必要があろう[18]。なお，本書の焦点は，ABCというよりはむしろ製品原価計算に当てられていることに注意されたい。

次に，原価計算システムを改善ないし新たに導入するためのコストと便益の

問題は，ABC に対するニーズがあるにもかかわらず採用されない最大の原因であると言える。1970 年頃，理論と実務の乖離を説明するのに費用便益アプローチが展開された。現代においても，導入されるのは，コストに見合うだけの便益を得られるであろう原価計算システムでなければならない。その意味でも ABC の実行可能性に重要な影響を与える要因であるのは間違いないところである。

さらに，ABC 採用に関する多くの文献で採り上げられているのが，組織上の問題である。Cooper et al. (1992) は，ABC 提唱以後 5 年間に発表された論文の多くが，ABC モデルとは何か，ABC と伝統的方法との相違は何か等の問いに対して答えようとする分析プロセスであったが，ABC モデルの分析プロセスから行動プロセスへの移行がなされていない現状である旨を指摘しているのである。そして，考え方や意思決定を変化させるための組織上の準備が不十分であることが，すなわち組織的障害が，行動開始が遅れる根本的な原因であるとしているのである。その後，ABC 採用に対する組織的抵抗（従業員の抵抗・反発）が ABC 導入のいかなる段階でいかなる影響を与えるのかについての研究は多い。1990 年代後半の *Journal of Management Accounting Research* に掲載された ABC に関する論文においても Anderson (1995) 他をはじめ，そのようなケースを扱った研究ないし大規模サーベイ研究が大勢を占める。しかし，これらの問題は，ABC の採用を決定した以後に登場する問題であることも忘れてはならない。

以上の考察より，ABC を認知しているにもかかわらず，その採用を見合わせる場合，それは，ABC システムの実行可能性に問題が集約できると考えられる。ABC を採用して，適切に導入，設計，および運用するための条件，コストと便益の問題，導入プロセスにおける組織上の問題のいずれも，ABC の実行可能性に起因して生じていると言える。

第3節 研究の潮流

3-1. 実行可能性の問題と3つの潮流

　ABCを含む原価計算の基本構造は単純な2段階配賦法であり，それが利用される環境に応じて適切にシステム設計され，実施されることが可能なはずである。またABCのような洗練化された原価計算システムから得られるであろう便益は計り知れない。ところが，ABCを採用している企業は，必ずしも多いとはいえない。無論，会計システムは無償ではない。より正確な原価データを求めてより精緻なシステムを構築すれば，それに見合うだけの便益が必要となる。実際，Cooper (1988b) 他もその旨を示し，コスト・ベネフィットの分析をしている。そのような測定コスト等との関連で実務上の問題があるのは間違いない。しかし，ABCを含む全ての原価計算システムには，果たして計算技術上ないし基本構造に関連する理論上の問題はないのだろうかという疑問が生じる。

　前節で示した通り，ABCを知らない場合を除いて，ABCの不採用については，トヨタのように現状のシステムが十分に機能している場合や影響システムとしての機能を強調している場合等と，必ずしもそのような理由によらない場合とがある。とくに後者の場合には，ABCシステムの実行可能性が問題になる。実行可能性については，大きく，組織上の問題に関連するもの，計算構造上の問題に関連するもの，およびコスト・ベネフィットの問題に関連するものという3つに分割することができよう。

　そこで，次にABCの登場以降に公表された製品原価計算に関する代表的な文献を取り上げ，実行可能性の観点から，それらの潮流を明らかにすることとする。

3-2. 組織内部環境の諸問題を扱った研究：implementation-phase approach

　まず，ABCの導入／実施に関する一連の研究から採り上げてみる。Cooper

et al. (1992) が ABC の導入において組織的障害があることを指摘して以来,*Journal of Management Accounting Research* を中心に1995年頃から多くの研究が公表されている。この一連の研究の潮流は実施段階に焦点を当てて研究を進めているため,本書では implementation-phase approach と呼んでいる。この潮流にはケース,サーベイ,導入の多くの研究も含めている。

とりわけ,それらの中でも数多くの文献で参照されている Anderson (1995)は,General Motors の1986年から1993年の長期のデータを用いて議論を展開しているフィールド・リサーチである。Anderson (1995) は,ABC の実施を開始段階 (initiation),採用段階 (adoption),適応段階 (adaptation),および受容段階 (acceptance) に分け,各段階で様々な重要成功要因が実施に影響を及ぼしていることを明らかにしている。

その後のサーベイ研究では[19],例えば Krumwiede (1998) は,アメリカにおける製造業225社を対象として ABC の実施を10段階に分けて検証している。その他にも,Innes & Mitchel (1995) はイギリスの大企業251社の有効回答を対象にして ABC の採用に影響を及ぼす要因を分析し,Shields (1995) は既にABC を実施している143社を対象に ABC の成功尺度を用いて検証し,Swenson (1995) は電話インタビュー等による ABC の満足度を測定しており,Gosselin (1997) はカナダの製造業161社を対象に郵送によるサーベイをして戦略的な姿勢と組織構造が及ぼす影響を検証し,さらに Foster & Swenson (1997) は ABC の成功尺度を4つに分けて検証している[20]。これらは,いずれも ABC の計算技術上の問題には焦点を当てていないか,もしくは問題が存在しないものとして実証研究を行っている。また,実証研究の場合,特定の時代・制度・地域・状況における会計事実を説明することに主眼が置かれることにも注意が必要である。例えば日本会計研究学会特別委員会編 (1999) は,わが国の『原価計算基準』が ABC 導入・実施の阻害要因となっている可能性について検証している。

導入研究については,Kaplan (1998) がイノベーション・アクション・リサーチと呼ばれる研究者主導による導入プロセスにおける革新的管理会計シス

テムの意図的な創出を提唱したことも興味深い。Kaplan は，アクション・リサーチを行わずして実務を改善することは困難であると考えたのである。わが国では谷編著 (2004) による研究成果が報告されている。

なお，この潮流に属する研究は，ABC 導入／実施段階における重要成功要因の抽出に焦点を当てて研究を進めており，実務との接点も多いことが特長といえる。

3-3. 計算構造上の諸問題を扱った研究：analytical approach

さらに，理論的な計算技術上の問題を採り上げる必要がある。ABC の提唱以来，原価計算の基本構造に焦点を当てた研究も数多く見られるようになってきている。そのような一連の研究潮流を本書では analytical approach と呼んでいる[21]。analytical approach の研究には，計算構造自体に焦点を当てた Noreen (1991)，Noreen & Soderstrom (1994；1997)，Christensen & Demski (1995；1997)，Bromwich & Hong (1999；2000) 他の研究と，製品原価数値に焦点を当てた Gupta (1993)，Hwang et al. (1993)，Datar & Gupta (1994) 他の研究を挙げられる。

計算構造自体に焦点を当てた研究は，製品原価計算システムにおける仮定・前提等を明らかにし，正確な製品原価を算出するための諸要件を導出している。とくに，この潮流に属する研究の多くは，Noreen (1991) の知見を拡張する方向で議論が展開されている。その意味でも，Noreen (1991) は，analytical approach の先駆的存在であり，高く評価されてよい。

また，原価計算システムから算出される製品原価の数値の相違に着目した研究は，コスト・プールの設定およびコスト・ドライバーの選択が適切な場合の製品原価と，適切でない場合の製品原価とを比較・検討して計算構造上の諸問題を取り上げている。さらに，1990 年代前半にはコスト・ドライバー分析に関する研究も多く行われた。Noreen (1991) をはじめとする原価計算の基本構造のモデル化，Gupta (1993) 他によるコスト・プール細分化の影響のモデル化，およびコスト・ドライバーの分析に焦点を当てる各アプローチは，いずれ

も会計的・数量的・統計的手法が駆使されている[22]。ここで，計算構造自体に焦点を当てた研究と製品原価数値に焦点を当てた研究との相互作用を見逃すべきでない。つまり，Noreen (1991) の提示した条件を満たすように原価計算システムを設計するためには，Datar & Gupta (1994) が指摘した誤差間のトレード・オフ問題に細心の注意を払う必要がある。それによって初めて，製品・サービスなどの原価計算対象の変化を各活動のコスト・ドライバーの変化へと直結させることができる。

なお，この analytical approach の一連の研究は，経済活動を会計空間への写像方法を研究対象としており，規範的研究（normative science）に属する研究であるといえよう。

3-4. 費用便益アプローチに属する研究：cost-benefit approach

最後に，原価計算システムの測定・運用コストと便益との問題を採り上げる必要がある。この問題に関する研究は「良い会計は，目的だけでなく，状況に依存する」という問題設定をもつ Demski & Feltham (1976) による情報経済学の流れを汲むものである。この潮流に属する研究は，企業が置かれている状況と，その原価計算システムに対する期待に応じて，いかなるレベルの正確性が必要かという問題に答えるべく，ABC のシステム選択の問題を取り扱っている。そこで本書では，原価計算システムの測定・運用コストと便益との問題に関する一連の研究潮流を cost-benefit approach と呼んでいる。

ABC システムにおけるシステム選択の問題は，主として最適なコスト・ドライバーの選択の問題であろう。例えば Cooper (1988b) は，図表 0-10 を用いて最適な原価システムの正確性に関する基礎概念を示している。

すなわち，図表 0-10 の横軸を原価計算システムの正確性の程度，縦軸をコストとした場合に，原価システムの正確性が高まるにつれて測定コストも高まるという右上がりの曲線と，それによってミスリーディングが減少するとした右下がりのエラーのコストの曲線とを描くことができる。両曲線を合計したトータル・コストは下に凸の曲線となり，その極小値を得られる正確性の程度

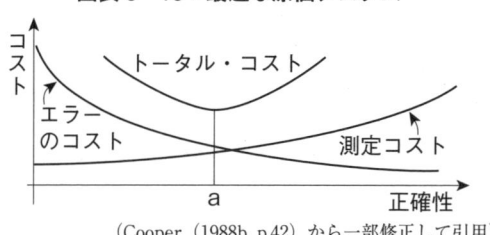

序章　製品原価計算の分析的研究　33

図表 0-10：最適な原価システム

（Cooper（1988b, p.42）から一部修正して引用）

a が最適システムによって提供される製品原価の正確性の程度となる。この潮流では，とくにエラーのコストの甚大さと相まって（Cooper 1989c），図表 0-10 のコンセプトを基礎に，Cooper（1989a）や Babad & Balachandran（1993）のように正確性の程度を維持したままコスト・プールないしコスト・ドライバーを統合するための諸手法についても研究されている。

さらに，Cooper（1989a）や Babad & Balachandran（1993）他があるコスト・ドライバーを他のコスト・ドライバーで置き換えることによって測定コストを抑えることだけを考慮しているのに対し，Homburg（2001）は，コスト・ドライバーの組み合わせによって他のコスト・ドライバーを置換できることをも加味したモデルを提示している。Homburg（2001）によると，ABC システムの複雑さの程度が等しければ，より正確な原価配賦を可能にするという。

3-5. 製品原価計算研究の 3 つの潮流

本節における考察より，製品原価計算システムの実行可能性に関する問題を扱った研究には 3 つの潮流があるということが分かる：

(1) Anderson（1995）他による実施段階における諸問題についての研究
（implementation-phase approach）
(2) Noreen（1991）他による計算構造上の理論的問題についての研究
（analytical approach）
(3) Cooper（1988b）他による測定コストとエラーのコストについての研究

(cost-benefit approach)

まず実務的には，測定コストとエラーのコストの関連で，データの収集可能性の問題がある。現代ではクライアント・サーバー・システムやERPパッケージを利用して，企業の隅々から情報を収集するためのインフラが整備されつつある。その一方で，システムへの迅速で正確なデータ入力や内部統制が問題になっている。優れた原価計算システムも，入力されるデータに問題があれば正確な計算を行い得ないのは言うまでもない[23]。いずれにしても，「良い会計は，目的だけでなく，状況にも応じる」のだから，このようなシステム選択論的アプローチも重要であることには間違いないところであろう。

また，新しいシステム等を導入する際には組織内の抵抗が必ずと言っていいほど生じることを鑑みると，ABC の実施段階に関する実証的研究や導入研究の必要性も高いといえる[24]。これらの実務上の諸問題に焦点を当てた研究は，理論的な計算技術上の問題がないことを暗黙のうちに仮定していることに注意が必要である。この点について，Argyris & Kaplan (1994) は，ABC のケースを例に挙げ，新しい知識を実施する際には，まず技術的な理論が確実に妥当でなければならないとし，その後に教育と助成 (Education and Sponsorship) および内部コミットメントの創造 (Create Internal Commitment) という2つの追加的プロセスが生じなければならないとしている。とくに本書で着目すべきと考えるのは，実行可能性における技術的な理論の妥当性の問題である。analytical approach に属する研究は，この技術的な理論の妥当性のテストに関連しているといえる。

以上より，研究の潮流の属性と代表的研究を図表0-11に示すことができる。

3-6. 研究の潮流の範囲と研究対象の限定

本書では，ABC を中心とした製品原価計算システムの研究の潮流について，その実行可能性の観点から3つに区分している。

図表0-11：製品原価計算研究の3つの潮流と代表的研究

	implementation-phase approach	analytical approach	cost-benefit approach
代表的研究	Anderson（1995） Krumwiede（1998） Innes & Mitchel（1995） Shields（1995） Swenson（1995） Gosselin（1997） Foster & Swenson（1997）他	―計算構造自体に焦点― Noreen（1991） Noreen & Soderstrom （1994；1997） Christensen & Demski （1995；1997） Bromwich & Hong （1999；2000） ―製品原価数値に焦点― Gupta（1993） Hwang et al.（1993） Datar & Gupta（1994）他	Cooper （1988b；1989a；1989c） Babad & Balachandran （1993） Homburg（2001）他

ただし，ABCシステムをはじめとした原価計算システムが抱える問題は実行可能性だけでないことは言うまでもない。キヤノンのセル生産システムやトヨタ生産方式に対応した原価計算システムについての研究や，原価計算の情報システムと影響システムの側面についての研究も，既に完成された議論であるとは言えない。また，製品原価計算の実績測定についても実務上の問題が残されている。例えば，製品等の最終的原価計算対象のグルーピングに関する問題である。しかし，本書における焦点は，One-to-Oneマーケティングにも対応できるように個々の製品や製品種類，個々の活動に関する種々の意思決定に資する基礎原価データを提供する原価計算システムの基本構造を明らかにすることにある。その意味では，結合製品ないし連産品に関する原価配分の問題も研究の対象としていない。結合製品という製品グループ別の原価の計算は本研究の対象となっているが，結合製品内の特定製品の原価に関する問題は取り扱わない。実績測定における製品のグルーピングの問題や結合製品内の各製品への原価配分に関する問題は今後の課題としたい。

第4節 本書の構成

本書は，文献サーベイに基づく理論的研究および数理モデルによる分析的手法を用いた規範的研究の方法により，実行可能性，とくに技術的な理論上の妥当性の観点から，正確な製品原価計算システムの構築に関する基礎理論を究明するものである。そのために，とくに Noreen (1991) 他の analytical approach を受け継いで，その課題を克服し，意思決定に資する正確な製品原価の計算という観点から，原価計算における個々のプロセスと原価計算システム全体とを関連付け，体系化したいと考えている。

したがって，本書は次の構成となっている。

序　章　製品原価計算の分析的研究
第1章　製品原価計算の基本構造に関する前提的考察
第2章　ABC 以前の製品原価計算研究の発展：1986年まで
第3章　コスト・プールの設定とコスト・プール別計算
第4章　コスト・ドライバーと製品別計算
第5章　コスト・プール別計算と製品別計算の関係の分析
第6章　現代的原価計算システムの再構築
第7章　製品原価計算研究の近年の動向
終　章　製品原価計算研究の課題と展望

序章にて問題設定をした後に，第1章では，原価計算の基本構造に焦点を当て，原価計算の前提を明らかにし，また，Noreen (1991) の見解に基づいて原価計算システムの有する構造上の属性を明らかにする。

第2章では，ABC 以前の製品原価計算研究について，これを生成・確立期と展開・反省期とに区分し，その史的展開から平均原価と限界原価の相克の存在を明らかにする。

第3章では，正確な製品原価の計算に必須である適切なコスト・プールの設定とコスト・プール別計算に焦点を当て，Christensen & Demski (1995) の見解から，従来の会計的アプローチと，古典的理論（ミクロ経済学）に基づく古典的アプローチとを比較・検討し，古典的アプローチから得られる示唆を明らかにする。

　第4章では，製品別計算の段階に焦点を当てる。1990年代に多く行われたコスト・ドライバーの分析についての研究をレビューした上で，Noreen と Demski の見解を中心に製品別計算において果たすコスト・ドライバーの役割との整合性を探る。

　第5章では，コスト・プール別計算と製品別計算との関係に焦点を当て，Gupta (1993) および Datar & Gupta (1994) の見解（製品原価の数値に着目するアプローチ）と Noreen の見解との整合性を分析し，Noreen (1991) の示す3つの条件に潜む問題点を明らかにする。

　第6章では，Noreen (1991) の3つの条件における課題について，Bromwich & Hong (1999) が提示する条件によって対処可能な点および対処不可能な点を明らかにし，正確な製品原価を計算するための条件を明らかにすると共に，現代における原価計算システムを利用することの意義と限界を示す。

　第7章では，近年における製品原価計算研究の動向として，Kaplan & Anderson (2007) の TDABC や Labro 等の所説を取り上げ，analytical approach の観点から検討している。最後に終章で，本書を要約し，結論と残された課題について述べる。

1　会計システムは，企業資本の循環運動に焦点を当ててその運動全体を把握するために，企業における経済活動の「取引データを収集し，処理し，それらを情報として，企業内外の情報利用者に伝達する役割を果たす」（岡本他 2003, p.3）情報システムである。
2　一般的にも地図が不正確であれば目的地に到達するのは困難であり，正しい地図が必要である理由が容易に理解できよう。ただし，ただ単に正確であればよい訳ではない。それが利用される組織コンテクストと一体的に考えていかなければならないことにも注意が必要である（廣本編著 2009）。
3　ABCのような新しい知識を実施する際には，まず技術的な理論が確実に妥当であり，そ

の上で教育と助成および内部コミットメントの創造という追加的プロセスが必要となる (Argyris & Kaplan 1994)。

4 その他にも，増大し続ける間接費を発生原因の段階から管理する必要性が強調されるようになったこと等も挙げることができる（Miller & Vollmann 1985；他）。

5 ABCの基礎概念については，Cooper & Kaplan (1988a) が提唱する以前から存在していたようである。しかし，そのコンセプトを体系化し，実務と理論との乖離を埋めるためのきっかけを作ったのは，彼等の貢献であるといえよう。

6 Cooper（1988a；1988b；1989a；1989b）を参照のこと。

7 Horngren（1990, p.21）も同旨の指摘をしている。

8 近年の自律的組織に関する研究では，組織内の様々な階層における意思決定を支援するべく，プロセスの可視化，活動別増分原価情報の提供，ミクロ・マクロ・ループの形成がABCに期待されていると指摘されている（片岡2007）。

9 Cooper et al.（1992）邦訳「はじめに」より引用。

10 例えば日本会計研究学会特別委員会編（1999）では，ABCを次のような用途・目的で利用している場合を想定している：公表財務諸表の作成，製品またはサービスの価格決定，業務的意思決定，戦略的意思決定，原価企画，標準原価管理，予算編成と統制，顧客収益性分析，付加価値／非付加価値分析，価値連鎖分析，コスト・ドライバー分析，貢献利益分析，原価差異分析，戦略的ポジショニング分析，コスト・ダウン，人員の削減，部門数の減少，受注から納品までのリードタイム短縮，および能率改善他である。

11 会計フリー・アプローチと会計リンク・アプローチについては，廣本（2008a），片岡（2010a）他を参照。

12 この問題を克服するための1つの試案がTDABCである。本書第7章を参照されたい。また，近年では，ブリジストンのFOAもABC実施に有用なインフラを提供できるものと思われる。FOAについては，奥（2006）を参照されたい。

13 櫻井（1991）pp.90-93, pp.329-331他を参照されたい。

14 管理会計システムの影響機能は，近年ではミクロ・マクロ・ループとして説明されている（廣本編著2009）。管理会計システムは，それが利用される組織コンテクストと一体になって構築される必要がある。ABCを利用したMCSの設計については片岡（2006a；2007；2010a）他を参照されたい。

15 加登（1993）は「影響システムとして会計を利用することが，実態の正確な写像を目指す会計よりも優先される状況が存在する」(p.163) と述べている。また，小林（1993）は「原価に影響を及ぼすいろいろな作用因を詳細にとらえて原価の動きを正確に分析できたとしても，その後の管理に有用であるという保証はない。むしろ，変数があまりにも多すぎると，原価発生のメカニズムが理解しにくくなるので，正確性が失われるとしても少数の変数に限定して原価低減への影響力を強める方がよいという意見もある」

(p.79）と述べている。
16 部品標準化戦略など，部品点数を少なくし，製造，保守・点検の容易な製品を設計することは，今日では極めて重要な課題である。
17 Cooper & Turney（1990）は2つのABCの調和を今後の研究課題とし，異なる2つの志向に対して1つのABCシステムで対応することを考えているように思われる。図表0-9は筆者が作成した。
18 何を原価計算対象に設定して配賦計算を行っているのかにも注意してよい。わが国では，例えば戦略的ビジネスユニット（SBU）別の収益性分析や業績評価のために，本社が提供する多彩なサービス別に詳細な配賦基準を設定して本社費を各SBUへ配賦する実務を観察することができる。しかし，このような本社費配賦を実施している企業自身にABC実施の認識があるのかは不明である。
19 サーベイ型の実証研究では，しばしば計量的・統計的手法が用いられている。
20 ABCの実施に関する実証研究については，渡辺（2001a；2001b）も参照されたい。
21 例えばLabro（2006）は分析的会計の文献（analytical accounting literature）と呼んでいる。なお，製品原価計算研究の歴史は因果関係追究の歴史でもあり，因果関係に基づいた精緻化・洗練化こそがanalytical approachの中心的課題になる。その際，しばしばコスト・プールを細分化するアプローチが採用されてきた（Datar & Gupta 1994；他）。
22 数量的手法は1960～1970年前後の頃に管理会計／原価計算の分野に盛んに取り入れられた。意思決定会計にはOR的なアプローチが取り入れられたのに対して，製品原価計算との関連ではKaplan（1973）のように補助部門費配賦問題へ行列モデルが取り入れられた研究等が見受けられる。本書で用いる数理モデルは，当時のOR的なアプローチのような所与の条件下における最適化を志向するためのモデル化ではなく，論理的構造を説明するためのモデル化であることに注意されたい。
23 この点はNoreen & Soderstrom（1994；1997）においても生じている問題である。彼等の実証研究における限界点の1つとして，病院において職員が入力するデータが誤っている可能性があることを指摘している。
24 近年では管理会計の導入研究が盛んになっている。Kaplan（1998）の見解を中心に谷編著（2004）他を参照されたい。ABCの実務における研鑽でも見られるように，理論的研究と実際の企業への導入研究とのリンケージが重要になっている（Argyris & Kaplan 1994）。

第1章　製品原価計算の基本構造に関する前提的考察

第1節　問 題 の 所 在

　原価計算における正確性を追究して意思決定への有用性を高めるために計算構造上の諸問題を検討するにあたり，その基本構造上の属性を明らかにする必要がある。この点について，近年の原価計算の基本構造に関する研究(analytical approach)から多くの示唆を得ることができる[1]。とくにNoreen (1991) は，製品の販売価格設定や生産中止等の意思決定に用いる関連原価の計算に必要な基礎的な原価データを活動基準原価計算（Activity-Based Costing：ABC）が提供するための条件を導出するために，ABCの構造について分析しており，その後のanalytical approachの研究潮流にも大きな影響を与えているものとして注目されている[2]。

　Noreen (1991) が示す条件とは，①基礎をなす現実の原価関数が各コスト・プールへ分割可能であり，それらの各コスト・プールは単一の活動のみに依存すること，②各コスト・プール別の原価が活動に正比例すること，③各活動が製品間で分割可能であり，各製品に帰属する部分はその製品のみに依存すること，の3つである。ABCが意思決定に資する適切なデータを提供するためには，これらを満たしている必要があり，とりわけ，第2条件の正比例性が最重要視されている。これらの3つの条件について，Noreen (1991) は意思決定に資する基礎原価データを提供するための条件としているが，Noreen (1991) の

議論を発展させているChristensen & Demski (1995) 他の諸文献では，これら3つの条件は原価計算の基本構造内の各プロセスが備えるべき要件という扱いをしている。とくに第2条件と関連して，コスト・ドライバーとコスト・プール別原価の関係ないしコスト・ドライバーの識別に関する議論や言及が多いといえよう。

一方，原価計算の手続は原価収集プロセスと原価集計プロセスから構成され(廣本1997, pp.43-59)，以後の検討のための前提的考察として，これらの各プロセスとNoreen (1991) の示す条件との関係を明らかにする必要がある。同様に，原価計算の生成当初より重視されている因果関係や原価の凝着性についても触れておく必要があろう。

そのような問題意識を受け，まず第2節では，原価収集プロセスと原価集計プロセスについて説明し，因果関係と原価の凝着性が果たす役割を明らかにする。第3節では，Noreen (1991) が提示する3つの条件の導出過程を明らかにし，それらの条件の意義を分析する。さらに第4節では，原価計算における基本的プロセスとNoreen (1991) の示す条件との関係を明らかにする。

第2節　原価計算の手続

2-1. 原価計算の基本的プロセスと資源の投入・利用
2-1-1. 原価収集プロセスと原価集計プロセス

原価の概念は，資源犠牲の概念を基礎としており，また資源犠牲は何らかの目的を達成するために必要となる活動によって生じる（廣本1997, pp.22-23）。その関係を図表1-1のように示すことができる。

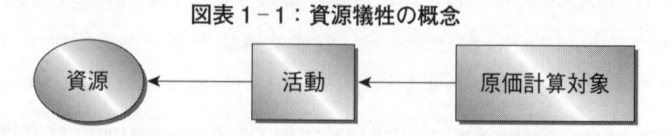

図表1-1：資源犠牲の概念

資源 ← 活動 ← 原価計算対象

このとき，例えば廣本 (1997, pp.24-25) によると，乗用車を工場で生産する

場合に，乗用車（原価計算対象）を Y，乗用車生産のために投入・利用される資源を X，貨幣による資源の測定額を M の関数で表すとすると，乗用車の原価 $C(Y)$ は，$C(Y) = M(X)$ と表せる。

ここで，原価計算の手続は，投入ないし消費された資源の原価（発生原価）を把握することから始まる。次いで，発生原価が原価計算対象に割り当てられる。その際，図表1-1に示される因果フローが前提となり，消費資源の原価は，資源別に把握・測定された後に，中間的原価計算対象（原価部門，コスト・プール，またはコスト・センター）に一旦集計され，さらに最終的原価計算対象である製品に集計される。ここで，製品とは，通常の生産品（財）のみならず，サービス，顧客，様々なセグメントやチャンネルも含まれる。この一連のプロセスが，原価収集プロセス（cost accumulation）と原価集計プロセス（cost assignment）である（Horngren et al. 2000, p.28；廣本1997, pp.43-44）。

原価収集プロセスでは，資源別に発生原価ないし資源消費額の測定・計算を行う。すなわち，消費された資源の原価が各々いくらなのかを明らかにする。すなわち，貨幣による消費資源の測定額 $M(X)$ の計算をする。

一方，原価集計プロセスでは，消費された資源がどの原価計算対象にどれだけ利用されたのかに基づいて，各原価計算対象別の原価を明らかにする。貨幣による資源の測定額を製品の原価に転換する $M(X) \rightarrow C(Y)$ の手続である。したがって，原価収集プロセスで把握された発生原価を，まずコスト・プール別に集計し，その後に製品別に集計する。コスト・プール別に原価を集計するプロセスは，コスト・プール別計算（コスト・センター別計算：原価集計プロセスの第1段階）と呼ばれ，伝統的方法における部門別計算である。同様に製品に原価を集計するプロセスは製品別計算（原価集計プロセスの第2段階）と呼ばれる。一般に，原価集計プロセスは，この2つの集計プロセスから成り，2段階配賦法ないし2段階計算法の手続が踏まれる。なお，コスト・プール別集計段階は，発生原価のうち部門（コスト・プール）に直接的に跡付けられる部門個別費と直接的には跡付けられない部門共通費の集計段階（第1次集計）と，補助部門費を製造部門に振り替える第2次集計に区分される。これらの一連のプロセス

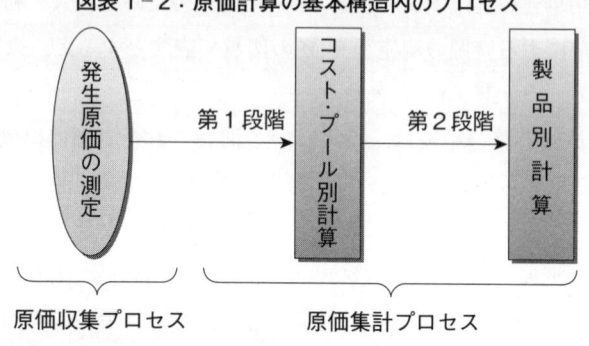

図表1-2：原価計算の基本構造内のプロセス

発生原価の測定 →第1段階→ コスト・プール別計算 →第2段階→ 製品別計算

原価収集プロセス　原価集計プロセス

によって原価計算の基本構造が表わされる（図表1-2）。

2-1-2. 消費資源の原価と利用資源の原価の区分

何らかの目的を達成するために行われる活動によって資源が犠牲になるが，その際，資源の投入・消費と利用とを明確に区分する必要がある。原価収集プロセスでは，消費された資源の原価を測定する。この点は，財務会計機構において認識・測定される発生費用の計算と同じである。したがって，各原価計算期間において投入ないし消費された資源の原価の把握（原価収集プロセス）が原価計算プロセスの基礎であり，「資源の消費は投入によって認識され，資源の消費額（原価発生額）はその投入に基づいて測定される」（廣本1997, p.46）。また，消費された資源が必ずしも利用されているとは限らないので，投入・消費と利用とは明確に区分される。つまり，「消費の本質は，利用ではなく，投入」（廣本1997, p.46）であり，本書において資源の投入と資源の消費とは等しい意味をもつ。

一方，原価集計プロセスは，発生原価を各原価計算対象に割り当てていくプロセスであるので，次のような連鎖を考えることができる。すなわち，企業が製品を生産するために活動が必要になり，それによって投入資源の原価が発生する。ここで，発生原価の全てが原価計算対象に集計されるわけではないことに注意すべきである。原価の認識・測定の基礎になる事実は，目的意識をもった資源の投入と利用だからである。当該資源を利用した原価計算対象のみに原

価発生額を集計しなければならない。したがって，原価集計プロセスで計算されるのは資源の利用原価なのである。

原価収集プロセスでは消費資源の原価（発生原価）の測定・計算を行い，原価集計プロセスでは各原価計算対象別に利用資源の原価を分類・集計する。このとき，次のように資源の消費と利用とは明確に区分される必要があり（Cooper & Kaplan 1992），発生原価の全てが原価計算対象に集計されるわけではない。

資源投入量（供給量）＝資源利用量＋未利用資源量
消費資源の原価＝利用資源の原価＋未利用資源の原価

つまり，当該資源を利用した原価計算対象のみに利用原価が集計される。原価計算は，このような計算構造を有することによって，資源の消費と利用の関係を明確化することができる（プロセスの可視化）。

2-2. 原価計算の基礎概念：原価の凝着性と因果関係
2-2-1. 原価の凝着性

前述の通り，原価計算の基本構造は原価収集プロセスと原価集計プロセスから構成されている。すなわち，消費された資源の原価（発生原価）を測定し，それを何らかの対象に割り当てるプロセスが原価計算であるといえる。ここで，原価計算を複式簿記システムと有機的に結合させて常時継続的に記録計算する原価計算システムを原価会計ないし原価計算制度という。企業会計を把握対象の見地から大別すれば，企業と企業外部の取引を扱うのが一般会計であり，企業内部における取引（製造活動上の価値の流れを把握する取引）を扱うのが原価会計である[3]。本書第2章でも述べる通り，原価会計の成立には，原価計算の生成・確立と会計責任とが深く関連している。

原価会計は，Paton & Littleton (1940) が提唱する原価の凝着性の概念を基礎にしている。これは，取得原価の原理ないし価値移転の原理の基礎的概念とも言われ，企業内部で生産される財貨や用役が取得原価を基礎に計算されなければならないとするものである。原価計算システムの信頼性は，この原価の凝着

性が因果関係および物量の流れに基づいて忠実に表現されているか否かに大きく依存する。その意味でも，原価会計の確立は原価計算にとって重要な視点であるといえよう。

実際の財貨および用役の流れに注目すると，「経済財は購入され，消費され，加工変形され，製品となって販売される」(岡本1980, p.37)のであり，原価会計は，これらの流れを「価値の流れ」として追跡記録する。この場合に，「原価の凝着性 (cost attach)」が仮定される[4]。このことは，原価計算が企業内部における実際の「ものの流れ」および「価値の流れ」を追跡するという性格からも明らかであろう。

Paton (1922) は，価値移転に関連させて「製造に使用されたいかなる財，サービス，又は条件の価値も，元のものが費消された対象，すなわち製品に移り，その結果に付着し，したがって，それに価値を与える」(pp.490-491) と述べている。さらに Littleton (1933) は，「原価計算は，ある意味において，従来の簿記にまったく新しい要素を導きいれたものといえる。一五世紀において複式記入の方法による簿記が形成されたことと，二〇世紀において予算が創始されたこととの中間に現われたきわめて重要な一つの特色は，財貨の取得原価を基準とする価格の形成ということが簿記に導入されたことであった。それ以前においては，生産原価の形成を簿記とむすびつけるという要求はまったく起こらなかった」(片野訳1952, p.437) と述べている。したがって，「原価の凝着性」の仮定は，複式簿記の機構ないし一般会計システムを基礎的概念に据え，企業内部における資源 (財貨または用役) の変換のプロセスを取得原価に基づく価値の移転として表していると考えられる。ただし，この原価の凝着性について，全く批判がないわけではない[5]。

以上より，製品原価計算では，とくに取得原価主義に基づいた「価値の流れ」ないし「価値の移転」を追跡記録する計算構造をいかに合理的なものにするかという視点が，その発展において強く働いていたのである。

2-2-2. 因 果 関 係

因果関係は，ある原因事象と，それによって引き起こされた結果事象との間

に存在する関係を表している。そのような前提の下で，図表1-1のように「ある資源は，ある活動を行うために消費される。その活動は，ある製品を製造するために行われる」ことが仮定されている。したがって，ある資源は，ある活動を行うために利用され，それが支援活動であれば，その活動が提供する用役も何らかの活動に利用されると考えられる。この特質はABCを含む全ての原価計算に共通の認識の仕方であり，とくにABCでは，全ての資源において，このような因果フローを詳細に追究し明らかにするべき旨を強調している（片岡2008）。

なお，製造間接費計算における「因果関係」の位置付けについて，Brummet（1957）は，次のように述べている。

「理論的には，製造間接費を製品に配賦することは，価値移転（原価付着）の原則に基づいている。すでに論じたこの原則は，その根底に因果関係の理論（the theory of causation）がある。もし発生した製造原価と生産された製品との間に，いかなる原因結果の関係もなければ，この配賦は認められない。このような場合には，原価は，利益決定目的のため，すみやかに収益から控除する必要がある」（染谷訳, p.71）。

因果関係は，以前は「（密接な）関連（affinity）」という用語で説明されていた。しかし，製造間接費配賦についての原因と結果との関係を認識する必要性が重視されるようになり，原価計算の発展の歴史は，Horngrenも指摘している通り因果関係追究の歴史とさえいわれるに至った。また例えば，井尻（1968）は，主体となる財の増分と減分の間（異なる2つの事象の間）に因果関係に基づく結合性を認めるという「因果的複式簿記」の概念を主張し，価値移転の原則，取得原価の原則を論理的に説明している。また，Horngren & Foster（1991）は，間接費配賦問題（配賦基準の設定等），結合製品原価配賦問題についてまで因果関係に関して論及している。

一方，ABCの登場以後，原価とコスト・ドライバーの関係を非操業度関連

のコスト・ドライバーをも利用することによって，操業度関連のコスト・ドライバーのみを利用する伝統的方法と比較して大きな進化があったといえる。ただし，ABCでは「因果関係」が強調されているにもかかわらず，因果関係そのものについては具体的に詳細に検討された研究が少ないことも指摘できる[6]。

　一般に，ABCでは，工場支援レベルの活動と最終的原価計算対象との因果関係が不明確であるとして工場支援レベルの原価（工場長の給与や工場土地の固定資産税等）を製品単位にまでは配賦しないことが多い。したがって，厳格に因果関係に基づいた原価計算モデルを構築するためには，生産活動における資源の利用と製品との「因果関係」について詳しく再検討し，その上で実際の財貨と用役の流れを忠実にとらえる必要がある。

　ここで，具体例を用いて因果フローを明らかにする。例えば，土地は土地空間を提供し，建物は土地空間を利用して建物空間を提供している。建物は土地の上に位置しているため，建物空間提供活動は，建物が土地に占めている面積等の割合で土地空間提供活動の用役を利用する。同様に，各機械が建物の内部に設置されているため，各マシーン・センターは，建物空間提供活動の用役を利用する。土地空間提供活動には，工場用地の固定資産税，地代等が集計される。建物空間提供活動には，工場の減価償却費，固定資産税，保険料等，かつ，土地空間提供活動が提供した用役の利用原価（配賦額）が集計される。このように，各工場施設維持活動の利用原価は，その他の活動を維持・支援するために不可欠ないし不可避的に発生する活動の原価であって，副次的活動の原価として取り扱われるものである。したがって，工場支援活動に集計された活動原価（利用資源原価）のうち，生産活動と因果関係を有するプロセス・マップの因果フローを図表1-3のように例示することができる。なお，因果フローの基礎となるのは，実際のものの流れであり，各々の現場における物量情報であることにも注意されたい。

　すなわち，物量情報を基礎とした因果フローをプロセス・マップ上で跡づけることにより，製品原価の構成要素の範囲が決定され，工場支援レベル活動の原価も合理的に配賦できる場合があるといえる。なぜなら，正常性の範疇にお

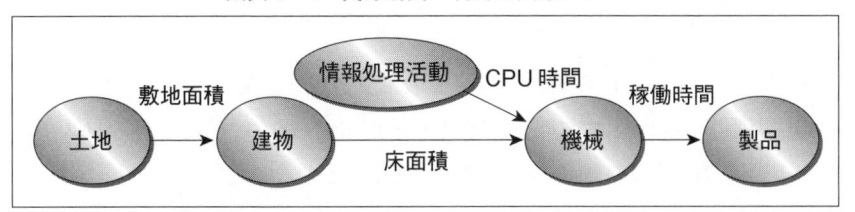

第1章 製品原価計算の基本構造に関する前提的考察　49

図表1-3：資源消費・利用の因果フロー

```
          敷地面積         情報処理活動    CPU時間        稼働時間
  土地   ──────→   建物                    →   機械   ──────→   製品
                        ────────→
                          床面積
```

いて，通常，その維持活動がなければ生産活動ができないという不可欠的ないし不可避的な因果関係が存在するからである。

第3節　Noreen（1991）の提示する3つの条件

本節では，Noreen (1991) の提示する条件を明確に示すために，その基本的なモデルを提示し，それに従って考察を行う。

3-1. 条件導出のための前提的考察

まず，Noreen (1991) は，ABCでは，企業が製品を生産するために活動が必要になり，そのために消費された資源の原価が発生するものとしている（図表1-1）。したがって，企業のアウトプット（原価計算対象）を表すベクトル $\mathbf{q}$ が与えられると，原価を発生させる活動を表すベクトル $\mathbf{a}$ は，$\mathbf{a}=\mathbf{a}(\mathbf{q})$ と表される。そして，活動のベクトル $\mathbf{a}$ が決まると，資源の原価 $C=C(\mathbf{a})$ が決定される。ゆえに，基礎をなす現実の原価関数を次式のように表すことができる。

(1-1)　$C = C(\mathbf{a}(\mathbf{q}))$

(1-1) 式に基づいて発生原価総額が把握される（原価収集プロセス）。次いで，原価集計プロセスの第1段階では，発生原価を各コスト・プール別に集計する。第i番目のコスト・プールに割り当てられた原価を CP_i とすると，各コスト・プールに割り当てられる原価の合計を次式のように示すことができる。

$$(1\text{-}2) \quad C \equiv \sum_i CP_i$$

各コスト・プールから製品への原価の割り当て（原価集計プロセスの第2段階）には，活動尺度ないしコスト・ドライバーが用いられる。第i番目のコスト・プールから第j番目の製品への活動尺度をm_{ij}とすると，次式のように表すことができる。

$$(1\text{-}3) \quad m_{ij} = m_{ij}(q_j)$$
$$\text{ただし，} m_{ij}(q_j) = 0, if\ q_j = 0\ ;\ m_{ij}(q_j) \geq 0, if\ q_j \geq 0$$

(1-3) 式について，アウトプットに対して必ずしも線形関数である必要はなく，また連続関数である必要もない旨が指摘されている。これは，活動の階層が存在することに起因しており，ABCと伝統的方法との相違は，(1-3) 式が製品数量に比例する単純な関数となるか否かという点にあるという。

さらに，各コスト・プール別に集計される原価CP_iを，それぞれの活動尺度m_iで除することで配賦率r_iを求めることができる。

$$(1\text{-}4) \quad r_i = \frac{CP_i}{m_i} \quad \text{ただし，} m_i = \sum_j m_{ij}$$

したがって，第j番目の製品に集計される原価PC_jは，各コスト・プール別の活動尺度と配賦率との積を合計して求められるため，次のように計算される。

$$(1\text{-}5) \quad PC_j = \sum_i r_i m_{ij}$$

ここで，原価計算システムの重要な特徴は，製品原価の合計と配賦されるべき原価の合計とが等しくなることであり，次のように表すことができる。

$$(1\text{-}6) \quad \sum_j PC_j = \sum_j \sum_i r_i m_{ij} = \sum_i r_i \sum_j m_{ij} = \sum_i r_i m_i = \sum CP_i = C$$

(1-6) 式で示される計算構造は，全ての原価計算システムに共通である。次に，(1-6) 式を基礎として，意思決定のための差額原価を計算するための

基礎データを提供し得る原価計算システムの有するべき条件を導出する。

3-2. 基礎原価データ算出のための必要十分条件

Noreen (1991) は，原価計算システムが主として生産中止や販売価格設定等の意思決定に資する基礎的な原価データを提供するに当たり，回避可能原価および増分原価の基礎データについて次のように定義している[7]。

まず，ある製品の生産中止等の意思決定に関連する回避可能原価の基礎データとして，ABCによって計算される製品原価が利用されるとすると，他の製品の生産数量は変化しない状況下で，その基礎データは原価総額の変化額であると定義する。

定義 製品 k の回避可能原価の基礎データは，$\mathbf{q} = (q_1, q_2, \cdots, q_{k-1}, q_k, q_{k+1}, \cdots, q_j)$ を製品1～jの製品数量を要素とするベクトルとし，$\mathbf{q}_k = (q_1, q_2, \cdots, q_{k-1}, 0, q_{k+1}, \cdots, q_j)$ を製品 k 以外の1～jの製品数量を要素とするベクトルとすると，$C(\mathbf{a}(\mathbf{q})) - C(\mathbf{a}(\mathbf{q}_k))$ である。

そのための条件式は，次の通りである。

$$(1\text{-}7) \quad PC_k = \sum_i r_i m_{ik} = \{C(\mathbf{a}(\mathbf{q})) - C(\mathbf{a}(\mathbf{q}_k))\}$$

次に，配賦率（コスト・ドライバー・レート）を増分活動原価の基礎データとして利用するためには，増分活動原価を次のように定義する。

定義 活動レベルが a から a' へ変化した場合の増分原価の基礎データを $C(a') - C(a)$ とする。

そのための条件式は，次の通りである。

$$(1\text{-}8) \quad \sum_i r_i(a_i' - a_i) = C(a') - C(a)$$

さらに，Noreen (1991) は，各コスト・プール別の配賦率およびコスト・ドライバーについても次のように定義している。

定義 計算構造上，適切に設定された原価計算システムは，コスト・プール別に活動尺度ないしコスト・ドライバーが正しく識別されていなけれ

ばならないので，配賦率 $r_i(q)$ と活動尺度 $m_{ij}(q_j)$ は次の特性を有する：

(1-9) $\quad m_{ij}(q_j) = 0 \quad if\ q_j = 0$
$\quad\quad\quad m_{ij}(q_j) \geq 0 \quad if\ q_j \geq 0$

(1-10) $\quad a_i = m_i = \sum_j m_{ij}$

(1-11) $\quad \sum_i r_i m_i = C$

以上より，製品別に集計された原価が回避可能原価の基礎データであり，かつコスト・プール別原価が増分原価の基礎データであるための必要十分条件は，次の3つである。

第1条件：基礎をなす現実の原価関数 $C(\mathbf{a}(\mathbf{q}))$ が各コスト・プールに分割可能であり，それらの各コスト・プールは単一の活動のみに依存していること。

(1-12) $\quad C(\mathbf{a}(\mathbf{q})) = \sum_i C_i(a_i(\mathbf{q}))$

第2条件：各コスト・プールの原価は，その活動に対して厳密に比例していること。

(1-13) $\quad C_i(a_i(\mathbf{q})) = p_i a_i(\mathbf{q})$

第3条件：各活動は，各製品に帰属する割合がその製品のみに依存するという方法で，製品間で分割できること。

(1-14) $\quad a_i(\mathbf{q}) = \sum_j a_{ij}(q_j)$
$\quad\quad\quad$ ただし，$a_{ij}(q_j) = 0 \ if\ q_j = 0;\ a_{ij}(q_j) \geq 0 \ if\ q_j > 0$

ABCが意思決定に資する適切な基礎データを提供するためには，基礎をなす現実の原価関数が (1-12) ～ (1-14) 式で示される条件を満たしていなけ

ればならない[8]。

第4節　原価計算における基本構造内のプロセスと3つの条件

Noreen (1991) の条件の導出過程における基礎をなす現実の原価関数が (1-1) 式によって特定化されることによって発生原価が測定され，原価収集プロセスが行われたことになる。本節では，その上で Noreen (1991) が示す3つの条件の諸特性と原価計算のプロセスとの関係を明らかにする。

4-1. Noreen (1991) が示す3つの条件の貢献

前述のように，Noreen (1991) の示す第1条件は，発生原価総額をコスト・プールへ分割することが可能で，それらの各コスト・プールがもっぱら1つの活動に依存するということである。原則として，あらゆる原価は，何らかの価格（もしくは会計システムから提供される価格の代理変数）と数量との積からなる。しかしながら，実際には原価計算システムに収容できる活動の数量，またはコスト・プールの数量は限られている。原価計算システムを設計するにあたり，企業における実際の活動を広い範囲で適切に代理できる少数の活動尺度が選択される。ある活動尺度が活動に対して高度の相関関係を有しているならば，その活動尺度は，十分な代理となる。例えば，技術部のコスト・プールは，必ずしも技術変更オーダーの回数の関数では表せない。にもかかわらず，それらの原価を発生させる様々な活動が技術変更オーダーの回数と高度に相関しているならば，コスト・ドライバーとして満足のいく代理となり得るとされている。

第2条件は，各コスト・プール別原価がそのコスト・プールの活動レベルに厳格に比例（正比例）していることである。これは，コスト・プールのレベルで非線形原価関数および切片が0でない線形関数を除外することを示している。

第3条件は，各活動がもっぱら各製品に依存する要素に分割できるということである。これは，生産工程における製品間の全ての依存性を除外するものと

されている。とくに，原価計算における古典的な難問である結合工程が除かれるのである。

　以上の条件は，原価計算システムが様々な意思決定に資する適切な原価データを提供するためには，非常に厳格に適用されなければならないと示されている。Noreen (1991) は，とくに第2条件を重視し，全てのコスト・プール別の原価が厳格にその活動尺度に比例している時にのみ，原価計算システムが意思決定関連原価の基礎データを提供できる旨を強調している。換言すると，原価計算システムは，これらの条件を満たすように設計されなければ，差額原価の計算に必要な基礎的な原価データを提供することができないということである[9]。

　これら3つの条件は，原価計算における基本構造内のプロセスが具備すべき要件を表している。昨今では，ABCの登場にも見られるように，資源の投入と利用の関係を正確に写像することの重要性が増大している。したがって，原価計算の基本的プロセスが具備すべき要件を明示することは，どの製品をいくつ製造するために，どの活動がどれだけ行われ，それによって，いかなる資源がどれだけ消費されるのかを理解するためには必須であるといえよう。

　通常，原価計算システムでは，(1-4)式に示されるように各コスト・プール別の原価をそのコスト・ドライバーで除することによって間接費配賦率を求めるので，各コスト・プール別の原価とコスト・ドライバーとの関数関係を必ずしも想定していない。しかし，Noreen (1991) は，第2条件に示される正比例の関数関係が必要である旨を述べ，意思決定の影響を受ける製品数量等のような変数と，コスト・ドライバーとの関係を明確にすることで種々の目的に適合させ，個々の意思決定問題に役立ち得る基礎データを提供するための要件を示している。すなわち，関数関係を用いてプロセスを可視化し，意思決定による影響を経済的マップ上で明らかにしている[10]。したがって，原価計算システムが本来的に有している基本構造を明示し，それを種々の目的および状況に適合させるための基礎を Noreen (1991) が提供することは，大きな意義があるといえよう。その後の多くの研究において彼の見解が採り上げられる理由は，こ

第1章　製品原価計算の基本構造に関する前提的考察　　55

の点にあると思われる。

4-2. 伝統的方法とABCとの相違

　Noreen（1991）は，その論題にABCを掲げているものの，伝統的方法から得られる原価データとABCのそれとを対比することには関心を寄せていない[11]。しかしながら，意思決定に資する基礎的な原価データをABCが提供するために上述の3つの条件がもたらした貢献を明らかにするためには，それらの計算構造を比較して明示する必要がある。

　伝統的方法では，いずれのコスト・ドライバーも製品数量に比例することが仮定され，それらを括ると単一種のコスト・ドライバー（操業度関連のコスト・ドライバー）のみを利用している。一方，ABCの場合は，操業度関連のコスト・ドライバーのみならず，バッチ数や製品種類数といった製品の多様性や生産工程の複雑性に応じたコスト・ドライバー（非操業度関連のコスト・ドライバー）が用いられる。これが両者の本質的な相違である。

　この両者の相違を明確に示すためには，製品の活動に対する需要がコスト・ドライバーによって表現されることを，上述の3つの条件，とくに第2条件との関係から分析する必要がある。伝統的方法では，製品数量に比例する直接作業時間や機械稼働時間といった操業度関連のコスト・ドライバーのみが利用されるので，各コスト・プール別のコスト・ドライバーとアウトプットとの関係と，各コスト・プール別原価とコスト・ドライバーとの関係は，操業度関連のコスト・ドライバーを介して，（1-3）式および（1-4）式のように表される。この場合，操業度に比例する変動費プールについては，アウトプット→コスト・ドライバー，コスト・ドライバー→原価という関数関係が第2条件の通りに適切に変換され，操業度が決まれば原価も一意に特定できる。ところが，固定費プールではコスト・ドライバーと固定費との間の関数関係が認められず，操業度関連のコスト・ドライバーは固定費プールの説明変数にはなり得ない。このような場合には，変動費率が増分原価の変化率の基礎データとして扱われ，固定費は第2条件により除外され，埋没原価として扱われる。したがっ

て，伝統的方法では，操業度との関連のみで回避可能原価ないし増分原価の基礎データを提供する。とくに，主として変動費で構成される増分原価は，短期利益計画における意思決定に役立つといえよう。

一方，ABC の場合，操業度関連のコスト・ドライバーが製品数量に応じて決定されるだけでなく，非操業度関連のコスト・ドライバーが製品の多様性や生産工程の複雑性（バッチ数や製品種類数）に応じて決定される。この点は，ABC の理論的な深化の過程で Cooper（1990）や Kaplan（1990a）他で明らかにされた活動の階層の概念を用いると理解しやすい。すなわち，活動の階層別に，ユニット・レベル活動は製品数量の関数となり，バッチ・レベル活動はバッチ数の関数となり，製品種類レベル活動は，製品間の異質性ないし複雑性の関数となる。Noreen（1991, p.161）は，製品とコスト・ドライバーとの関係を表す(1-3)式について次のように説明している。

「ユニット・レベル活動は，通常，$m_{ij}(q_j) = m_{ij} \times q_j$ という線形関数で表されるだろう。バッチ・レベル活動は，製品数量に対する階段型関数で表されるだろう。製品維持活動は，$q_j > 0$ ならば $m_{ij}(q_j) = m_{ij}$，$q_j = 0$ ならば $m_{ij}(q_j) = 0$ という関数で表されるだろう」。

すなわち，ABC では操業度関連および非操業度関連のコスト・ドライバーを併用して，アウトプット→コスト・ドライバー，コスト・ドライバー→原価という関係が，活動の階層別に第2条件の通りに適切に表現される。この場合，因果フローに基づき，増分原価には変動的資源の原価のみならず固定的資源の原価も含まれる。そのため，製品別収益性分析では活動の階層の順に段階的に利益計算されるので，短期利益計画における意思決定のみならず製品戦略に関する意思決定にも役立つのである。

いずれにしても重要なことは，製品からの活動に対する需要の増減が，コスト・ドライバーを介して，活動原価の増減に反映されることである。例えば，バッチ数の増加によって段取回数が増加し，それに応じて段取活動原価が増加

する。また、製品種類数の増加によって製品種類別金型の交換回数が増加し、それに応じて金型交換活動原価が増加する。したがって、意思決定の影響を受ける変数が、製品数量や、バッチ数、製品種類数と結び付くと、それぞれが各階層におけるコスト・ドライバーを介して、活動に対する需要と、さらには資源に対する需要を表す。ABCは、それらの需要に応じて、回避可能原価ないし増分原価の基礎データを提供するのである。ただし、ABCの場合には、伝統的方法と比べて第1条件前段を満たすのが困難な場合があることを指摘しておく必要がある。

4-3. 原価計算プロセスと3つの条件

前述の通り、Noreen (1991) の提示する3つの条件は、原価計算の基本構造内のプロセスが具備すべき要件を表している。この点について、例えばDemski (1997) は、原価計算の基本的プロセスを集約 (aggregation)、局所的線形近似 (Local Linear Approximation：LLA) の識別、および原価配賦 (cost allocation) として表している。Christensen & Demski (1995：1997) やBromwich & Hong (1999) 他も同じアプローチを採用している。この3つのプロセスと、部門別計算・製品別計算との関係を明らかにする必要があるだろう。

4-3-1. 第1条件との関連

第1条件は、発生原価総額をコスト・プールへ分割することが可能で、それらの各コスト・プールがもっぱら1つの活動に依存するということである。したがって、第1条件の前段と後段とでは明らかに異なることを意味しており、これを分けて考えることが妥当であると思われる。

第1条件前段は発生した原価を各コスト・プール別に分割するということを意味している。一方、Demski (1997) によると、集約 (aggregation) とは、収集された原価総額を区分することを指している。また、Christensen & Demski (1995) も、集約は原価関数の分離可能性の形で登場すると指摘している。したがって、両者は明らかに、どのコスト・プールないしコスト・センターにおいて、どれだけの資源が消費されたのかに応じて発生原価を区分・集計すること

を表している。これは，まぎれもなくコスト・プール別原価（活動原価ないし部門費）の測定であり，原価集計プロセスの第1段階またはコスト・プール別集計のプロセスである。(1-2) 式の手続が2段階配賦法の第1段階目であることは，Noreen (1991, p.161) も同旨を指摘するところである。その他，例えばChristensen & Demski (1997) 等は，副次原価関数（subcost function）を求めるという表現をしている。

また，第1条件後段については，コスト・プール設定の基準を表すものといえる。この点の議論については，第3章において詳細な検討を行う。

4-3-2. 第2条件および第3条件との関連

第2条件は，各コスト・プール別原価がそのコスト・プールの活動レベルに厳格に比例（正比例）していることであり，第3条件は，各活動がもっぱら各製品に依存する要素に分割できるということである。一方，Demski (1997) によると，LLAの識別は，各コスト・プール別の説明変数（コスト・ドライバー）にしたがって推定された原価関数を識別することである。また，原価配賦は，各コスト・プール別の原価を製品別に割り当てるための手続である。これらは異なる状況を対照としているものの，本来的に原価計算システムに求められているコンセプトには相違ないといえる。まず，いずれも (1-3) 式と (1-4) 式のプロセスを通じて，各コスト・プール別の原価がコスト・ドライバーに対して関数の関係にあることを示している。また，コスト・ドライバーが各製品（グループ）からの需要を表し，かつ，その需要が各製品（グループ）の別に区分されるのである。

したがって，Noreen (1991) の第2条件および第3条件と，Demski (1997) のLLAの識別および原価配賦は，いずれも (1-3) 〜 (1-5) 式を用いて製品別原価を計算する際（原価集計プロセスの第2段階；製品別集計のプロセス）に用いられる基本プロセスを表している。

以上を図表1-4のようにまとめることができる。

図表1-4：原価計算の基本的プロセスの対応関係

Noreen（1991）	Demski（1997）他		原価集計プロセス
第1条件	集約	⇒	コスト・プール別計算
第2条件	LLAの識別	⇒	製品別計算
第3条件	原価配賦		

第5節 本章のまとめ

　本章では，原価計算が前提としている諸概念の整理をし，原価計算のプロセスが有するべき本質的属性を明らかにした。すなわち，原価計算のプロセスは，原価収集プロセスである資源別の消費額計算と，原価集計プロセスであるコスト・プール別計算および製品別計算から成っており，前者は資源別の消費額（発生原価）を計算し，後者は原価計算対象別に利用資源の原価を計算する。次章でも明らかにするが，それらが生成・確立したのは20世紀初頭であり，ChurchやNicholsonによる貢献があった。その際のキーワードとして因果関係や原価の凝着性を挙げることができよう。一方，様々な意思決定に資する基礎原価データを原価計算システムが提供するための要件としてNoreen（1991）が3つの条件を示したが，それは原価計算の基本構造上の各プロセスが具備すべき要件として考えることができる。

　Noreen（1991）が示した条件とは，①基礎をなす現実の原価関数が各コスト・プールへ分割可能であり，それらの各コスト・プールは単一の活動のみに依存すること，②各コスト・プール別の原価が活動に正比例すること，および③各活動が製品間で分割可能であり，各製品に帰属する部分は，その製品のみに依存すること，という3つである。原価計算システムは，この3つの要件を満たすように設計されなければならない。これら3つの要件を満たしてさえいれば，廣本（1994）が示すように「原価計算は，実に自由度に富んだ単純な構造をもつシステムである。そうであるからこそ，それが利用される環境（文化，

経済・法律の諸制度・慣行,戦略など)に適合したシステムの設計が可能となる」(p.32)。とくに,Noreen (1991) は第2条件の正比例性が最も重要であることを強調しており,第2条件を満たすように原価計算システムを構築しなければならないと考えている。

また,上述の3つの条件とABCの本質的属性との関連についても詳細な分析をした。操業度関連のコスト・ドライバーのみを利用する伝統的方法に対して,操業度関連のコスト・ドライバーのみならず非操業度関連のコスト・ドライバーをも併用することがABCの本質的属性である。この両者の相違は,各コスト・プール別原価関数の説明変数の相違として明確に示すことができた。

ただし,Noreen (1991) の示す3つの条件は独立の関係になっているのか等,条件間の相互関係について十分に議論されていないことを指摘できる。これらを原価計算の構造上の諸問題と照らし合わせて再検討しなければならない。

以後の章では,本章で示したNoreen (1991) の見解を中心に議論を進めていくが,第3条件は,前述の通り,各活動が製品間で分割可能であり,各製品に帰属する部分は,その製品のみに依存することである。これは,連産品や結合製品における製品グループの原価を計算することはできても,製品グループ内の各製品別の原価を計算することはできないことを示している。

1　analytical approach に属する研究として,Noreen (1991),Noreen & Soderstrom (1994 ; 1997),Roth & Borthick (1991),Christensen & Demski (1995 ; 1997),Bromwich (1994 ; 1997),Bromwich & Hong (1999 ; 2000),Maher & Marais (1998) 他多数を挙げることができる
2　Bromwich (1994) によると,ABCに関して経済学的モデル・アプローチを適用し,詳細な分析的基礎を提供した唯一の研究はNoreen (1991) であると評価されている (p.168)。
3　岡本 (1980) p.36に同旨。
4　Paton & Littleton (1940) は,「原価が真に意味をもった新しいグループに導入されうるということは,会計に関して基本的な概念なのである。正当に関係づけると,これらの諸原価が凝集力を有するように考えられる」(中島訳 1958, p.13) と述べている。

第 1 章　製品原価計算の基本構造に関する前提的考察　　61

5　例えば，Devine（1942）は次のように述べている（Devine 1942, pp.14-15；Cole 1920, p.120）。

　　「物理的な単位の性質が要求された原価額の費消を求めるように，個々のモノに原価が凝着するという仮定は，好都合であるが，特定の状況下では明らかに不適当である。企業の業務で，個々の単位が実現できないような棚卸機能がある。これらの機能は，そのままの状態での財貨の在庫によって達成される；例えば，顧客が継続的な後援に対する要求とみなす選択肢を提供するのに必要なサービスや，販売部門の需要と一致して生産スケジュールを守ることが求められる仕掛品の合計を挙げることができる。この状況は，Cole によって提案された：「財貨の良い在庫は，いつも，公共の必要性よりも少ないのではなく多くの多様性を供給しなければならない。たんに安全性の問題だ；その超過分は，顧客を引き寄せ，維持するためのちょっとした広告として役立つ」」。

　　さらに Wells（1978b）も「原価は自然に生産単位に付着するわけではない。また，どの原価が付着し，どの原価が付着しないかを見分けるべき方法もない」（邦訳，p.17）と指摘している。

6　ドイツでは，原価理論の分野において，「原価帰属原則」について，「原価発生原因原則」，「原価作用原則」，「資源要求原則」を用いて検討されている。とくに，ABC に相当するドイツのプロセス原価計算においては，その理論的裏づけのために原価発生原因原則について詳細に検討されている（尾畑 2000，pp.268-271）。

7　差額原価＝未来支出原価＋機会原価　であるから，意思決定に必要な関連原価の計算には，当然に機会原価を含めなければならない（Noreen 1991）。

8　Noreen（1991）が差額原価を計算するための基礎的データを提供するために 3 つの条件を示したのに対して，Bromwich & Hong（1999）は，それらを拡張し，技術に関連する条件 3 つ，会計システムに関連する条件 2 つ，資源の価格に関連する条件 3 つ，およびその他 1 つ（合計 8 つ）を提示している（本書第 6 章）。

9　Noreen（1991）は，製品生産中止と販売価格設定等の意思決定の他にも，製品設計段階での原価削減にも役立つ旨を示唆している。

10　経済的マップについては，Kaplan & Cooper（1998，pp.79-81）を参照されたい。

11　伝統的方法は ABC に包括されるものと位置づけられている（Noreen 1991，p.160）。Cooper & Kaplan（1991b）によると，ABC は，製品別集計段階に操業度関連／非操業度関連のコスト・ドライバーを併用する旨が指摘されている（p.270）。

第2章　ABC以前の製品原価計算研究の発展：1986年まで

第1節　問題の所在

　Johnson & Kaplan (1987) は，「(財務諸表作成目的が) 今世紀中，原価計算実務の支配的地位を占めていた」(鳥居訳，p.210) とし，1925年以降には原価計算実務に見るべき発展がない旨の見解を示した。それに対するSolomons (1987) やVollmer (1996) 他の批判もあるが，たしかに，多くの企業実務では，財務会計用に設計された原価計算システムから得られる情報が管理会計目的にも援用されている。つまり，しばしば実務では棚卸資産評価のための原価計算が発展し，場合によっては，それが企業内の唯一の原価計算システムとして存在していたようである。1920年頃までは規模の経済および範囲の経済を確保するための広範な経営意思決定に適切な情報を提供できる原価計算システムが開発されていたが，その後，例えば製品多角化の問題に対応するには，事業部制を創造する方が正確な製品品種別原価情報を入手するよりもコスト・ベネフィットに優れていたといわれている (Johnson & Kaplan 1987, pp.126-129)。

　そのような背景の下，Kaplan (1988) は，原価計算システムには棚卸資産評価，オペレーショナル・コントロール，および製品戦略への役立ちという少なくとも3つの役割・機能が有り，それぞれに対応したシステムが必要である旨を主張した。近年の原価計算に大きな影響を与えた活動基準原価計算 (ABC) は製品戦略への役立ちを志向して提唱されたものであるが，現代的には，

ABCも製品戦略策定のためのみならず,種々の役割・機能を期待されるようになってきた。なぜなら,原価計算システムは,いずれの役割・機能のためにも,企業の経営活動における資源の投入と利用の関係を可視化し,マネジャーの意思決定に役立つ基礎的な原価データを提供する必要があるからである[1]。

それでは,経営意思決定に資する情報を提供する原価計算システムは,いつごろ生成・確立して,現代に至るまでどのように発展し洗練化してきたのだろうか。本章では,ABCが登場する1987年以前の製品原価計算論の発達史を2つの時代区分に基づいて検討する。

まず,生成・確立期(～1915年頃)の製品原価計算論の動向を分析するためには,原価計算システムが具備すべき諸要件が形成されてきた過程を明らかにする必要がある。第1章でも明らかにした通り,ABCを含む全ての原価計算システムは,その基本的プロセスにおいて次の要件を具備している必要がある。すなわち,①基礎をなす現実の原価関数が各コスト・プールへ分割可能であり,それらの各コスト・プールは単一の活動のみに依存すること,②各コスト・プール別の原価が活動に正比例すること,③各活動が製品間で分割可能であり,各製品に帰属する部分はその製品のみに依存すること,という3点である。これらの要件の形成・発展の過程を原価計算における史的展開と照らし合わせて検討することは,原価計算に対する歴史観を形成する上で有意義であると思われる。そこで,文献上で初めて「原価の算定」が行われたと言われる14・15世紀から20世紀初頭にかけての生成・確立期原価計算論における重要な3つの視点,すなわち(1)一般会計システムとの有機的結合,(2)間接費の取り扱い,および(3)原価計算の体系化の3つから考察してみたい。

一方,1915年前後以降の展開・反省期(1915年頃～1986年)における原価計算は,必ずしも経営管理への役立ちではなく,財務報告目的のための棚卸資産評価を志向していた傾向がある。しかし,経営管理目的の原価計算が必ずしも消失してしまったわけではない。とくに文献に基づく原価計算論では,種々の意思決定に役立つ有用な原価情報を提供し得る原価計算の諸技法が多くの論者によって洗練化され展開されている。そこで,とくに企業内部の資源の投入と

利用の関係を明確化して各人の意思決定に資する情報を提供するという原価計算本来の機能に着目する。展開・反省期には，標準原価計算や直接原価計算，OR 的アプローチ等，多くの技法が開発された。それらの貢献によって，原価計算システムから得られる増分原価情報が洗練化されていった過程を明らかにする必要がある。

以上を受けて，次節では製品原価計算論発達史についての先行研究をレビューする。第3節では原価計算の基本的プロセスにおける3要件の形成過程を生成・確立期の原価計算論の史的展開に照らし合わせて検討し，第4節において展開・反省期に増分原価情報が洗練化された過程を概観する。

第2節　製品原価計算論の史的展開についての先行研究

製品原価計算論を分析するための視点は非常に多く存在する。原価計算の発達史について論じる多くの文献でも，何らかの視点を設けているか，特定の原価計算技法に焦点を当てている。例えば，原価計算と一般会計システムとの結合に焦点を当てた Littleton (1933)，主として実際原価計算の実務と理論における起源と発展に重点を置いた Garner (1954; 1960)，間接費計算に焦点を当てた Brummet (1957)，現存の諸問題の多くは発達史を概観することで見出せるとした Solomons (1968)，間接費配賦計算の批判に焦点を当てて議論を展開している Wells (1978b)，史実に基づいて現代の管理会計の在り方を示した Johnson & Kaplan (1987)，理論の体系化という観点からアメリカ管理会計論の発展を示した廣本 (1993a) の他，19世紀中葉から20世紀中葉を対象としてアメリカにおける管理会計実務の歴史的展開を明らかにした上總 (1989)，真実の原価概念を中心に原価計算理論の現状認識を行っている岡本 (1994)，アメリカにおける標準原価計算の発展に焦点を当てた岡本 (1969)，直接原価計算の史的考察を行った小林 (1981) や高橋 (2008) 等を挙げることができる。このように，原価計算論の発達史を概観し分析するための視点は非常に多岐にわたる。

2-1. Littleton (1933)

Littleton (1933) は,全22章にも及ぶ大著で,単に会計の史実そのものを書き記した会計史ではなく,会計の進化の動向を社会史的経済史的に究明したものである[2]。その大著のうち,原価計算に関連する章は,第20章「原価会計の発足」,および第21章「19世紀末葉における原価会計の発展」,という2つである。現在,通説ともなっている Littleton (1933) の基本的な見解は,原価計算の起源を産業革命の産物として捉え,その完成期を19世紀の第4四半世紀に求めるというものである。この点は,第20章の書き出しに,「原価計算は複式簿記が数百年の歴史をもつのに較べれば,それほど古いものではなく,その起源はごく最近のことに属する。的確にいえば,それは十九世紀の産物であり,二十世紀に入ってから急速な伸展を遂げてきたのである」(片野訳,p.437)と述べられていることからもうかがい知ることができる。

また,「十五世紀において複式簿記の方法による簿記が形成されたことと,二十世紀において予算が創始されたこととの中間に現れたきわめて重要な一つの特色は,財貨の取得原価を基準とする価格の形成ということが簿記に導入されたことであった」(片野訳,p.437)とも述べられている。Littleton (1933) の見解は,原価計算と複式簿記との有機的結合を非常に重視し,財務会計担当者からの要請に基づく原価計算に目を向けている。その意味では,原価計算の役割期待と原価計算の正確性等の視点からの分析は,不十分であるといわざるを得ない。

2-2. Garner (1954)

主として原価計算実務と理論における起源と発展に重点をおき,とくに実際原価計算が中心的課題になっている。とくに Garner (1954) は,そのタイトルにもあるように1925年までの史実に基づいた分析を行っている。1925年までとした理由には主として次の2点が挙げられている。すなわち,1925年以後は新しい貢献が極めて少なかったこと,および第1次大戦後に重点の変化が見られたことである。前者については,1925年以後には新理論や新手続きが登

場したというより,それまでの理論を体系化するという傾向が見られ,原価計算の発展過程に関する Garner (1954) の問題意識とは異なるとのことである。さらに後者については,重点が実際原価計算から,標準原価計算や営業費,およびそれらに付随する問題に関する理論に移行したからであるという。なお,その構成は次のようになっている。

第 1 章　中世における工業会計
第 2 章　イギリス,フランス,アメリカを中心とする 1885 年までの原価計算の発展
第 3 章　原料費会計の発展
第 4 章　直接労務費会計の発展
第 5 章　製造間接費会計の発展
第 6 章　原価記録と財務記録との統合の発展
第 7 章　製品の部門間振替のための会計の発展
第 8 章　副産物会計の発展
第 9 章　作業屑会計の発展
第 10 章　工場棚卸資産の評価に用いられる方法と理論の発展
第 11 章　工程別原価計算方法と個別原価計算方法の発展
第 12 章　過去を振り返ってみて

第 1 章の冒頭から,工業会計 (Industrial accounting) の起源を産業革命の時代の求めるという Littleton (1933) の通説的見解に対して,真っ向から異議を唱えていることが興味深い点である。原価計算の起源だけでなく,完成時期についても Littleton (1933) とは異なる見解を採ることでも有名といえるだろう。また,原価計算における諸技法について各章で個別論点としてサーベイしているが,原価計算システムとしての体系化それ自体について考察している章がないことを指摘できる。

2-3. Brummet (1957)

　Brummet (1957) は,「製品原価」という用語の意味に不統一をもたらす原因として重要な問題が間接費の処理にあるという視点に立ち，企業が正しい意思決定をするためには，特定の目的に対して役に立つ正確な概念が必要であると考えている。そのような視点から，外部報告や分析のため，または内部的な報告や分析のために，各種の製品間接費概念に関連した諸問題を解明している文献といえる。この著書は，Brummet が 1956 年にミシガン大学で博士号を取得した際の学位論文をもとに書かれたものであり，学問的にきわめて高い水準を示していると評価されている。なお，その構成は次のようになっている。

　　第1章　1875年以後の間接費計算の歴史
　　第2章　製品の間接費と損益計算の関係
　　第3章　財務会計目的のための製品間接費の批判的検討
　　第4章　製品の間接費と利益計画
　　第5章　製品の間接費計算―特に価格決定に関する経営管理問題
　　第6章　製品の間接費計算―特に原価管理に関する経営管理問題
　　第7章　要約と結論

　Brummet (1957) のうち間接費計算の史的展開に割り当てているのは，第1章のみである。しかし，Brummet (1957) は，財務会計と管理会計の観点から，製造間接費の問題に取り組んでおり，その鋭い分析力をもって，複雑かつ困難な製造間接費の問題を明確な論理に基づいて極めて詳細に分析している。また，この著書は財務会計と管理会計の両面からアプローチしており，その意味からも高く評価できる。とりわけ，製品原価に含まれる間接費の概念について目的別に検討していることは注目に値する。ただし，原価計算の基本的プロセスに関する検討をほとんど見ることはできないことも指摘できる。

2-4. Solomons (1968)

　Solomons (1968) は，1952 年の論文集 *Studies in Costing* に巻頭論文として収録された論文が，その第 2 版に相当する *Studies in Cost Analysis 2nd ed.* に再録されたものである。これらの論文集には原価計算における多岐のテーマが収録されており，その巻頭に Solomons が原価計算の通史に関する論文を位置づけたのは，論文集に掲載された諸論文を歴史的にリンクさせるためであったと考えられる。つまり，それらの問題の系譜は，原価計算発達史の中に見出すことができるということである。Solomons (1968) が，その最後の方で，現代における原価計算の問題で，これまでにまったく論じられなかったものは，ほとんどない旨を指摘していることからも明らかであろう。

　また，Solomons (1968) は，一篇の論文としては類を見ないほどの長編であり，その内容は次の通りである：序論，歴史の発端，イギリスにおける 19 世紀初期，工業会計に対するフランスの貢献，18・19 世紀における農業会計，19 世紀中葉におけるイギリスの原価計算，原価計算のルネッサンス，原価計算への関心が増大した理由，「実際」原価の確定，間接費を素価に配賦する諸方法，機械時間率の初期の試み，A.H. Church と生産中心点の概念，不働能力の問題と補充率，間接費の処理に関する他の諸方法，間接費配賦への批判，生産量に応じた原価の変動，標準原価，H. Emerson と標準原価，原価確定から原価管理への重点移動，予算統制，標準原価計算の最近の発展，統一原価計算，結語となっている。

　以上の Solomons (1968) の内容からも推測可能であろうが，全篇の歴史は 2 つの時代に大分できる。すなわち，14 世紀初期から 1870 年代までの時代区分と，1870 年代から 1950 年代までの時代区分である。前者の時代には，一般会計システムと原価計算の結合をはじめとする技術的な問題が主たる問題事項であった。一方，後者の時代には，会計上の諸記録を種々の目的に対して利用するために有用な情報を提供することが問題事項であったという。

　管理会計／原価計算に関する歴史的研究で Solomons (1968) が採り上げられないことは，ほぼ皆無であるといっても過言ではない。原価計算の発達史を概

観するためには極めて有益な文献であるといえよう。

2-5. Wells (1978b)

Wells (1978b) は，アメリカ会計史学会 (*Academy of Accounting Historians*) において，1979年に学会賞 (Hourglass Award) を受賞している。とくに，広範，かつ，周到な文献サーベイによる総合的な原価計算発達史の研究は，特筆すべきである[3]。Wells (1978b) の随所に Johnson & Kaplan (1987) との共通点を見ることができるが，Wells (1978b) は，収集した文献について，通常の会計史研究が史的変遷に終始するのに対して，間接費配賦計算の批判に焦点を当てて議論を展開している。とくに，原価計算が適合性を失った諸因が Church らの計算方法にあるとして，次のような結論を導いている。すなわち，「経営者・管理者にはコントロールする活動についての情報が必要であるということである。そうした情報には，共通費（間接費）の配賦額を含ませるべきものではなく，また，製品原価の計算に向けるのではなくて，組織内部の現実の委譲パターンを反映させるような仕方で，情報は集計すべきである」という[4]。なお，その構成は次のようになっている。

第 1 章　理論説明の混乱
第 2 章　意思決定と評価
第 3 章　これまでの歴史研究
第 4 章　前工業時代の会計方法
第 5 章　間接費計算の出現
第 6 章　技術者
第 7 章　能率増進運動
第 8 章　経済学者
第 9 章　会計的視点
第10章　結論

Wells (1978b) の目的は，①単位原価計算をすることが，ことに間接費の配賦をともなう限り，原則として誤りであることを立証すること，かつ，②原価計算システムが展開をみて説かれるようになった当初から，すでにこの誤謬が起こっていたことを論証することである。Wells (1978b) は，第3章以降のサーベイにおいて，その主たる批判の矛先を Church 等の初期の技術者達に向けた。とくに Church が掲げた諸目的に対して，Church の提示した方法では実現できないと指摘する等，間接費配賦に対する批判という視点が前面に押し出されている。

2-6. Johnson & Kaplan (1987)

Johnson & Kaplan (1987) は，管理会計システムが工程管理，製品原価計算，および業績評価活動に対して，有用かつタイムリーな情報を提供していない旨を指摘し，「(その目的は)，管理会計システムの再設計を現在考えている人々に，歴史的コンテクストを提供することである。現代管理会計諸実務の原型を強調することにより，その実務に意思決定や統制への適合性を吹き込もうとすることが革新的な考え方でないことが，よく理解され得るであろう。それは何十年も前の実務の原型と首尾一貫しているのである」と述べている[5]。なお，その構成は次のようになっている。

第 1 章　序論
第 2 章　19世紀の原価管理システム
第 3 章　能率，利益および科学的管理：1880年から1910年
第 4 章　垂直的統合企業の管理
第 5 章　事業部制組織の管理
第 6 章　原価管理から原価計算へ
第 7 章　意思決定目的のための原価計算
第 8 章　1980年代：管理会計システムの陳腐化
第 9 章　新たなるグローバルな競争

第10章　工程管理や製品原価計算のための新システム
第11章　将来の業績測定システム

　Johnson & Kaplan (1987) は，原価計算システムにおける各役割について，原価計算が生成・確立した当初は，各役割に応じて，多くの企業で発展し隆盛を極めていたが，1925年以降には財務会計用の原価計算システムに全ての役割を担わせてしまっていることが適合性喪失の原因であるとしている。すなわち，「19世紀末から20世紀初頭にかけては，組織構造の発展と関連して，管理会計は経営管理者に適切な情報を提供できていたが，1925年以降は，環境変化に適応できなくなったため，現在存在している管理会計は経営管理者のニーズに応えていないと考えている」のである[6]。また，Johnson & Kaplan (1987) は，Noreen (1987) をはじめ，各誌で数多く書評されている研究書であり，現代の管理会計の在り方を示した名著であるといえよう。

2-7.　廣本 (1993a)

　廣本 (1993a) は，必ずしも製品原価計算自体の諸技法や発展に焦点を当てているわけではない。しかし，理論の体系化という観点からアメリカにおける管理会計論の発展と照らし合わせて検討するには非常に有用な研究書といえる。廣本 (1993a) は，アメリカ管理会計論の生成・発展を4つの時代に区分し，特定の技法に焦点を当てるのではなく，経営管理に役立つ「個々の計算技法・概念の発展を踏まえながら，それらの技法が，いつ，いかなる事情のもとに，いかに体系化されてきたのか」(序p.1) を解明するという基本的課題の下で論理を組み立てている。4つの時代区分とは，生成期 (1919～1929年)，成長期 (1930～1945年)，確立期 (1946～1966年)，および展開期 (1966年以降) である。なお，その構成は次の通りである。

　序章　問題設定
　第1部　生成期

第1章　管理会計論の誕生
第2章　生成期管理会計論の展開
第2部　成長期
第3章　大恐慌以後における管理会計技法および概念の発展
第3部　確立期
第4章　管理会計論の再構築
第5章　伝統的管理会計論の展開と確立
第4部　展開期
第6章　ASOBAT以後の管理会計研究
第7章　理論と実務の乖離
第8章　要約と結論

廣本 (1993a) は，Johnson & Kaplan (1987) の1925年以降における発展がない旨の主張に対して反論はしているものの，1960年代後半以降の技術開発の面では，大きな進展がなかった旨を認めている。その意味でもJohnson & Kaplan (1987) を契機に再び実務と理論とのリンケージを求めて，技術開発が必要である旨が主張される。

第3節　生成・確立期の原価計算における3つの視点

3-1. 視点の設定：Littleton (1933) および Garner (1954) の所説
3-1-1. 原価計算の本質観

いつをもって原価計算における起源・完成期とするかについては，Littleton (1933) と Garner (1954) の2つの主要な見解がある。前者によると，原価計算は産業革命とともに萌芽し，その完成期は19世紀の第4四半世紀にあるという。また後者によると，15世紀に起源を発し，その基本構造が完成したのは1915年であるという。この2つの見解について，櫻井 (1974) は，原価計算の本質観からアプローチしている。すなわち，Littleton (1933) と Garner (1954)

の見解の相違は原価計算の本質観の相違に起因するものとして説明されている。櫻井 (1974) は，本質に関する理解として，狭義には「原価会計」を指し，広義には工業簿記を必ずしも必要としない「原価の算定」，および「管理原価計算」であるとした上で，両者の見解について具体的には次のように評価している (pp.99-100)。

・Littleton (1933) に対する評価：
　「原価計算に複式簿記が明瞭に活用され工業簿記の始まった一九世紀初頭をもって原価計算の起源となし，間接費の配賦計算の認識と，工業簿記と財務会計機構との有機的結合がはかられた一九世紀最後の四半世紀をもって原価計算の完成期としたのであった。すなわち，リトルトンは原価計算の起源を工業簿記の起源に求め，その完成期を原価会計の枠組のなかでとらえたのであった」。

・Garner (1954) に対する評価：
　「原価計算の起源を一五世紀に求めるのにかならずしも簿記機構との結びつきを重視したのではなく，管理のために行われた「原価の算定」を含めて原価計算を広義に理解したのである。またその完成期については，原価会計の枠組みの中でこれを考えるのではなく，むしろ原価会計と，管理原価計算との接点にこれを求めた。すなわち，ガーナーは，原価計算の本質を広義でとらえたのであり，これを原価計算の起源・完成期に関してリトルトンとの見解の相違を生じしめた原因であると考えうるのである」。

青木 (1980, p.17) によれば，19世紀末から20世紀初頭の頃に，一般会計システムとの有機的結合とともに，製造間接費の製品別配賦計算を伴った伝統的な原価会計の確立が見られたようである。これ以後，アメリカでは原価計算は原価会計として発展していった。本書では，前述の通り，原価計算における基本的プロセスが具備すべき要件として，①基礎をなす現実の原価関数が各コスト・プールへ分割可能であり，それらの各コスト・プールは単一の活動のみに

依存すること，②各コスト・プール別の原価が活動に正比例すること，③各活動が製品間で分割可能であり，各製品に帰属する部分はその製品のみに依存すること，という3つを挙げている。この3つの要件が原価計算の本質的属性を表すものであるとし，原価収集プロセス→原価集計プロセスという一連の流れの中で3つの要件を充足する必要があると考える。したがって，生成・確立期原価計算論を象徴する視点を導出し，上述の3つの要件と関連させて考察していく。

3-1-2. 生成・確立期原価計算論の3視点

Littleton (1933) は，原価計算の完成期を確定するための要件として次の点を指摘している。

①原価計算の記録と一般会計システムとの有機的な結合
②製造間接費の製品への配賦計算を正規の会計システムの上で行うこと

Littleton (1933) によると，原価計算の記録と複式簿記とが結合しているか，かつ，間接費の問題が採り上げられているか，という2つの要件が満たされたのが19世紀第4四半世紀であったというのである。その主張は，Solomons (1968) にも見られるように内外において通説的な位置付けになっているが[7]，主として財務会計担当者の視点から述べられていることに注意すべきである。それに対して，Garner (1954；1960) は，とくに②間接費の問題について，19世紀第4四半世紀の文献では曖昧さが残ると指摘し，管理会計担当者やエンジニアの視点も考慮し，1915年をもって原価計算の基本的構造の確立期としている。また，とくに②間接費の問題に関して次の2つの観点から考察する必要があるだろう。

②-1：配賦されるべき製造間接費の範囲，内容
②-2：製造間接費の製品別配賦の方法

この点について,例えば青木 (1980) は,Garner (1960) の見解に従って議論を展開している。第1点目 (②-1) は,間接費のうち製造間接費のみを製品原価に算入しているかということである。すなわち,間接費を製造間接費とその他の間接費 (営業費) に区分して,前者を製品原価に算入し,後者を算入しないことによって,製品原価と期間原価との区分が明確になったのかである。

また,第2点目 (②-2) は,素価計算に若干の手が加えられた簡便的な方法であるか否かということである。産業革命以後,間接費の増大に伴い,その扱いが問題になったが,後述の通り初期には非常に簡単な手法で計算していたようである[8]。Littleton (1933) の要件2つは生成・確立期の原価計算論にとって重要な視点であることは間違いないが,とくに間接費の取り扱いには注意が必要であるといえる。

その他にも,第3番目の視点として原価計算の体系化についても取り上げておく必要がある。原価計算のプロセスは,原価収集プロセスと原価集計プロセスから構成され,それらは一連のプロセスである。まず資源の消費額が計算され,その消費はいかなる目的の下で行われた活動によって生じたのかに基づいて,コスト・プール (活動センター) 別および製品別に集計されるのである (図表2-1)。

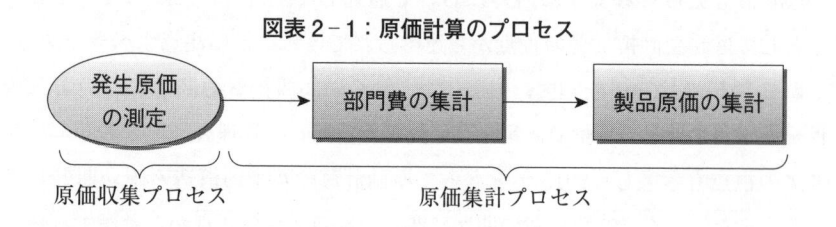

図表2-1：原価計算のプロセス

発生原価の測定 → 部門費の集計 → 製品原価の集計

原価収集プロセス　　　　　原価集計プロセス

この一連のプロセスが包括的に体系化されていなければ,それは原価計算とはいえない。すなわち,資源の投入・利用の関係を体系的に可視化するためには,資源別の消費額の計算から始まり,コスト・プール別計算 (部門別計算) を経て,個別原価計算および総合原価計算への繋がりが必須であるといえる。Garner (1954) は原価計算の各技法や諸手法について章別に個別に採り上げて

いるのみであるが，いつ，誰が体系化したのかについても検討すべきであるといえよう。

したがって，(1) 一般会計システムとの有機的結合，(2) 間接費計算の取り扱い，および (3) 原価計算の体系化という3つの視点が生成・確立期原価計算論を特徴づける属性であるものとして検討を続ける。

3-2. 3つの視点と原価計算の基本的プロセス

Garner (1954) も示す通り，14・15世紀頃における例えばエンジニアによるパイロット・プラントのための原価計算は，一種の「原価の算定」ではあるものの，原価計算システムの基本的プロセスにおける3つの要件を具備していたかは不明である。19世紀後半以降の史的展開を中心に前述の3つの視点から検討する必要がある。

3-2-1. 一般会計システムとの有機的結合

Littleton (1933) が指摘する通り，原価計算と一般会計システムとの有機的結合は，製品原価の算定に重要な役割を果たす[9]。本書における議論も，記録と計算システムとの結合が大前提となっており，それによって初めて会計責任を全うできることに注意が必要である。

そのような理解の下，原価計算の手続は，まず原価収集プロセスから始まる。この段階での発生原価（投入資源の原価）の把握・測定が正確でなければ，その後の原価集計プロセスがいかに精緻であっても有用な原価情報を提供し得ない。企業の外部から取得した資源が，いつ，どの担当者の下で，どれだけ消費されたかを適切に見積もるには，資源に関する種々のデータベースと一般会計システムとを結合させて把握し，統合データベースを作成することが重要である。その結び付きは原価収集プロセスのために重要な役割を果たし，それによって原価計算から提供される数値が客観的に信頼性ないし検証可能性を持つようになる。例えばDemski (1997) は，この会計上の基礎データのデータベースを「会計ライブラリ (accounting library)」と呼んでおり，原価計算を行うためには完全性ないし誠実性を備えた会計ライブラリにアクセスする必要があ

る旨を説いている。したがって，発生原価の測定・把握を行う原価収集プロセスには，一般会計システムが非常に重要な役割を果たすのである。ただし，会計ライブラリは一般会計システムそれ自体を指すわけではない。

以上より，Littleton (1933) の見解と同じく工業会計の生成をもって原価計算の生成期と考えることも，正確な製品原価の計算の観点ないし原価計算数値の信頼性の観点からは，一定の説得力をもっていると考えられる。原価計算と一般会計システムとの有機的結合により，原価計算の基本的プロセスが具備すべき要件①における「基礎をなす現実の原価関数」を会計担当者が正確に推定できるようになったと考えられるからである。

しかしながら，Littleton (1933) のいう生成期について明確に史実を記述している文献は非常に少ないと言われている。Littleton (1933) は，原価計算が産業革命の産物であるとの曖昧な表現を用いており，Garner (1954) や松本 (1943) と同様に，その時代には後世に残るような原価計算の文献が存在しない旨を指摘している[10]。そして，その理由の1つをイギリスにおける伝統的な秘密主義に求めている。すなわち，競争力の源泉となり得るような優れた会計システムを他には公開しないということであろう。さらに，1870年ごろまでは，とくに機械工業は景気が非常に良く，原価計算の必要性が切実ではなかったという旨も指摘されている。Brummet (1957) にいたっては，間接費計算を題材にしているため，1875年より以前の時代を研究の対象にしていない。ここで，Littleton (1933) が原価計算の生成期を商的工業簿記と完全工業簿記との関係に求めていると解釈できる箇所を引用しておきたい。

「19世紀の原価会計には，その最良のものといえども，ある種の欠陥があったことは，当時の工場経営そのものがまだ草創の域を抜けきらなかった関係上，やむをえないところである。…直接原価を記録に計上することについては，19世紀に相当の主張を見たが，間接費にいたってはほとんど注意をひかなかった。原料と労銀を特定の生産物或いは作業に正しく割り当てること，ならびに，原料の恒常残高を原料勘定に維持することについては，商業簿記がこれまでまったく知らな

かった多くの記録と詳細なる分析とを必要としたのであった。かかる要請に応ずるべき「簿記機構」を発展せしめることは，それだけでも，けっして小さな仕事ではなかった。さらに，これらの原価諸記録を元帳勘定にむすびつけて，原料勘定と原料元帳とを照合させ，直接原価勘定と直接原価元帳とを照合させ，同時に原料と直接原価を支出と結合させたことは，まことに羨ましいほどの創造的業績であった。」（片野訳, pp.486-487）

商的工業簿記と完全工業簿記との相違は，原価計算数値が一般会計システムに組み込まれているか否かである。いわゆる内部会計に対するニーズから原価会計が生成されたことを鑑みると（廣本1997, pp.6-12；岡本1994；他），Littletonが完全工業簿記の登場によって原価会計が完成したとするのも納得のいくところである。

また，原価会計は，Paton & Littleton（1940）が提唱する原価の凝着性を基礎にしている。これは，取得原価の原理ないし価値移転の原理の基礎的概念とも言われ，企業内部で生産される財貨や用役が取得原価を基礎に計算されなければならないとするものである。原価計算における正確性は，この原価の凝着性が因果関係に基づいて忠実に表現されているかに大きく依存する。その意味でも，原価会計の確立は原価計算にとって重要な視点であるといえよう。単に製品原価を見積もる時代から，原価記録に基づいて集計する時代への転換と考えられる。この点について，Battersby（1878）は複式簿記の機構とは必ずしも結び付けようとはしていなかった。Garcke & Fells（1887）において初めて，少なくとも直接費に関しては一般会計システムと原価計算との有機的結合が少しずつ図られたといえる[11]。

3-2-2. 間接費計算論の生成と確立
(1) 間接費計算論の生成

Garner（1954）によると，「第2章 イギリス，フランス，アメリカを中心とする1885年までの原価計算の発展」において，産業革命以後の時代に，Battersby（1878）の貢献を大きく採り上げている。とくに当時の間接費に関す

る取り扱い（実務で行われていた製品別の配賦方法）について，大きく区分して6つの方法を，Battersby (1878) が分析して極めて粗雑であると指摘していることも評価している。当時の実務で行われていた方法とは，例えば，次の方法である[12]。

①支払賃金に，道具の費用および諸費用として支払賃金の100％を加え，これに仕入材料を加えて原価を計算し，この原価に25％を加えて売価を決定する。
②賃金は支払額で計算し，旋盤と道具の費用は統一価格で決める。この統一価格は賃金に1日当り2ないし4シリングを加えたものである。この支払賃金と旋盤および道具の費用の合計に間接費および利益として25％を加える。さらに仕入材料に25％を加える。そして，これらの総合計が売価である。
③支払賃金に道具の費用および諸費用として若干％を加え，さらに，これに材料費を加えて原価を計算する。この原価に利益として若干％を加えたものが売価である。
④道具の仕入価格とそれを動かすのに要する動力費等に基づいて道具の費用を計算し，これに支払賃金および材料費を加えた合計に間接費および利益として若干％を加えたものが売価である。
⑤材料費と支払賃金からなる素価に，道具の費用および製造費用として若干％を加え，その合計に若干％を加えたものが売価である。
⑥材料費と支払賃金からなる素価に費用と利益として若干％を加えたものが売価である。

これらの方法では，間接費の配賦額とその発生額との間に何ら因果関係を見出すことができない。それに対して，Battersby (1878) は，製造部門を介して直接費を製品に賦課し，間接費を原則的には直接賃金に基づいて各製品へ配賦することを主張した。また，Battersby (1878) は，部門別に原価を集計し，各部門に応じた配賦基準が必要である旨を説いた。さらに，原価計算と一般会計システムとの有機的結合が図られてはいないものの，Norton (1889) も同様の

指摘をしており，部門別管理を行うという面では今日の部門別計算の基礎を築いたとも言えよう。しかし，原価計算の基本的プロセスが具備すべき要件の②各コスト・プール別の原価が活動に正比例することをこの時点では満たしているとは言えない。そして間接費の製品への配賦額と製品との間の因果関係についても十分な議論がされていたとはいえないだろう。さらに，いずれの論者も間接費の回収の問題に関心を寄せており，製品原価とすべき間接費の範囲に関しての問題がほとんど検討されていないことを指摘できる。

一般会計システムとの有機的結合とは別に，間接費計算が必要となる背景には，例えば1880年代以降に重工業が発展するに伴って多品種の製品が製造されるようになり，当時の企業は，製品ミックスを変更することにより利益が変化することから正確な製品原価情報を必要としていたことを挙げることができる。つまり，1900年代初頭までは，主として製品原価は管理目的のために必要とされていたのである。

(2) 間接費計算論の成立

Garner (1954) によると，Battersby (1878) 等の貢献によって間接費計算が認識されるようになった後，1885年頃からは製品原価に算入すべき間接費の範囲の問題が非常に大きくなったとされている。Garcke & Fells (1887) は，いわゆる工場費 (shop expense) と本社費 (establishment expense) への区分を試みた。この見解をもって製品原価に算入すべき間接費の範囲が製造間接費に限定されることになるが，その定着には暫くの時間を要したようである。しかし，製品に算入すべき間接費の範囲と，間接費配賦計算の方法についての原価計算理論上における Battersby (1878) と Garcke & Fells (1887) の貢献は顕著であり，必ずしも製造間接費計算と部門別計算の考え方が実務ないし理論において定着したとは言えなくとも，現代の原価計算の基礎を築いたと考えることもできるかもしれない。

20世紀に入ると，製品原価計算に対する財務諸表作成のための需要が増大していったのと同時に，間接費計算の先駆者である Church が，計算の正確性を追究する上で大きな貢献をもたらした[13]。その1901年の一連の論文では素

価，工場経費 (shop charges)，および一般経費 (general establishment charges) とを区分し，とくに工場経費と一般経費との区分の重要性を包括的に論じている。製造作業と販売活動との性質の相違に注目したのである[14]。その後に概念の洗練化を経て，Church (1910) では，原価を素価，工場費，および本社費に区分し，素価および工場経費による製品原価の概念が主張されている[15]。また，Nicholson (1909) も販売費を製品原価にすべきでないと主張し，1910年頃には，素価および製造間接費による製品原価の概念と，販売費による期間原価の概念とが明確に区分されるようになり，アメリカとイギリスにおける会計実務および文献でも一般的に認められるようになった[16]。

一方，製造間接費を製品に配賦する方法に目を向けると，Church (1910) は，生産中心点，科学的マシーン・レート法，および補充率の概念を提唱した。この Church の貢献をもって，間接費計算の基本的思考は結実するに至ったといえる。ただし，その主張も 1901 年から 1930 年までの 30 年間に理論の深化と変遷が見られ，いつをもって間接費計算の成立とみるかには議論の余地が残されている。しかし，Church の貢献の中でも現代にも通じる最大級の評価に値するのが，「生産中心点」の概念であるといえよう。生産中心点の概念は，単純な部門別計算に，原価部門（コスト・センター）の原価計算対象としての役割をもたせたともいえる。いわば，2 段階配賦法の成立である。生産中心点の概念によって，原価計算の構造上，基本的プロセスが具備すべき要件に最も大きな影響を与えたということができよう。

ここで，Church の理論に対する批判も少なくはなかったことを指摘できる。しかも，その批判は補充率に集中した。手間が掛かるばかりで，追加配賦後の原価は少しも役に立たなかったというのである。ついに Church (1930) では補充率を用いることを重視しない旨を述べるまでになった。歴史的原価への固執をあきらめたと考えることもできる。

また，この時には既に財務会計担当者が要求する単純な原価計算システムと，Church が意図する原価計算システムとの間には，重大な相違があったことを指摘しておく必要がある。前者は，財務報告のための棚卸資産評価計算で

あり，個々の製品原価の正確な情報を必ずしも要していない。それに対して，後者は，その製品を製造するために利用された真実の経営資源の原価を製品原価が表すためのシステムであり，管理会計担当者やエンジニアが販売価格決定等の様々な意思決定問題に役立てようとしていた。間接費計算に対する需要は従来までの管理会計目的で拡張されていくのと同時に，財務会計目的でも必要とされるようになり，原価計算は急速に発展していったのである。その意味でも Littleton (1933) が示す完成期は，財務会計担当者の視点から見た原価計算ないし工業簿記の完成期であり，いわゆる正確な製品原価計算の完成期としては必ずしも支持できるものではない。また，間接費配賦理論に関する研究も 1915 年以後には，間接費配賦計算方法自体の取り扱いが少なくなり，不働時間や不働生産力の問題を多く扱うようになってきたという (Garner 1954)。Church の貢献により，2 段階配賦法が成立し，原価計算の基本的プロセスが具備すべき要件の①基礎をなす現実の原価関数が各コスト・プールへ分割可能であり，それらの各コスト・プールは単一の活動のみに依存すること，および②各コスト・プール別の原価が活動に正比例することが，ほぼ確立されたといえよう。

3-2-3. 原価計算の体系化

　Church の貢献をもって原価計算はほぼ確立されたともいえるが，第 3 の視点（原価計算の体系化）についても検討しておく必要がある。この点に関して，最も偉大な貢献をなしたのが Nicholson (1909) であろう。その著書は原価計算の理論と実践において最も重要な書物であるとも言われ，その類稀な貢献は，Garner (1954) における登場回数にも表れている。Garner (1954) は，その中で Nicholson の貢献を 24 回も取り上げ，さらにその内の 15 回は 1909 年の著書 *Factory Organization and Costs* からである。つまり，Nicholson (1909) は，原価計算における最初の包括的な業績であるともいえ，原価計算を体系化したという意味では，Nicholson (1909) の貢献が非常に大きく，原価計算の父とも言われる彼の貢献なくしては原価計算が確立したと見ることはできないだろう。これにより，原価計算の一連のプロセスにおいて具備すべき要件①～③

の流れが，ほぼ確立されたといえる。

第4節　展開・反省期の製品原価計算研究

4-1. 展開・反省期原価計算論の諸論点
4-1-1. 標準原価計算による貢献

Taylor の科学的管理法の理念は作業の不能率を除去するために原価計算の領域に取り入れられ，Emerson がそれを標準原価計算として提唱した（岡本 1969, pp.17-27）。標準原価計算は1904年～1910年頃までに誕生し，1920年代には標準原価差異分析の方法が確立され，1930年代には標準原価計算の計算技術もほぼ完成して[17]，それを複式簿記機構の中へ組み入れる方法が明確に整理された（岡本1969）。その上で1940年頃以降は，「原価計算担当者の関心は，原価管理よりは利益管理に向けられ，そのための手法，すなわち損益分岐分析，予算管理，直接原価計算の開発に力がそそがれた」（岡本1969, p.221）とされている。

標準原価計算は元来，標準・実績比較による原価管理を主目的として工夫された原価計算システムである[18]。したがって，コントロールに役立てるためには歴史的原価の偶然性や計算の遅れを除去することが重要であった。このことは，原価計算が種々の意思決定に資する基礎的原価データを提供するために，原価計算の基本構造に対して次のような貢献があったと考えられる。

第1に，Noreen (1991) の第2条件に関連して，様々な偶然的な事象を平均化ないし除去することによる正常化志向によって，各コスト・プール別原価関数の質を高めることができたことである。原価概念の正常化については後述するが，種々の意思決定に資するコスト・プール別原価関数の洗練化に及ぼす影響の大きさは，原価の正常性の観点および変動性の観点からも見て計り知れないだろう。

第2は，原価情報の適時性の確保である。計算の遅延は各階層の経営管理者や現場担当者の意思決定に致命的な問題を引き起こすことになる。例えば，飛

行機のパイロットが見る計器盤には高度や速度などのリアルタイム情報が表示される必要があり，10分前の情報が表示されては意味がない。Noreen（1991）の第2条件で示されるコスト・プール別原価関数についても，それがタイムリーな情報でなければ種々の意思決定を下すためには弊害でしかない。企業間競争が激しくなり，スピードが重視されるようになれば情報の適時性の重要度がますます増大することはいうまでもない。

　第3に，標準原価計算によってコスト・センターの概念が洗練化されたことを指摘しておく必要がある。標準原価計算システムによって原価管理をする際，その基本的単位は責任に基づくコスト・センターである。例えばHenrici（1960）は，「コスト・センターとは，工場管理の最下層レベルの管理努力単位であって，それは他のセンターから材料およびサービスを購入し，そのセンター内部で費用を発生させながら，他方において，おそらく他のセンターに対し材料およびサービスを販売する単位である」（p.32）としている[19]。すなわち，責任センターとしての特徴が強調されている。コスト・センターが責任センターであるという点については，原価収集プロセスに対する貢献が大きい（片岡2003a）。Noreen（1991）の各条件は，原価収集プロセスにおいて適切に原価データが収集されていることが大前提となっている。その点における貢献も見逃せない。

　以上，標準原価計算システムは，元来コントロール上の諸問題に対処するために発展してきた。所与の経営条件の下で最適化を志向する標準原価計算のコントロール機能に加えて，上述の3点を経営意思決定における副次的効果として挙げることができる。

4-1-2. 直接原価計算による貢献

　Harris（1936）が製造の活動量にかかわらず売上高の増減に応じて利益が増減する月次損益計算書を作成するために製造間接費を除去したのが直接原価計算の始まりであるといわれている。しかし，Weber（1966）は，Harris（1936）の貢献を高く評価しつつも，計画，報告，およびコントロールの目的には直接原価計算の利用が過大には評価されるべきではない旨を述べている[20]。また，

直接原価計算が急速に台頭したのは第2次世界大戦後であるといわれているが[21]，その理由は大きく2つに分けられる。第1は，直接原価計算の短期利益計画や短期的な意思決定に対する情報提供機能による。利益管理のためのセグメント別多段階損益計算の必要性も指摘できる。第2には直接原価計算の外部報告機能論争である[22]。とくに本章では，原価計算システムから得られる基礎的原価データの経営意思決定有用性という観点から，直接原価計算における諸技法と間接費配賦問題と関連させた上で議論を展開し，直接原価計算の第1の機能である利益計画への役立ちの観点から検討する必要がある。

直接原価計算のCVP分析をはじめとした短期利益計画への有用性については異論ないところであると思われるが，間接費配賦問題に焦点を当ててみると次の点に着目することができる。すなわち，①部門別計算段階（原価集計プロセス第1段階）および製品別計算段階（原価集計プロセス第2段階）における変動費・固定費の区分，そして②多段階損益計算である。いずれも原価の変動性に着目し，それまでの製品原価計算論に多大なる影響を与えているといえる。

まず原価集計プロセスにおいて変動製造原価と固定製造原価を区分することの意義について述べる。例えばVance (1952) は，製造間接費計算を改善するには次の3つの方法が考えられるという (p.243)。

1. 製造部門を細分化してコスト・センターとし，各コスト・センター別の製造間接費配賦率を利用する。
2. 補助部門費の固定費と変動費とを区分して配賦する。
3. 製造間接費を製品別に配賦するレートの計算において，固定費と変動費とを区分する。これによると，棚卸資産から不動能力費を除去できる。

第1の点は，原価計算論の生成に大きく貢献したChurchの時代から現代に至るまで，正確な製品原価を計算するためには不可欠であるとされている。Noreen (1991) の提示する条件とも深く関連しているといえる。これに対して，第2・第3の点は，まさに原価の変動性に着目し，コスト・ビヘイビアに

対応した製造間接費配賦計算に関連する部分である。とくに直接原価計算方式の下では，各コスト・センターにおいて識別される固定費は他のコスト・センターないし製品には配賦されずに期間費用となるので，配賦計算に関連するのは各コスト・センターにおける変動費部分のみである。さらに業務的意思決定との関連では，直接原価計算制度から得られる変動費は，差額原価分析には有用な情報を提供する。意思決定に適切な情報を提供するためには，コスト・センター別集計段階における複数基準配賦法および製品別配賦段階における変動費・固定費を分離した配賦計算が必要である事を表しているといえよう。なお，Vance (1952) は，むしろ正常キャパシティを利用した製造間接費の正常配賦により棚卸資産原価から不働能力費を除去することに主眼を置いていることにも注意してよい。

つぎに，1950年代以降に多角化の進展と共に事業部制組織を採用する企業の急増を背景に，直接原価計算方式による多段階損益計算書の作成がもたらした貢献を指摘できる。事業部別の収益性を分析することが重要視されるようになった結果，多段階損益計算書による貢献利益アプローチや事業部制会計が急速に発展した。この点については Shillinglaw (1963) や Solomons (1965) の貢献が大きい。廣本 (1993a) によると，「このような Solomons の書物の出版に象徴されるように，1960年代前半までには，事業部制組織の急速な発展を背景にして，事業部業績測定の問題が，管理会計論において非常に重要な地位を占めるようになってきたことは見落とすべきではない。そして，それは，臨時的非反復的な活動ではなく，継続的な活動の計画・統制の問題であり，あるいはまた，継続的な事業セグメントの業績測定の問題であることにも注意しなければならない」(p.293) と指摘されている。1920年代から製品多角化を管理するために企業は事業部制構造を採用しているといわれているが，そのような製品多角化を管理するアプローチは，実は Church の時代から提唱されていた[23]。このような事業部の拡張・縮小・閉鎖といった資源配分に関する意思決定は，本社トップ・マネジメントによる意思決定であり，事業部への投下資本の収益性分析を通じて評価されることになる (収益性評価機能)[24]。その意味では，多段

階損益計算書による事業部の収益性分析は，意思決定の精度を向上させるのに多大な貢献をもたらし[25]，その後のCooper (1990) やKaplan (1990a) の見解へとつながる重要な展開であったと評価することができる（高橋2008, pp.264-268）。

4-1-3. 真実の原価に関する問題

(1) 原価概念の正常化

岡本 (1963) によれば，歴史的原価が偶発的原価であることと，原価通算の原理による計算の遅延が歴史的原価計算の欠陥であるとし，その対策としての正常化が進んだ旨が示されている。とくに歴史的原価については，「原価計算の初期にあっては，ある製品の真実の原価は，当該製品の製造にさいし実際に要した原価（すなわち歴史的原価）である，と考えられていた」（岡本1962, p.99）。しかし，歴史的原価概念の崩壊過程に着目した岡本 (1963) は，原価概念の正常化という視点から，その史的発展を回顧している。

ここでまず，原価の正常性概念について論じる際，正常・異常の区分には質的異常と量的異常があることを理解する必要がある。質的異常には災害等による価値の減少を挙げることができ，「経営の給付に関係のある」という原価性の基本条件を満たさないので非原価である（岡本1963, p.50）。そこで，「正常化の方法には，不規則に発生する量的異常額を，長期間の経営給付へ「平均化」してしまう方法と，まったく「除去」してしまう方法とがある」（岡本1963, p.61）という。この平均化と除去について，岡本 (1963, pp.61-62) は次のように指摘している。少々長くなるが引用してみよう。

「しかしいずれの方法によって正常化されたノーマル・コストを使用すべきかは，原価計算目的によって異なる。例えば原価管理のためには，歴史的原価に混在する不能率額を摘出するために，除去によって正常化を選ばねばならない。したがって歴史的原価から除去されるべき異常額と，除去すべからざる正常額とを分離するための，規範原価としてのノーマル・コストが，この目的に適している。次に価格計算と損益計算のためには，価格決定基準となりうる代表値を必要とし，

またそのような代表値に基づいて経営者の計画が行われる点を考慮して，当該期間における当該経営者の業績を測定する尺度となりうる営業利益を得る必要上，固定費には長期的平均原価，変動費には短期的平均原価としてのノーマル・コストが目的に適っているように思われる。ただし価格計算のためには未来原価でなければならぬため，事前に決定された平均原価としてのノーマル・コストを必要とし，他方，とくに外部報告目的の損益計算のためには，互いに利害の相対立する利害関係者達にとって納得のできる原価でなければならぬため，事後的に確定された平均原価としてのノーマル・コストを必要とするのである。」

　この引用文からも理解できる通り，正常化の志向には，能率技師たちが目指した原価管理型と，会計士たちが目指した価格計算・損益計算型が存在していることに注意してよい。いわば会計情報の利用者と目的の相違により，正常性の概念に違いが生じてくるのである。とくに本書の組織内の種々の意思決定に資するという視点から見ると，コスト・プール別の原価関数をより洗練化するためには，能率技師たちが目指した原価管理型の正常原価と，さらには価格計算のための事前に決定された平均原価の概念が重要な役割を担っていたといえよう。増分原価情報をより洗練化するためには，原価の正常化が不可欠であったのである。なお，価格計算のための事前に決定された平均化は，事後的な平均化とは区別する意味で，平準化と換言してもよいかもしれない[26]。

　一方で，事後的に確定された平均原価としての正常原価概念は財務会計目的にのみ有用であり，その平均化には本書でも随所に指摘している様々な問題を内包している。平均原価と限界原価の相克を垣間見ることができる。

　いずれにせよ，原価概念の正常化は，実際原価計算が標準原価計算へと進化していく過程において不可欠な要素であり，Noreen (1991) が提示した条件や，意思決定の精度向上に大きく貢献しているといえよう。

(2) 真実の原価概念にみる原価計算理論の現状認識

　廣本 (1993a) は，Horngren の見解に基づいて，次のように述べている。

「Horngren の問題意識は明快である。管理会計研究は,「異なる目的には異なる原価」の思考の導入によって,それ以前の「絶対的真実のテーマ (the absolute truth theme)」を追求することから,「条件付き真実のテーマ (the conditional truth theme)」を追求することへと発展してきた。それは重要な発展であった。そして,やがて OR から生み出される多様な意思決定モデルを前にして,その条件付き真実のテーマは利用者意思決定モデル・アプローチと呼ばれるようになり,さらに多くの研究者を引き付けてきたのであった。しかしながら,情報システムの専門家として,それらのモデル毎に,適切なデータは何であるかを分析するだけでは,いかにも頼りないと感じるようになった。そこで,Horngren は,費用便益思考の必要性を主張したのである。会計にはコストがかかるのであり,そのような意思決定モデルに適切な情報を見極めても,それだけでは,その情報を提供すべきか,あるいは,その情報を生み出すシステムを選択すべきかどうかはわからない。そのような選択は費用便益分析に基づいて行われるべきである。」(p.385)

以上の Horngren の見解を要するに,次の3つの段階にまとめることができる (岡本 1994, pp.889-895)。すわなち,A. 第1段階—絶対的真実原価アプローチ (実際全部原価の把握),B. 第2段階—相対的真実原価アプローチ,および C. 第3段階—費用・便益アプローチである。岡本 (1994) は,原価概念の正常化の史的展開を踏まえつつ,Horngren の指摘する方向性について「全面的にその説を支持するわけにはいかない」(p.892) として,次のように述べている (pp.892-893)。

「筆者の認識によれば,「異なる目的には異なる原価を」という相対的真実原価アプローチは,現在もいぜんとして続いていると思う。ただし 1950 年代から 60 年代にかけて確立したこの接近方法は,1970 年代以降,反省期にはいったと考えるのが妥当である。さらに筆者の考えでは,絶対的真実原価アプローチもまだ依然として生き続けていると思う。……。それらを通じて見られる支配原理は,「異なる目的にも,一つの原価を」とする考え方であって,この思考と,「異なる目的

には，異なる原価を」とする思考とが，相互に影響しあって原価計算理論発展の歴史を構成してきた，とするのが，筆者の考え方である。」

かくして，Horngren が情報経済学に基づく費用・便益アプローチの考え方を提示したことは，管理会計／原価計算のパラダイムに大きな影響を与えたことは間違いない。このアプローチは，現代の製品原価計算研究においても，Cooper (1988b) 他による測定コストとエラーのコストについての研究の潮流 (cost-benefit approach) に引き継がれている。

(3) 計算技術上の諸問題
(3-1) 複数基準配賦法と相互配賦法による貢献

まず，計算技術上の諸問題として取り上げたいのは，複数基準配賦法と相互配賦法による原価集計プロセスに対する貢献である。

例えば Dickey ed. (1960) によると[27]，部門別計算（原価集計プロセス第1段階）において，まず発生原価（消費資源の原価）を各コスト・センター（製造部門および補助部門）に集計し（第1次集計），その後に補助部門費を製造部門に集計する（第2次集計）。とくに本項で注目するのは第2次集計の部分である。

Dickey ed. (1960) は，Schlatter & Schlatter (1957) 他の見解を引用しながら，他部門にサービスを提供するために関連するキャパシティに比例する補助部門固定費の割当と，他部門が実際に消費するサービスの関連する合計量に比例する補助部門変動費の割当とを区分して配賦する複数基準配賦法について言及している (p.8・19)。正確な製品原価情報ないし種々の意思決定に資する基礎的原価データを提供するためには複数基準配賦法が不可欠になるのはいうまでもない。さらに，Dickey ed. (1960) は，部門費の第2次集計における直接配賦法，階梯式配賦法，および相互配賦法にも言及している (pp.8・20-8・38)。とくに相互配賦法について，補助部門間におけるサービス授受の存在を識別し，ある補助部門を稼動させるために必要な原価総額を識別し，そして補助部門をコントロールするために必要である旨が述べられている。さらにより実務的な方法として連立方程式法が提示されている。なお，Dickey ed. (1960) は相互配

賦法が手間の掛かる方法であり原価総額における補助部門費の割合に基づいて判断する必要がある旨も指摘していることに注目してよい。

各補助部門を稼動させるために必要な原価総額を正しく計算することは，補助部門サービスの自製／外注の適切な意思決定のためには必要不可欠な基礎的原価情報である。

(3-2) 総合原価計算と個別原価計算：平均化による弊害

つぎに計算技術上の問題として取り上げたいのは，総合原価計算と個別原価計算による製品別計算の弊害である。

一般に，企業が販売する製品やサービスが最終原価計算対象になり，その最終原価計算対象別に原価を集計するためのシステムが個別原価計算と総合原価計算である。前述の通り，原価計算の基本構造は，Nicholson (1909) の見解をもってほぼ体系化された。現代でも，例えば岡本 (1994) の構成も個別原価計算と総合原価計算との区分に基づいている[28]。財務会計との関連で，収益と対応させる目的や棚卸資産評価を行う目的のためには，個別原価計算や総合原価計算における平均化された製品単位当たり原価が大きな役割を果たしていることは言うまでもない。とくに原則的方法である個別原価計算システムから大量生産にも対応した総合原価計算システムが派生した過程は，経営管理上のニーズに適合した類稀な貢献であると思われる。

その一方で，多くのテキストでは個別原価計算と総合原価計算における平均化のプロセスとしての側面が強調され過ぎる傾向があることも指摘できる。すなわち，製品別に集計した原価総額を生産数量で除することによって製品単位当たり原価を計算するからである。Horngren et al. (2000) も，個別原価計算と総合原価計算の主要な相違は製品単位当たり原価を計算するための平均化の程度の違いにあると述べている (p.608)。当然，原則的方法である個別原価計算の方が平均化の程度が小さく，連続大量生産に対応した総合原価計算では原価計算期間を媒介にして期間生産量別に平均化している。この製品単位当たり原価は正に事後的な平均製品原価であり，財務会計上のニーズを満たす以外には経営意思決定には何ら有用な情報を提供しない (Wells 1978b)。とくに Wells

(1978b) は、広範な文献を分析した結果、「どの文献にも共通していることは、その目的と結果が、単位当たり全部製造原価の算定にあった」(邦訳, p.183) と述べている。財務会計上の棚卸資産評価に低価法を適用することによる影響も大きいと思われる。

4-1-4. 財務会計からの影響

20世紀において、棚卸資産評価に偏重した原価計算システムが企業の唯一の原価計算システムとして存在していたとする見解がある (Johnson & Kaplan 1987)。その背景には、「1900年以降、多くの企業は、経営と分離した広範囲の外部資本供給者から資金を調達する必要があった。そのためにも、企業の管理者は、監査された財務報告書を提示しなくてはならなかった。そして、外部の資本供給者は、監査済みの財務諸表に依存したわけであるから、独立職業会計士は、企業の財務報告に対して明確な手続を確立することに非常に関心をもった」(Johnson & Kaplan 1987, p.130) と指摘されている。また、企業が資本市場から資金調達をするだけでなく、政府機関等からの要請に基づく外部財務報告書に対する必要性があったことも指摘できる。この時期の多くの原価計算のテキストでも棚卸資産評価のための原価計算に関する説明に多くの紙幅を割いていたようである。しかしながら、経営管理者や現場担当者の意思決定のためには、組織内部の各プロセスを可視化し、Noreen (1991) の第2条件で示される原価関数から得られるデータがレリバント・レンジにおけるコスト・ドライバー・レートによって表されなければならないのである。

とくに財務会計からの影響で批判の対象となるのが、原価の凝着性と、単位当たり全部製造原価の算定による平均化である。当然に過去の支出に基づくのみの原価数値は、必ずしも問題解決情報にはなり得ない。同様に、何らかの経営意思決定の結果として変化する差分の性質を原価が有するためには、その原価は過去の平均原価ではなく、差額原価でなければならない。とくに意思決定会計における関連原価は、将来原価であり差額原価 (増分原価) でなければならないことが強調される。

4-2. 製品原価概念の洗練化と増分原価

4-1. における検討は，展開・反省期原価計算論において重要な貢献をもたらした諸技法や諸概念について整理したものである。本項では，とくに種々の意思決定に資する増分原価情報の基礎データを原価計算システムが提供するために，製品原価概念の洗練化の過程が Noreen (1991) の示す3つの条件に及ぼす影響について述べてみたい。

4-2-1. 異なる目的には異なる原価

Johnson & Kaplan (1987) は，その第7章「原価計算と意思決定：適合性への学究者の奮闘」で Clark, Edwards, および Coase 等の意思決定への貢献や，オペレーションズ・リサーチ，情報経済学，およびエージェンシー理論の貢献を取り上げている。

それらの中でも，製品原価概念の洗練化の過程において，差額原価概念は非常に重要である。とくに Clark (1923) は，原価の「正しい1つの利用方法があるのではなく，変化する事業の状況や問題のニーズの変化に応じて利用方法が支配される」(p.175) ことを明らかにし，期間損益計算目的に要求される絶対的原価と問題解決目的に要求される代替的原価という概念を提示した (pp.37-38)。とくに短期的な意思決定のためには，変動費と固定費とを区分することの重要性を説き，「異なる目的には異なる原価」という概念を提示したのである。これを要するに，全ての目的に役立つ唯一の原価は存在せず，原価概念はその利用状況や目的と共に変化するということである。そして Clark (1923) は，原価計算の重要な役割を次のように示している。すなわち，①財の正常で満足のいく販売価格を設定するのに役立つこと，②販売価格の切下げ限度額を固定すること，③収益性の最も有利な財と不利な財とを決定すること，④在庫をコントロールすること，⑤棚卸資産評価をすること，⑥異なる工程の効率性を検証すること，⑦異なる部門の効率性を検証すること，⑧損失，減損，盗難を発見すること，⑨製品原価から不動費を分離すること，および⑩財務勘定と結合させることという10点である (p.236)。これらの目的を達成するために，Clark (1923) は，具体的な問題状況の別に意思決定に資する原価情報は差額原

価概念に基づくことが適切である旨を示している[29]。以上のClark (1923) の主張には，次の2つの要素がある。すなわち，「1つは，問題解決ないし方針決定目的のためには，期間損益計算目的に要求されるのとは異なる原価が必要であるという主張であり，もう1つは，問題解決目的に要求される原価はその問題状況に依存して異なる」(廣本1993, p.151) ということである。さらに，問題解決目的には差額原価が必要であるということも同時に提示している。

このClark (1923) の原価計算に対するインプリケーションは，種々の意思決定に役立てるためには，原価計算システムが資源の投入と利用の関係を可視化し，企業の細分化された各活動単位当たりおよび各製品単位当たりの増分原価情報ないし限界原価情報を提供しなければならないことを明示したということができよう。その意味でも，Clark (1923) の貢献は，Noreen (1991) の示す3つの条件を形成するためだけでなく，管理会計／原価計算の在り方に大きな影響を与える基礎的なコンセプトを提供したことにあるといえよう。

4-2-2. 原価情報の性質

そもそも，原価計算には，企業内部で行われている経済活動を写像し，各人が進むべき道筋を決定するのに役立つ情報を提供する役割がある。つまり，原価計算は，資源の投入と利用の関係を明確化し（プロセスの可視化），各組織階層における種々の意思決定に資する有用な基礎的原価データを提供する役割を有している。この場合の原価情報についてのニーズは，少なくとも概念上，①実績の記録（私は仕事をうまくこなしているか），②注意喚起（注意すべき問題は何か），および③問題解決（その仕事を行う方法の内，どれがベストか）の3つに分けられる (Simon et al. 1954；Horngren 1962)。この3つの情報ニーズは，原価概念の洗練化の過程において，原価計算システムが提供すべき情報の質に大きな影響を与えている。

Horngren (1962) は，上述の3つの情報ニーズに対して，将来の企業情報システムが高度に統合されるべきで次の3つの目的に仕えるだろう旨を述べている (p.5)。

(1) 主として外部利害関係者向きの財務数値の経常的報告（実績記録）
(2) 主として現在の業務の計画と統制のためのマネジャーへの経常的報告（実績記録および注意喚起）
(3) 主として長期経営計画および非経常的な意思決定のためのマネジメントへの臨時報告（問題解決）

　Horngren (1962) の見解は，現代の管理会計／原価計算システムを設計する上でも，非常に重要な視点である。とくに原価計算システムがHorngren (1962) の示す会計システムの3つの目的を達成し，組織の各階層別に種々の意思決定に資する基礎的な原価情報を提供するためには，まさにNoreen (1991) が示す3つの条件を満たす必要がある。Noreen (1991) の見解に基づいて製品原価計算システムの基本構造を分析すると，原価計算システムが精緻な構造を有することにより，企業内部の諸活動における各活動量当たり増分原価を提供することができることが論証されている[30]。いずれにせよ，Noreen (1991) の示す3つの条件を満たす精緻で正確な原価計算システムが提供する基礎的原価データおよびプロセスの可視化に関する情報が，製品生産中止の意思決定および販売価格設定に関する戦略的意思決定や，各活動間の自製・外注の意思決定のような業務的意思決定，現場作業員が行う継続的改善活動に関連する意思決定に役立つ限りにおいて，上述の (2) および (3) の目的に仕えることができるといえよう。

　なお，とくに意思決定会計のためには，臨時的非経常的な意思決定と長期経営計画に役立つ問題解決のための原価データが必要になる（上述の (3) の目的）。ただし，本書でいう「意思決定」という用語は，必ずしも意思決定会計における意思決定と同一ではないことに注意が必要である。組織内における各階層の経営管理者のみならず現場作業員も，常に様々な意思決定を下しながら，仮説・検証を繰り返しながら，業務を遂行している（片岡2007）。そのように，下位者の意思決定を上位者がコントロールする場合にも（マネジメント・コントロール），「意思決定」という用語が用いられる。したがって，本書で用い

る「意思決定」という用語は，広い意味での意思決定であることに注意されたい。その意味では，上述の (1) ～ (3) の各目的は，会計情報利用者の意思決定に資するということが主眼であることを指摘できる。

4-2-3. 増分原価と平均原価

Vatter (1945b) は，その冒頭で「会計担当者の1つのタスクは，—おそらく彼に受諾される全ての責任の中で最も困難なもの—経営意思決定に資するデータを収集し解釈することである」(p.145) と述べている。そのためには，経営上の関心のある責任センター別に，原価や収益が集計されなければならない。しかしながら，当時より短期的な販売価格設定や生産に関連する意思決定には増分原価データが非常に重要であることが，すでに Clark (1923) により指摘されているにもかかわらず，伝統的な会計の手続では原価合計額や平均原価が計算されていたという。平均化によって事後的に製品単位当たり全部製造原価を算出することは，財務会計上の諸問題（商品の低価法評価損の計上等）に対応する以外には，経営管理上ほとんど役には立たない。

そこで，Vatter (1945b) は，事後的な平均単位原価情報が経営意思決定目的にはほとんど役に立たないことを念頭に置いた上で，増分原価の会計測定値を洗練化させるために，可能な限り平均原価を用いない方法を提案している。第1には，限界原価概念を用いることである。一般には限界原価概念は全体原価関数を微分することによって求められる。ただし，ここでも様々な平均化を回避するために，工場全体の全体原価関数の限界原価ではなく，活動単位別（原価部門別）に考えるべき旨が述べられている。一般に正確な製品原価の計算をするためには，コスト・センター細分化が必要になることを鑑みれば当然の主張であろう。またさらに，コスト・センター別に変動費と固定費とを区分して配賦計算を行うべき旨も述べている。すなわち，コスト・センター別集計段階において複数基準配賦法を用いて製品別集計段階でも固変の区分を維持したまま，配賦計算を行うということである。このような点からも Vatter (1945b) の見解は，適切な意思決定を導くためには，コスト・センターを非常に詳細なレベルの活動単位にまで細分化し，各活動単位別の増分原価情報が原価計算シス

テムより提供されなければならないことにも結び付いている。

第2に，Vatter (1945b) は正常原価概念を用いるべき旨を主張している。原価の季節変動等によってコスト・センター別の活動量にバイアスがかかることを回避するための見解であるといえよう。前述の通り，より適切な意思決定を下すためには平準化（正常化）が必要であることを示している。当然に異質な活動間の原価を合計してから数量（集約した活動の説明変数：直接作業時間，機械稼働時間等）で除する平均化ではなく，同質の活動内における数量のバイアスを排除するための平準化（正常化）であることに注意が必要である。

以上の Vatter (1945b) の見解は，Noreen (1991) の示す第1条件や第2条件を精緻化させるには非常に大きな貢献をしたと考えられる。細分化された活動単位別のコスト・ビヘイビアに基づいて増分原価概念を洗練化させることが，とくに Noreen (1991) の示す第1条件および第2条件を満たすためには大きな役割を持つ。

また，製品種類別の製品意思決定問題においては，Noreen (1991) の示す第3条件が必要不可欠である。製品種類が増す毎に追加的に増加する原価には，製品種類別の設計情報に関連するコストや，製品種類別の金型のコスト，製品種類別専用機械のコストなどを挙げることができる。これらのコストは，Noreen (1991) の示す第3条件によって，初めて識別することができ，生産中止の意思決定等を行えば削減される基礎的原価データとなり得る。

4-2-4. ASOBAT による影響と意思決定

廣本 (1993a) は，ASOBAT を期にそれ以降を米国管理会計論の展開期と位置づけているが，その時代区分の意義を次のように述べている。

「この時代には，学際的研究が急速に展開し，また意思決定モデルを基礎とした研究が進展してきた。そして，基礎研究が重視されるようになってきた。このような従来の研究とは非常に異なった形での管理会計研究が展開されるキッカケを与えたのが，1966年にAAAから発表された「基礎的会計理論」(A Statement of Basic Accounting Theory, ASOBAT) であった。ASOBAT は，AAA の75年史でも

第2章 ABC 以前の製品原価計算研究の発展：1986年まで

「文献に対する影響の点からも，基準設定に対する影響の点からも，学会が発表した中でもっとも重要な研究の1つ」と評価されているように，会計を情報システムとして捉え，あるいは，意思決定モデルを基礎とした分析的な研究を促進することによって，会計研究に極めて大きな影響を及ぼしたのである。実際，「ASOBAT 以降の管理会計関係に関するアメリカ会計学会の諸研究は，基本的には ASOBAT で方向づけられた線に沿って研究が進められてきた」ということができる。

展開期は，ASOBAT の発表を契機として，従来とは異なった新しいタイプの研究が展開されるようになった時代であるが，それ以来1980年代まで，数理的・分析的な研究がアメリカにおける管理会計研究を特徴づけてきた。」(p.341)

ASOBAT 以後，原価計算／管理会計の領域に数量的技法が適用されるようになり，それは1960年代から1970年代における管理会計研究のハイライトであったといわれている。その貢献は様々な側面において見ることができる。まず，非貨幣情報を重要視することを挙げることができよう[31]。原価は単価×数量で表されるが，原価という貨幣額における測定値のみならず，物量単位に基づく測定値が LP のパラメータ等に必要になるからである。さらに，希少資源の存在を生産上の制約条件に据えたアプローチを展開したことや，販売量・価格・原価を確率変数として不確実性を扱ったアプローチを展開したこと等を挙げることができよう。とくに補助部門費配賦問題等については，Manes (1965)，Livingstone (1968)，Minch & Petri (1972)，Kaplan (1973)，Baker & Taylor (1979)，Churchill (1964)，Chen (1983) 等をはじめとした多くの研究を見ることができる。また，製造間接費の製品別配賦については，Kaplan & Thompson (1971) や Kaplan & Welam (1974) 他を挙げることができる。これらの研究は，伝統的な技法の合理性を説明する等，「多くの場合，先駆者が工夫したモデルを数学的・統計学的見地からより厳密にモデル化し，あるいは，精緻化することに集中していた」(廣本 1993a, p.353)。その結果，ASOBAT 以後の原価計算／管理会計において，研究と実務とのリンケージが失われてしまった

ことを指摘しておく必要がある。

ただし，より適切な意思決定を下すために，より適切な情報を提供しようとした試みは，高く評価されるべきである。かくして，ASOBAT以後，会計システムの在り方は，会計情報利用者の意思決定に資するべきと方向づけられたのである。

第5節　本章のまとめ

原価計算の起源や確立の時期については見解の相違があるものの，本章では，Littleton (1933) と Garner (1954；1960) の見解を基礎に原価計算の体系化も考慮した3つの視点から，原価計算の基本的プロセスを検討した。その展開の過程では，アメリカで原価計算が原価会計として発展したことを鑑みても，一般会計システムとの結び付きが必須であるといえる。また，種々の意思決定に資する基礎的な原価データを提供しうる原価計算の基本的プロセスは，Churchの見解をもって3つの要件を充足したと考えることができよう[32]。したがって，Garner (1954) が指摘するように，原価計算において動向の変化が生じてきた1915年前後をもって確立とするのが妥当といえるかもしれない。正確な製品原価の算定のための手続きが確定し，原価計算論の動向に変化が見えたのが，その時期なのである。また，一般会計システムとの有機的結合や，間接費計算のみならず，材料費計算から個別原価計算や総合原価計算といった手法についても，ほぼ体系的にまとめた Nicholson (1909) の貢献も忘れてはならない。

1915年前後からASOBAT以前の時代を回顧すると，原価の正常性や変動性，目的適合性，計算の精緻化等の議論によって Noreen (1991) の示す各条件をより高いレベルで満たすことができるようになり，それは，まさに製品原価概念ないし増分原価概念の洗練化の過程そのものであった。製品原価計算論において目覚しい展開があった時代といえる。

その一方で，当時より管理会計論においては目的適合性に基づく指導原理が

第2章 ABC以前の製品原価計算研究の発展：1986年まで

非常に重視されていた[33]。したがって，目的に適合する原価情報を提供できるシステムこそ，優れた原価計算システムであるとされたのである。しかしながら，Vatter (1945b) が指摘する通り，多くの原価計算システムは事後的な平均原価の計算に注力しており，財務会計目的偏重の傾向にあったようである。その意味では，製品原価情報は，Churchの所説が提唱された頃よりも，意思決定有用性が衰退してしまったと考えるべきであろう。したがって，この時代には，製品原価概念ないし増分原価概念が洗練化された一方で，Johnson & Kaplan (1987) も指摘するように企業内の意思決定における有用性を失いつつあった。

さらに，ASOBAT以後，会計システムは，情報利用者の意思決定に資するための情報システムであると位置づけられた。原価計算論の領域にも数量的技法が適用され，原価計算の諸技法は，数学的・統計的に厳密にモデル化し，そして精緻化していったのである。意思決定有用性が以前にも増して重視されたという意味において，製品原価概念ないし増分原価概念は大いに洗練化された。ただし，これらのアプローチは所与の条件の下での最適化が志向されたものであったことには注意が必要である。そして，これがASOBAT以後に原価計算理論と実務との乖離が生じた原因の1つといえる。

以上のように，展開・反省期には，少なくとも原価計算論の上では，意思決定に資する基礎的原価データを原価計算システムが提供するために多くの貢献があった。それらの貢献により，平均原価と限界原価の相克を経て，Noreen (1991) の示す各条件は，より高いレベルで達成されるようになったのである。

本章では，Noreen (1991) の提示した条件と照らして，生成・確立期（～1915年頃）と展開・反省期（1915年頃～1986年）における原価計算論の発達史を概観してきた。その一方で，ABCが提唱された1987年以降から現在に至るまでの時代区分は，原価計算のルネッサンスといっても良いだろう。1987年以降には，ABCの提唱やNoreen (1991) 他の貢献により，製品原価計算論は飛躍的に進化したのであった。

1. 種々の意思決定に役立つ有用な原価情報を提供し得る原価計算システムとは，目的に応じた適切な増分原価情報の基礎データを提供することができる精緻で正確な製品原価計算システムを指す。
2. 片野訳（1952）「訳者のことば」に同旨。
3. 姉妹書として Wells（1978a）も出版されている。
4. 内田・岡野訳（1992）「日本語版への序文」より引用した。
5. 鳥居訳（1993）緒言 p.8 より引用した。
6. 鳥居訳（1993）訳者あとがき p.244 より引用した。
7. ただし，例外の1つとして Jackson（1952）を挙げることができる。Jackson（1952）は，1920年を原価計算の完成期とし，その前後に時代区分して考察している。
8. 例えば Garcke & Fells（1887）を参照のこと。
9. 企業会計における複式簿記の基本機能には測定・伝達・保全があり，したがって，会計責任の概念には管理・保全機能に対応するカスタディ（custody）の側面も内包されいる（浅羽1991）。この点について安藤（2010）も，財産管理を目的として誕生した簿記には企業の論理がその基礎にあると指摘し，「企業経営に会計管理（accounting contorol）は欠かせず，会計管理に簿記会計は不可欠である」としている。しかし，近年の国際財務報告基準（IFRS）は資本市場の論理がその基礎にあり，「財務報告における財務諸表のいわば簿記離れの危険性」（安藤2010）が懸念されている。その結果，例えば今福（2010）は，「財務報告の質の劣化が組織の質の劣化と連動している」あるいは「組織の質の劣化が財務報告の質の劣化に連動している」という現象が起きていると指摘している。このような簿記に対する IFRS の影響は，会計責任の概念を考えると，財務会計よりもむしろ原価計算・管理会計に関連する問題の方が深刻であるように思われる。
10. ただし，Littleton（1933）は，19世紀の最古の文献としてフランス（Payen・1817年）とイギリス（Cronhelm・1818年）に1つずつ存在する旨を述べている（pp.322-323）。
11. その他にも Metcalfe（1885）によるルーズリーフ式の帳簿組織の提唱等があった。
12. 松本（1943）pp.77-78，Garner（1954）pp.70-72 を参照されたい。
13. 岡本（1964）は，「間接費計算という暗黒と混乱の領域に，科学の灯火をかかげた多くの先駆者たちの中にあって，この人の名前だけは忘れることができない，という先駆者がいる」（p.104）と Church を評価している。また，Church の様々な貢献については，Vangermeersch（1986）を参照されたい。
14. Church の1901年の一連の論文は，Church（1908）によってまとめられている。
15. ただし，Church の初期の文献では，本社費も製品原価に算入すべきとしていた。
16. Scovell（1916），Jordan & Harris（1920）等，当時の代表的な文献を参照のこと。
17. 1930年代には当座標準原価と基準標準原価との相違が明確に識別された旨も指摘されている（岡本1969，pp.220-221）。

第 2 章　ABC 以前の製品原価計算研究の発展：1986 年まで

18 科学的管理法を奉ずる能率技師たちが歴史的原価計算の原価管理上の欠陥を意識して標準原価計算を工夫した一方，ほぼ時を同じくして会計士たちは価格計算・損益計算上の欠陥を意識して工夫を凝らした（岡本 1969, p.84）。ただし，「能率技師たちも会計士たちも，かれらの主張する標準原価が，それぞれ本質的に異なることに少しも気づかなかった」（岡本 1969, p.85）ことには注意してよい。

19 Henrici の標準原価計算制度に対する貢献は大きい。例えば，その貢献は，「作業別標準原価計算にもとづき，原価管理のための計算手続と期間損益計算のための計算手続との差異を明らかにしたうえで，両者を結合させたこと」（岡本 1969, p.221）とされている。

20 Weber（1966）は，直接原価計算の本質を①固定費と変動費の区別に基づいている，②一般会計制度と完全に統合されている，③固定費と変動費の区別に基づく多段階損益計算書をともなっているという 3 点に求め，19 世紀末〜1960 年頃の直接原価計算の生成・発展を分析している。

21 岡本（1965）他を参照されたい。また，Weber（1966）も第 2 次世界大戦の前後で時代区分をしている。とくに第 2 次世界大戦以前は，「直接原価計算の機能としては，利益計画に対する役立ちが強調され，棚卸資産評価方法としての役立ちについては第二義的な意味しか付与されていなかった」（岡本 1965, p.36）。

22 岡本（1994, pp.589-596）他を参照されたい。当時の論点は，主に期間利益が販売量と生産量の両者の影響を受ける点，資産の本質は用役潜在力か未来原価回避能力かという点等である。これらは，製品原価について長期平均思考に立脚するか短期限界思考に立脚するかに集約できるが，McFarland（1966, p.152）による段階的な損益計算によって解決方法が示されている。

23 Church が示した生産中心点他の概念に基づく原価計算は，戦略的製品原価計算ともいわれ（Johnson & Kaplan 1987），各事業セグメントや SBU 別の収益性分析をするために有用な情報を提供することができる。

24 事業部制会計には収益性評価機能の他にも業績管理機能があることにも注意が必要である（谷 1983）。なお，事業部制の投資業績評価には多くの場合，投下資本利益率（ROI）が利用されていたようであるが，1919 年には Du Pont が ROI を組み込んだチャート・システムを成立させており，1954 年には GE が RI を成立させている（挽 1999）。

25 例えば Gillespie（1962）は，利益管理と原価管理の両目的に役立つ直接標準原価計算方式による損益計算書を提示した。その直接標準原価計算方式による損益計算書は，業務活動における意思決定に対する責任と，キャパシティの意思決定に対する責任とを区分し表示する点に，その長所を見ることができる。

26 ここで，平準化と平均化とでは意味合いが異なることに注意が必要である。原価の平準化（smoothing）とはより適切な意思決定を導くために必要な正常化の概念である。そ

れに対し，原価の平均化とは製品間や活動間の原価の平均化（averaging）などを意味する。とくに製品単位原価の計算など，原価の事後的な平均化は，しばしば批判の対象となる（Wells 1978b）。

27 Dickey ed.（1960）ではセクション7・8・9において製造間接費計算が記述されている（セクション7では部門別計算における第1次集計について，セクション8では部門別計算における第2次集計について，そしてセクション9では部門費の製品別配賦について述べられている）。現代のテキストで示されている原価計算手続のほとんどが既にDickey ed.（1960）において説明されている。

28 なお，廣本（1997）の構成は，発生原価の収集→部門費の計算→製品別計算となっており，個別原価計算と総合原価計算との区分に基づいてはいない。

29 Clark（1923）は，その第9章「異なる目的には異なる原価」では経営管理者が直面する典型的な次の9つの問題を列挙し，それらに必要とされる原価を例示している：①新工場の建設は経済的に正当化されるか否か，②その新工場の規模はどれくらいにすべきか，③既存の生産方法を変更することは経済的であるか否か，④配当可能利益はいくらか，⑤価格引下げによって売上高を増加させることができる時に，いくらまで引き下げるか，⑥競争が激化したので売上高が減少するが，売価切下げはどこまで可能か，⑦不況の下で，工場を一時閉鎖すべきか否か，⑧閑散期にサイド・ラインを扱う価値があるか否か，および⑨工場を売却すべきか否かである。

30 片岡（2004d）を参照されたい。なお，Horngren（1962）は，「製品原価計算のゴールから見ると正確なことも，経営意思決定の観点からすると全く不適切であるかもしれない」（p.5）と述べている。また，Horngren（1962）は，実績記録には正確性が重要であるが，とくに（2）および（3）の目的に資する管理会計システムとしては関連性（relevancy）の方が重要である旨を述べている。ここで，Horngren（1962）がいう製品原価計算とは，必ずしも増分原価情報の基礎データを提供することに主眼を置いた原価計算システムではなく，財務会計目的の強い製品原価計算システムを指しているように思われる。

31 番場（1963, p.27）が指摘する原単位計算（物量による原価の計算）と金額計算との関係性は，原価管理や会計情報の信頼性にとって非常に重要な意味をもつ。すなわち，「工場において原単位のデータがなければ個々の作業管理を実施することができない。現場の人々が主体的に原価管理を行うためには，原単位計算は不可欠である。原価計算担当者にとって物量計算は金額計算の前提であって，その計算過程の一部であるが，現場にとっては物量こそが管理すべき変数である。…，すなわち，現場では原単位が主となり，経営層では金額計算が主となって，しかも両者が統合されているときに経営に役立つことを理解すべきであろう」（廣本2008b, pp.44-45）。このことは，近年ではミクロ・マクロ・ループとして説明される（廣本編著2009）。『原価計算基準』6（2）も併せ

第2章 ABC以前の製品原価計算研究の発展：1986年まで

て参照されたい。
32 例えば岡本（1964）は，Church について，「彼によってはじめて，米国の間接費計算論が，近代的な容相を帯びるにいたったのであり，現代の間接費計算論を真に理解するためには，少なくとも彼の学説までは遡って考察しなければならない」（p.104）と評価している。
33 管理会計論は「異なる目的に異なる原価」という目的適合性を指導原理に発展してきた（廣本 1993a）。

# 第3章　コスト・プールの設定とコスト・プール別計算

第1節　問題の所在

　経営上の様々な意思決定に資する正確な製品原価を計算するためには，コスト・プールの適切な設定と，それに基づいた正確なコスト・プール別計算が必須である。Gupta (1993) が指摘する通り，この段階でコスト・プール別原価に誤差が生じる場合には，製品別計算の段階では，製品原価の誤差がより大きくなる。

　一般に，コスト・プールは，中間的原価計算対象であるコスト・センターとして扱われ，①責任センター別，②活動センター別に設定される。この点について，より具体的には原価部門設定の基準として5つの項目を提示できる（番場 1963）。その項目について考察ためには，まず，コスト・プール，コスト・センター，工程，部門などの類似する諸概念の整理をしておく必要がある。その上で，現代的な正確な原価計算システムの代表である活動基準原価計算 (Activity-Based Costing：ABC) の理論との整合性を検討したい。

　一方，コスト・プール別計算の方法については，一般に，発生原価をまずコスト・プール個別費と共通費として集計する[1]。これは部門費の第1次集計と呼ばれていたものである。次いで，補助部門費ないし副次的活動の原価を製造部門ないし主活動に集計する。これは部門費の第2次集計と呼ばれていたものである。この第2次集計は，伝統的方法の下では相互配賦法と複数基準配賦法

によって正確に計算されるとされていた。これらの先行研究には，1970年代のKaplan (1973) 他多数の行列代数を用いた研究を挙げることができよう。しかしながら，近年のアプローチでは，ABCに代表されるように，この段階における計算が必ずしも重視されていないことを指摘できる。ABCでは，活動別に引き起こされた資源消費は資源ドライバーを通じて測定されるが，Kaplan & Cooper (1998) は，「資源ドライバーを選定し，それぞれの資源ドライバー量を見積もる実際の方法については，ある程度まで文献で紹介されている」(櫻井訳1998, p.112) としているにとどまっており，十分な説明をしていないのが現状である[2]。

Christensen & Demski (1995) もこの点を指摘し，古典的（経済学的）アプローチと会計的（現代的）アプローチとの違いを検証するために，Chambers (1988) の見解にしたがって，原価関数の分割可能性に関する理論の展開を試みていることが興味深い。

したがって，本章では，まず次節において，コスト・プールに関する諸概念を整理し，番場 (1963) が示す5項目について詳細な分析をする。第3節では，ABCにおける活動と番場 (1963) の示す5項目との共通点と相違点を明らかにし，現代的アプローチにおける特性を明らかにする。さらに第4節では，コスト・プール別計算の方法に関する諸問題を採り上げ，Christensen & Demski (1995) の見解を示す。その上で第5節において，会計的アプローチと古典的アプローチを比較・検討することで，古典的アプローチから得られるインプリケーションを明らかにする。

第2節　諸概念の整理

2-1. 前提：原価計算の基本構造

組織の意思決定を支援するためには，原価計算における正確性を追究する必要がある（企業の経済活動を正確に写像する⇔正確な製品原価を計算できる）。そのためには，原価計算の基本構造について分析する必要がある。一般に，原価計算シ

第3章 コスト・プールの設定とコスト・プール別計算

ステムは次の前提をもつ：顧客のニーズが存在し，それを満たす製品を供給するために行われる活動によって，資源の消費が引き起こされる（図表3-1）。この需要のフローは，因果フローと言い換えてもよい。

図表3-1：資源に対する需要のフロー

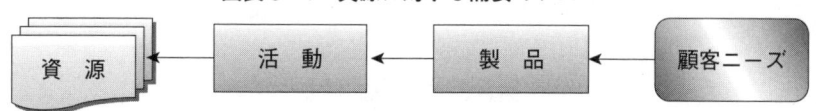

資源 ← 活動 ← 製品 ← 顧客ニーズ

図表3-1に示す需要のフローに基づいて，まず消費された資源の原価を測定し（原価収集プロセス：cost accumulation），さらにコスト・センターや製品といった原価計算対象への原価の集計を行う（原価集計プロセス：cost assignment）。原価計算の基本構造は，この2つのプロセスで構成されている（図表3-2）。

図表3-2：原価計算の基本構造

消費資源の原価の測定 → 活動原価の集計 → 製品原価の集計

原価収集プロセス　　　原価集計プロセス

原価収集プロセスでは，取得した経済的資源について消費量を貨幣額で求め，これを原価発生額とする。この時，企業の経済的資源には，実際に活動を行うために必要とされるものと，企業活動のインフラ整備など長期的な便益を期待されるものがある。例えば，原材料や直接工の労働用役は前者であり，建物や機械は後者である。また経済的資源の性質の別（有形か無形か，分割可能か否か）にしたがって計算される必要がある。

次に，原価集計プロセスは，消費された資源の原価（原価発生額）を所定の原価計算対象に割り当てるプロセスである。このプロセスは，原価収集プロセスで計算された原価発生額を，その発生の原因である対象に結びつけるプロセスであるので，必然的にその因果関係が基礎になる。この時，その経済的資源の消費が原価計算対象に対して直接的に把握できる直接原価と，直接的には把握

できない間接原価が存在する。特定の原価計算対象のために経済的資源が投入・消費されたことが明らかな場合には直接原価の直課（cost tracing）という手続が採られ，その経済的資源の投入・消費が複数の原価計算対象のために行われた場合には間接原価の配賦（cost allocation）という手続が採られる（図表3-3）。

図表3-3：原価の集計

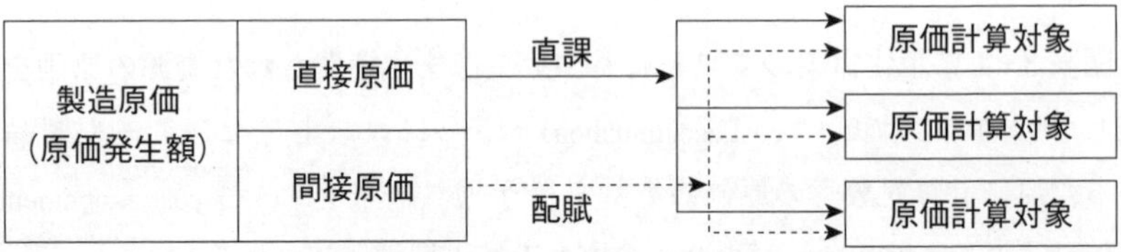

```
┌─────────────┬─────────┐  直課
│             │ 直接原価 ├──────→ 原価計算対象
│  製造原価   ├─────────┤        原価計算対象
│（原価発生額）│ 間接原価 ├──────→ 
│             │         │  配賦  原価計算対象
└─────────────┴─────────┘
```

これらの原価計算の基本構造を構成するプロセスが確立したのは，Churchの時代（20世紀初頭）にまで遡ることができる[3]。原価計算の確立以後，その基本構造自体に対して概念的には問題があるところではない。なお，より適切に因果関係を反映するために，しばしば活動（コスト・プール）をより詳細に把握し，各々の活動別に適切なコスト・ドライバーを選択するという方法が選択される。多くの場合，このコスト・プール細分化によって，より正確な計算が可能になるとされている。

2-2. コスト・プールと原価部門の概念整理

消費資源の原価（発生原価）の測定後に，それらを集計するコスト・プールないし原価部門について，製造工程，コスト・センター，および作業区分と関連させて，諸概念を整理し，正確な製品原価を計算するために原価部門を細分化する際の注意点についても検討する。

まず，コスト・プール別計算を介した製造間接費計算にとくに関心がもたれるようになったのは，19世紀後半から企業において増加しつつあった間接費を製品単位に割り当てる方法を模索するようになってからであった（Garner 1954；他）。当時，電気・石油の使用に伴う重化学工業の発達による産業革命に

よって企業が大規模設備を有するようになり，企業の総原価に占める間接費の割合が急増した。それに伴い，間接費計算にも焦点があてられるようになったのである。このような産業構造の変化は，原価構造の変化だけでなく，原価計算手法そのものに対しても大きな変化をもたらした。Church（1910）は，まず製造間接費を機械ないし作業台というコスト・センターに集計し，その上で各製品に再集計する方法を提案した。そのもっとも大きな貢献は，製品を製造しているのは機械であるという点に注目してコスト・センターに集計される原価を新マシーン・レート法で配賦したことである。このChurchによる「生産中心点」および「新マシーン・レート法」の提唱によって，伝統的方法は飛躍的に発展したといえるだろう（Garner 1954；岡本 1964；他）。

このようなコスト・センターないし原価部門の概念について，例えば番場（1963, p.303）は，次のように示している。

「…原価計算上，費用発生の職能的区分，場所的区分，又は作業上の区分を設ける。これが原価部門である（原価場所ともいう）。」

また，コスト・センターおよび作業区分と関連させて，次のように説明されている[4]。

「部門別計算又は工程別計算における部門又は工程とは，同一種又は類似の機械設備が存在し，単一種又は類似の作業を行う工具が存在し，特定の目的作業が行われ，権限および責任の委譲された1人の責任者の監督下にある具体的な場所的区分であり，同時に原価計算上の場所的区分である。例外的にはある種の目的費用を集計するための抽象的，単に計算上の区分たることもある（建物費，一般費等）。1部門又は1工程をさらに作業の相違に従って細分したものをコスト・センター（cost center），又は作業区分（operation）とよぶ」（番場 1963, p.134）

番場（1963）によると，原価部門をさらに細分化したものがコスト・セン

ターであるように記述されているが,両者には本質的に相違がなく,いずれも中間的原価計算対象として認識される。

以上より,原価部門ないしコスト・センターの性質について,「コスト・センターとして利用されるものは,次の2つの両方あるいはいずれかの性格を持ったものである。①責任センター ②活動センター」(廣本1997, p.128)と考えることができる[5]。とくに,活動センターとしての性質を強調し,コスト・センター別の適切な配賦率を設定することが,正確に製品原価を計算するための要件の1つである。ABCは,活動センターを中間的原価計算対象とする原価計算システムであるといえる。

ところで,番場(1963)は,原価部門を細分化する程,正確な製品原価の計算が可能である旨を示している。たしかに,詳細にコスト・センターが設定され,それに対応した適切な配賦率を設定することができれば,製品原価を正確に計算できるだろう。しかしながら,例えばコスト・センターの数が多ければ,原価の可視性やコントロールの目的には優れているかも知れない。だが,操業度関連の配賦基準のみを利用していれば,計算の正確性の観点からは不十分であるといえる。Datar & Gupta (1994) で指摘されるように,いかに詳細にコスト・センターないしコスト・ドライバーが設定されても,それらの設定が適切でなければ意味がないのである。

その他にも,原価部門が詳細に設定されれば,部門個別費と把握されていたものが部門共通費として把握されてしまう可能性を指摘できる。原価部門が工場であれば,工場長の給与や工場建物の固定資産税等は,工場全体に対して投入されている部門個別費となるが,工場内に複数の原価部門を設定すれば部門共通費となる。それらの部門共通費を配賦する明確な基準が存在すればいいが,存在しない場合には問題となる[6]。このように,注意すべき点はあるが,基本的には詳細に原価部門ないしコスト・センターを設定することが正確な製品原価の計算および有効な原価管理に役立つといえるだろう。

さらに,コスト・センターとコスト・プールという用語についても整理しておく必要がある。この両者は同義に用いられることも多い。Horngren et al.

(2002) によると，コスト・センターは「マネジャーがコストに対してのみ責任を負っている責任センター」(p.355) としているのに対し，コスト・プールは「単一のコスト・ドライバーを用いて原価計算対象に配賦されるコスト項目のグループ」(p.142) とされている。コスト・センターは，責任センターとの関連で説明されることが多いが，いわゆる原価部門であり，2段階配賦法の中間的原価計算対象としての性質を有している。一方，コスト・プールは，活動等の単位を表すプールに分類・集計された原価を表している。そこに原価計算対象（コスト・センター）としての性質を具備させることによって，中間原価計算対象としての活動等を表すことになる。したがって，本書ではコスト・プールとコスト・センターをほぼ同義に用いている。

2-3. 伝統的方法における原価部門の設定

原価部門の設定について，正確な製品原価を計算するためには，生産活動における一切の職能を細分し，各細分職能別の原価を明らかにし，これを製品別に集計する必要がある。また，原価管理のためには職制上の権限責任者別に原価部門を区分しなければならない。例えば番場 (1963, p.308) は，原価部門設定にあたって考慮されるべき5つの要素を提示している：(1) 権限および責任の区分，(2) 製品の種類又は生産用役の種類，(3) 作業・設備等の種別，(4) 設備および作業場所の所在，(5) 製品検査点，副産物および連産品の分離点又は半製品製造工程の終点である[7]。なお，原価部門の設定に関して考慮すべき点は，正確な生産品原価算定の見地および適正な原価管理データの把握の見地であることが強調され，材料費計算や直接労務費計算を行う場合でも原価部門別に管理すべき旨が提示されている[8]。

本項では，伝統的方法を解釈するために有用な番場 (1963) の所説にしたがって，原価部門設定の基準の詳細な検討を行う。

2-3-1. 製造部門の設定

(1) 権限および責任の区分

権限および責任に基づく区分は，組織の階層ないし権限の階層に応じて部門

が設定されるべきとする基準であり、各責任者の責任範囲の区分を明確化するために必要で、番場 (1952b ; 1963) で最も強調されている項目である。責任会計を通じての原価管理の有用性には異論がないところであろう。番場 (1952b ; 1963) によると、この基準が適切に設定されなければ、その原価計算システムは原価管理には役に立たない旨が指摘されている。つまり、原価部門は責任センターとしての特性を有しなければならないことになる。この設定基準に関しては、一般には原価管理の観点から重要視されているといえよう。

さらに、組織が権限および責任の構造として構築され、組織チャートにおける階層による区分も重視される結果、第1次権限者（例：工場長）、第2次（例：製造部長）、第3次（例：課長）などの区分が原価部門設定にも適用される。各段階の権限者の責任は、原価計算上の数字に表現される必要がある。責任センターと原価部門とを結び付けないで、原価部門が責任の区分単位より大きく設定されてしまうと1原価部門に複数の責任者が存在し得ることになってしまい、コントロールの目的からは有用性に欠いてしまう。したがって、権限および責任の区分が原価部門の大きさの上限を表しているということができる。

一方、正確な製品原価の計算に影響を与える点については、番場 (1963, pp.308-309) には次のような記述が見られる。

「原価部門が職制上の部門と合致していることは、生産品原価の正確な把握にとっても重要である。両者が合致していないとすれば、職制上の第1課で発行された伝票がいずれの原価部門の費用に属するのかが明確にならないというようなことも生じ、勝手に関係原価部門を推定してこれを配分すれば、部門別計算を通じて行われる生産品原価の正確な算定が阻害されるに至るからである。」

なるほど、仮に原価部門と職制上の部門とが合致していなければ、発行された伝票に計上された数字とそれに対する責任者の管理下にある原価部門とが明確に結び付かないことになってしまう。その様な状況では、企業の原価集計プロセスがどんなに精緻であるとしても、適切なデータが入力されず、適切な運

用ができないということになる。要するに，原価部門と職制上の部門との合致が非常に重要であり，それによって，資源がどの原価部門の活動を行うために投入されたのかが適切に表現されるのである。したがって，原価部門と職制上の部門とを合致させるという基準は，円滑に原価情報の収集を行うという観点からも必要であるということができる。会計システムにおける誠実性の確保や内部統制といった観点からも重要な基準である。

以上より，権限および責任による区分は，原価集計プロセスにおける正確性に対しては間接的な影響を持つに過ぎない。しかし，原価収集プロセスにおいては，原価部門の大きさの上限を規定するという意味で重要な基準であるといえよう。

(2) 製品の種類又は生産用役の種類

1工場が製品の種類別にいくつかの小工場に分かれている場合にも，原価部門を設定できる。1つの製鉄工場を銑鉄工場，鋼塊工場，鋼材工場などに分けるのは，製品の種別に基づく原価部門化の一例である。この項目について，番場（1952b）が「一工場を小工場に区分することも，権限および責任の区分による部門化といえないことはないが…」と示しているように，権限および責任による区分による基準とも類似している。さらに，通常，製品の区分に基づく分割は，製品種類別に必要な作業の性質も異なるということが想定され，季節的な変動に応じて特別な設備が利用される場合や，特殊な製品を製造する場合にも必要とされる。また，この基準は，1つの部門を細分化して副部門を設定するというものではない。製品種類ないし製品ライン直属の製品部門を設定しようとするものである。したがって，原価収集プロセスの段階においても正確性の追究がなされているといえる。

その他に，この基準によると，特定の製品種類が特定の製造部門用役を利用しているという状況では，原価集計プロセスにおける製造間接費を製品別配賦する段階において原価部門に集計された原価を特定の製品種類に対して直接的に負担させることが可能となる。

(3) 作業・設備等の種別

「職制にしたがって設定された1原価部門に，著しく原価発生関係の異なる作業が含まれる場合には，作業の種別に従ってさらに部門分けが行われるべきである」(番場 1963, p.309) として，作業の相違に基づいて原価部門を設定すべき旨が強調されている。例えば，そのような作業区分には，機械センター (machine centers)，手作業センター (bench centers)，組立センター (assembly centers) がある。この作業区分は，1台の機械から成ることもあり，同種ないし異種の機械のグループから成ることもあり，工具のグループや工具1人から成る場合もある。たしかに，同一の責任者の管理区分の下であったとしても，異なる作業が含まれている場合には，これを区分する必要がある。その理由には，原価集計プロセスの観点から次の2点を指摘できる。

第1に，例えば，原価部門Aの中に作業区分A1 (機械作業)，A2 (組立作業)，A3 (手作業) が存在する場合を考えてみる。製品αを製造するためには，作業A1およびA2を行う。製品βを製造するためには，作業A1およびA3を行う。このような状況において，製品αおよびβは，いずれも原価部門Aを通過するが，その中では別々の作業活動を受けている (図表3-4)。

図表3-4：原価部門内の各作業

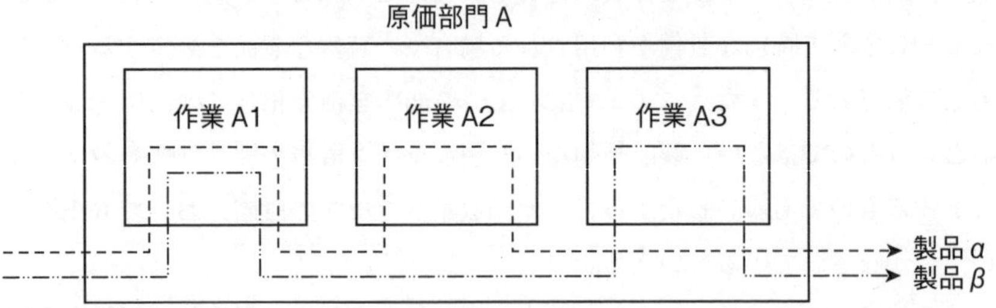

原価部門A

| 作業A1 | 作業A2 | 作業A3 |

→ 製品α
→ 製品β

このように異なる作業を受けていれば，それぞれの製品は，その作業区分のコストのみを負担する必要がある。この時に製品αおよびβに原価部門A全体のコストを負担させることは，各作業区分別のコストを平均化して配賦計算することになってしまう。したがって，実際に提供を受けた用役のコストのみ

を負担するように，製品αには作業A1およびA2のコストを負担させ，製品βには作業A1および作業A3のコストを負担させなければならない。そうでなければ，たとえ全てのコストを回収することができたとしても，それは不当な原価を負担させられた製品が犠牲となった上で成り立っている。原価の発生関係の異なる作業が存在するならば，その作業種別に基づいてさらに原価部門を細分化するという点については，特定の製品を製造するために必要である作業のコストのみを負担するべきという理由から本基準がとくに重要視される。

さらに第2の理由は，同じ部門内に原価発生関係の異なる作業が存在すれば，各々の作業区分別に異なるコスト・ドライバーが存在しているということである。製品原価の正確な計算のためには，例えば，機械センターには機械稼働時間，手作業センターには直接作業時間といったコスト・ドライバーが選択される必要がある。この点について，番場（1963, p.374）によると，「配賦基準の選択は，いかなる配賦基準によれば間接費が最も妥当に製品原価に算入されるかを考慮することによってなされる」と示されている。同質な活動に対応するコスト・ドライバーが適切に設定され，それらは適切な配賦基準として選択される。

これらの理由より，作業区分を表す活動センターとしての特性を原価部門が有しなければならない。例えば，Vance（1952）も，製造間接費計算を改善するための要件の1つとして，製造部門をコスト・センターに細分化し，それぞれのコスト・センター別の配賦率を用いることを挙げている[9]。原価部門が活動センターとしての特性を有することによって，これが可能となる。また，Blocker & Weltmer（1954, pp.253-268）が指摘するように，工程別総合原価計算においても同様に，作業の相違に応じて工程を分割し，細分化した工程別の計算を行うことによって，容易に，より正確な製品原価が得られるのである。

(4) 設備および作業場所の所在

部門が2以上の物理的空間において存在している場合，たとえ設備および製品に類似性があるとしても，より有効にコントロールを行うためには，それぞれの場所別に副部門を設定することが必要だろう。部門ないし作業場所の所在

は，工場の物的条件の制約，作業の性質，および生産フローの関係などから決定されるからである。しかし，所在が異なれば同一の責任者のもとに同種作業の行われるものであっても，これを区別した部門作業番号で指示することが作業の流れをスムースにする。したがって，この設定基準は，生産管理をする上で必要であり，かつ，その責任者にとっても所在別の原価データを把握するためにも必要であるといえる。

この基準に関しては，生産管理上の要求はあるものの，主にコントロール・データを把握することが目的となっているから，製品原価計算の正確性が追究されているという形跡を見出すことは困難かも知れない。ただし，コスト・センターの場所的区分には，正確に製品原価を計算するための様々な要素が潜在しているといえる。この点については，ABCとの関連で後述する。

(5) 製品検査点，副産物および連産品の分離点又は半製品製造工程の終点

工程は，生産フローにおいて含まれる作業区分の別に認識されなければならない。その際，中間的に製品の生産量を測定・検査する各検査点が，各作業区分の区切り目となる。これらの検査点は，通常，製品の製造工程における各段階ないし活動の区切りを明確に表したものである。副産物や連産品の分離点等も，同じ理由から工程の区切り目とされる。この点については，次のように指摘されている（番場 1963，p.150）。

「工程の細分については製品検査点（checking point）すなわち生産品の品質検査が行われ，不合格品が別除される点をも考慮するを要する。検査点は工程の終点とされていることが多いであろうが，1工程の途中で製品検査が行われる場合には，その点をもって工程を細分しなければならない。その点でどれだけの不合格品が生じたかを把握することは原価算定上からも，業績管理上からも必要だからである」。

「副産物や連産品の分離点も工程細分にあたって考慮されねばならない。その分離点を工程の1区切り目としなければ正しい原価算定が不可能であり，コント

ロール・データの把握にとっても不十分である。中間製品（半製品）が入庫される場合には，その点を工程の1区切り目とすべきである」。

検査点を工程の区切りとするという点について，一般には，次のように考えることができる。製造活動上，通常の組立活動や切削活動等の何らかの活動（製造工程）が終了した後に，その工程完了品，半製品，ないし部品についての検査活動が行われる。したがって，そのような流れを考えれば，一般に検査点の前後で作業の性質が異なるのと同時に，検査活動を表す検査点と組立等の活動とは作業の性質が異なっているから，検査点は当然に工程区分のポイントであると考えられる。これは，活動センターとしての特性を強調したものであろう。岡本 (1994, p.235) においても，原価部門を設定する際に考慮すべき要素である「職能別業務活動の同種性」で，部品や半製品の完成点，副産物の発生点，連産品の分離点を目安として例示している。

ところが，番場 (1963) は，この区分の基準について必ずしも活動センターとしての特性を根拠としているだけではないかも知れない。なぜなら，工程別の製造原価と生産品数量を把握することや，仕損品が発生して仕損費を負担させる場合に負担させるべき生産品数量を測定・検査することは，製品別計算において正確に製品原価を測定するためには欠かせないからである。とくに仕損や減損が生じた場合には，それらの発生状況を明確に区分し把握する必要がある。この点に関連して，番場 (1963) は，実際総合原価計算における正常減損費・正常仕損費の処理について，仕損・減損の発生状況別に仕損費ないし減損費の負担関係の相違を場合分けし，それぞれの計算方法を詳細に分析した[10]。

以上より，次のように推測することができる。仕損・減損が発生する状況で，総合原価計算において正確な製品原価を計算する一般式を求めるためには，製品検査点を通過した生産数量を把握しなければならない。例えば，正常仕損費はその仕損品を発見した検査点を通過した生産品のみが負担しなければならないから，ある検査点から次の検査点までの副工程別または活動別の生産数量が正確に把握される必要がある。要するに，その生産数量を検査点で把握

することが，仕損・減損の発生状況別の正確な製品原価の測定においても役立つのである。そのように考えると，連産品や副産物についても，分離点までの活動別の生産数量を把握することが，連産品等の原価を測定するのに必要になる。

したがって，番場（1963）が生産品の数量を測定・検査する点ごとに工程を区分する理由は，原価部門の活動センターとしての特性を強調する他にも，部門別計算における原価部門の設定と製品別計算における仕損・減損の発生状況別の場合分けとの整合性をも意識されているからであるといえる。いずれも原価集計プロセスにおける正確性が考慮されていると思われる。

2-3-2. 補助部門の設定

補助部門に関しても，番場（1963, p.310）では，製造部門の設定と同様な要素が考慮されるべき旨が指摘され，補助部門活動の権限・責任者の責任区分の基準に従って設定される。その上で，作業の質が大きく異なる場合，異なる設備を利用する場合，ないし補助部門用役の種別がある場合等には，それぞれに応じて必要な限りの補助部門が設定される。例えば，ある動力部門が1人の責任者の監督下にあったとしても，動力部門内に蒸気発生活動と電力供給活動がある場合には，それらを区別する必要があるだろう。また，利用設備の相違に応じて区分することも重要であるといえる。なお，製造部門と補助部門との区分は，図表3－1に示した因果フローに基づいて決定されることにも注意してよい。

第3節　伝統的方法によるコスト・プールとABCの活動

3-1. 伝統的方法とABCとの比較：コスト・プールの設定

本項では，原価部門設定の基準である5つの要素について，ABCにおける活動との関連で具体的に分析する。

3-1-1. 権限および責任の区分

原価部門が権限と責任の区分と一致すると，適切に原価情報の収集ができ

る。番場（1963）は，この要件が原価計算システムを適切に運用するための基本的な前提として不可欠であると考えている。同時に，権限と責任の区分が原価部門の大きさの上限を表すという意味で，原価収集プロセスにおける貢献があることも指摘できる。しかしながら，この基準によって原価部門がいかに適切に設定されたとしても，原価集計プロセスにおける精緻化とは直接的な関連を有しているわけではない。むしろ，通常は，責任単位には比較的多くの種類の作業単位が含まれるため，そのままでは統合化されたコスト・プールが設定されることになる。したがって，計算の正確性を志向するためには，その下位のコスト・プール階層への細分化が必須である。

この点について，ABCでは，原価集計プロセスの精緻化を意図しており，第1のステップで活動一覧表を作成し，生産活動において行われる全ての主要な活動を認識し明確にする[11]。したがって，原価集計プロセスに着目しているABCと，原価収集プロセスから重視される権限および責任の区分とは，共通点を見出すことが困難であろう[12]。

また，ABCを適切に実施するためにコスト・プールを細分化することによって，活動原価に誤差が生じてしまい，必ずしも正確な製品原価を得られない可能性があることには，注意が必要である。

3-1-2. 製品の種類又は生産用役の種類

まず，ABCにおける製品種類レベルの活動と製品種別に基づく原価部門の設定との共通点について検討する。

例えば製品種別に基づく区分によると，特定製品種類を製造するための専属の原価部門が設定されるから，当該部門費を関係する特定製品種類に対してのみ負担させる事が可能になる。ABCでも同様に，製品種類レベルの活動原価を測定して特定製品ライン別に適切に負担させることができる。したがって，ABCの製品種類レベルの活動および製品種別に基づく原価部門は，原価集計プロセスにおいて適切な負担計算を行うために，最終原価計算対象である特定製品ラインと中間的原価計算対象である原価部門ないし活動とのリンケージを明確化しようとする志向的な共通点を有しているといえる。このような志向に

基づいて原価計算システムを構築することは，計算の正確性を追究し，意思決定の精度を向上させるためには必要不可欠である。

この点については，櫻井 (1991) の指摘が興味深い。すなわち，製造間接費を製品系列別に直課する原価計算システムを革新的な原価計算実務として紹介している。この場合には，必ずしも精緻な計算構造を必要とはしないかもしれないが，正確な製品原価の計算を志向するという意味で重要な方向性であるといえる[13]。

一方，相違点を次のように指摘できる。すなわち，ABCにおいて製品種類数ないし製品ライン数に応じて増減するのは，活動の設定数ではなく，その活動の作業量を表す活動ドライバー量である。ABCでは，製品種類数を活動ドライバーに設定し，それに応じて増分する活動原価を正確に測定する。したがって，製品ライン別に増分する活動原価の配賦計算を精緻化することによって計算の正確性を追究している[14]。しかしながら，製品種別に基づく原価部門の設定は，製品ライン別に1工場内を複数の製品部門化ないし小工場化する。つまり，製品種類数に応じて増減するのは，原価部門の設定数である[15]。したがって，製品ライン直属の部門費を直課できるようにし，原価集計プロセスにおける配賦計算を排除することによって正確性を図っている。以上より，製品原価計算の正確性を追究するために，ABCは配賦の精緻化という手段で，製品種別に基づく区分は直課という手段によって達成を試みており，両者の間には方法的な相違を見ることができる。

3-1-3. 作業・設備等の種別

周知の通り，ABCにおける中間的原価計算対象は，活動センターであり，同質な職能の区分に基づいて設定される。一方，番場 (1963) が作業の相違を考慮したのは，ある製品を製造するために必要な作業区分のコストのみを負担するべきという理由と，作業区分ごとにコスト・ドライバーが異なっているという理由からなっている。この考え方は，ABCにおいて同質なコスト・ドライバーを基礎に活動センターを設定し，それぞれに適切な配賦率を用いるという考え方と同じであるといえる。作業の相違による区分は，まさに活動の種別

第3章　コスト・プールの設定とコスト・プール別計算　　123

による区分であると考えられる。

　ただし，番場（1963）が示す作業の種別による区分は，伝統的方法の枠内にとどまり，部門費の配賦基準にABCに見られるような操業度関連以外の様々なコスト・ドライバーをも利用することまでは，必ずしも意識されていないようである。

　また，この基準は，Noreen（1991）が示す第1条件（発生原価総額をコスト・プールへ分割することが可能で，それらの各コスト・プールがもっぱら1つの活動に依存する）の後段と一致することも指摘しておく必要があろう。正確性を志向する原価計算の構造を分析するためには，極めて重要な点である。

3-1-4. 設備および作業場所の所在

　前述の通り，この区分について番場（1963）から計算の正確性を意識している記述を見ることはできない。しかしながら，例えば，Kaplan & Atkinson (1998) が指摘するように，提供される空間に関連する活動について面積をコスト・ドライバーに利用してアウトプットの測定をすることが多いが，その原価は，場所ごとに必ずしも均一的にかかるものではない。例えば，半導体基盤や医薬品を扱っている空間がクリーン・ルームになっており，その他の空間に比べて高価になっているかも知れない[16]。したがって，コスト・センターの場所的な特性は，潜在的に様々な点から製品原価計算の正確性に影響を与える可能性を有していると考えることができる。

3-1-5. 製品検査点，副産物および連産品の分離点又は半製品製造工程の終点

　原価部門の設定と製品別計算との整合性について，番場（1963）において必ずしも明記されているわけではない。しかしながら，部門別計算の有無による原価計算形態の分類（番場1963, pp.133-135）他，製品別計算と部門別計算との整合性について意識していると考えられる部分を随所に見ることができる。とくに製品検査点をもって工程の区切りとする基準に関しては，作業の相違による区分と組み合わせて，総合原価計算における仕損・減損の発生状況に応じた場合分けと深く関連し合っているように解釈できる。この点について，ABC

の文献では，総合原価計算や個別原価計算との整合性を意識している記述を見受けることはできない。

番場 (1963) による仕損・減損の発生状況別の場合分けに応じた計算は，等価生産量ないし完成品換算量を基礎にモデル化されており，製品検査点を通じて各作業区分別の生産数量を測定することが重視されている。ここで，作業区分ないし活動センターの特性を重視すると，生産数量のみならず各活動のコスト・ドライバー量に応じた等価量を計算することができるようになる。仕損ないし減損が発生する場合についても各活動のコスト・ドライバー量に応じた等価量を基礎に計算を行えば，製品別計算の段階において，さらに正確性を追究できる可能性もある。ABCにおける活動ドライバーは，製品からの活動の用役に対する需要量を表しているからである。

以上のABCの対比を図表3-5にまとめることができる。

図表3-5：伝統的方法とABCとの共通点と相違点

	共通点，類似点	相違点
(1) 権限および責任	―	ABCでは重視されない
(2) 製品の種類	コスト・センターを適切に設定して正確な計算を行おうとする志向的な共通点を有している	計算の方法について，ABCでは配賦の精緻化を試みているのに対し，番場の製品種別の区分では直課を試みている
(3) 作業・設備等の種別	同質な職能による区分という点で共通	ABCでは操業度関連以外の配賦基準も用いる
(4) 設備・作業場所の所在	潜在的に原価計算の正確性に影響を与える可能性がある	ABCでは機能的な相違がなければ考慮されないが，番場はコントロール目的で本項目を考えている
(5) 製品検査点	活動センターとしての特質を有している	ABCでは総合原価計算・個別原価計算との整合性は意識されていない

3-2. コスト・プール別集計の方法
3-2-1. コスト・センターへの集計方法の先行研究

コスト・センター別集計段階における補助部門費配賦計算（第2次集計）の方法については，生産活動の実態を忠実に写像するためには，複数基準配賦法と連立方程式法を併用することが妥当である[17]。例えば，Minch & Petri (1972) の方法や Manes (1965) の方法は特定の状況下でしか妥当性を有しておらず，会計理論上は，Churchill (1964)，Livingstone (1968)，Kaplan (1973) 等も，従来から連立方程式法を支持している。また，Kaplan (1973)，Baker & Taylor (1979)，Chen (1983) 等は，直接原価計算下において，補助部門用役と変動製造原価との関連に焦点をあてて検討を行っている。とくに，Kaplan (1973) および Chen (1983) では，各補助部門が自部門用役を消費した場合に，それを写像する原価計算モデルと写像しないモデルとを比較検討し，いずれのモデルにおいても補助部門変動費に関して製造部門への配賦額が変化しないことを示している。

しかしながら，それらの1970年代を中心にした研究に対して，次のような問題点を指摘する必要がある。例えば，ある工場の動力部門と用水部門において修繕維持活動の用役を必要としているとき，修繕維持活動に集計された活動原価は，動力部門と用水部門における各活動を維持保全するための原価であるから，その原価は動力部門および用水部門に負担させるべきであるといえる。それが定期的なメンテナンスの定額コストであれば，部門間において用役の授受がある場合等に補助部門費について「変動費の固定費化」が生じることがある[18]。このような場合に，どのような原価計算モデルを構築し適用するのが妥当であるのかを検討する必要があるだろう。なぜなら，意思決定を行うための増分原価である変動費が固定費化することは，埋没原価に変化する場合があるからである。また，各部門内において自部門用役を消費する状況においても，部門間の用役の相互授受等がある場合と同様のことがいえる。自部門用役を消費するということは，その部門内において自らの部門ないし活動を維持する活動があるということであるから，どのような配賦計算をすることができるか検

討する余地が残っている。片岡洋一・井岡 (1983) は，補助部門において自部門用役を消費している状況，または，ある補助部門用役を用役消費部門に提供した場合にその補助部門変動費が用役消費部門において固定費となる状況（「変動費の固定費化」が生じる状況）では，Kaplan (1973) の主張が成立しないことを証明した。また，一般に全部原価計算の下では補助部門の自部門用役の消費を考慮するか否かは，製造部門への配賦額に影響を及ぼさないことも明らかにした。しかしながら，これまで，「変動費の固定費化」が生じるような状況で複数基準配賦法を用いている場合では，変動費と固定費では配賦基準が異なっているため，たとえ全部原価計算の下においても配賦額が変化してしまうことが考慮されていない[19]。従来の研究では，このような状況をあえて無視してモデル化したのか，そのような状況の存在を把握していなかったのかは定かではない。

さらに，もう1つ指摘しなければならない問題がある。Kaplan (1973) をはじめとする先行研究は主として1960年代から70年代に集中しているが，この時代は実務と理論の乖離が最も進んだ時代であることを思い起こされたい。この時代には，管理会計／原価計算の諸技法に関する研究は，OR等の影響を受けて所与の条件下での最適化を図るアプローチが採られており，またそのような最適化に専心し過ぎたため，実務において経営管理者が直面している問題が研究の対象にはならなかったのである（廣本1993a）。

3-2-2. コスト・プール別計算の方法に関する諸問題

実務では，コスト・プール別計算は，精緻な計算をしている場合もあれば，単純な計算の場合もある。しかし，細分化コスト・プールではコスト・プール別原価の測定可能性／把握可能性が低くなるために，括りを比較的大きくした統合化コスト・プールが用いられているケースがある。わが国においてABCが浸透しない理由の1つに，そのような技術的な問題が存在することを忘れてはならないだろう[20]。しばしば，重大な誤差が生じないようにという旨が指摘されるが，実務上，そのような問題による影響が大きいから統合化コスト・プールを利用しているケースもある。例えば，工場敷地内の建物1棟ずつをコ

スト・センターに設定しているケースもある。

　さらに実務上の問題としては，測定コストの問題も生じるのは言うまでもない。ここで測定コストとは，より詳細なデータの収集コスト，運用のコスト，コスト・ドライバーから要求される情報を管理するためのコスト等を挙げることができる[21]。より一般的に言うと，コスト・プールの括りが大きい場合（統合化コスト・プール）には，相対的にコスト・プール個別費ないし部門個別費が増加する。一方，コスト・プールの括りが小さい場合には，相対的にコスト・プール共通費ないし部門共通費が増加する。原価計算を正確に行うための要件の1つは，個別費ないし直接原価の直課を可能な限り多くすることである。その意味においては，コスト・プールの細分化はコスト・プール共通費ないし部門共通費といった間接原価を増加させてしまい，正確性の追究とは逆行している可能性もある。

　これらの問題は，実務上では重要な問題とされているにもかかわらず，大きく採り上げられていないことを指摘できる。例えば，Kaplan & Cooper（1998）における記述は，資源ドライバーに関しては数パラグラフに過ぎず，関連する文献を脚注で数点紹介しているに過ぎない。ここでも，実務家による文献が多いことに注目すべきであろう。また，実務家やコンサルタントによる部門別ABC/ABMに関する研究等も見ることできる（Keys & Lefevre 1995；他）。この意味でも，コスト・プールに責任センターとしての特質を持たせ，コスト・プール別原価の測定可能性を確保することが実務では重要視されるのである。また，責任センターとしての性質をコスト・プールに持たせることは，原価収集プロセスにも多大な影響を与える。この場合には，費目別計算における機能別分類は，原価要素を機能別にまとめるという意味で，ABCシステムとの共通点を有しているといえる（廣本1997，p.49）。ただし，この区分が必ずしも機能ないし活動を原価計算対象として位置づけているとは限らない。その意味では，ABCとは基本的な相違が見られる。

第4節　古典的アプローチによる分割可能性と加法性

4-1. 古典的アプローチの前提

Noreen (1991) は，製品を製造する活動によって資源が消費されることを前提とし，企業の全体原価関数 $C=C(\mathbf{a}(\mathbf{q}))$ を示し (**a**：活動を表すベクトル，**q**：製品を表すベクトル)，原価計算システムが意思決定に有用な基礎的原価データを提供するためには全体原価関数 C がコスト・プール別に分割可能であり，かつ，各コスト・プールが活動単位を表さなければならないとした (第1条件)。この時に問題となるのは，製品別計算における正確性を志向してコスト・プールを細分化すると，共通費の増加に伴ってコスト・プール別計算の正確性に支障をきたす可能性が増大することである。この点について Christensen & Demski (1995) による古典的アプローチが興味深い[22]。

彼らは，Chambers (1988) における知見に基づいて，ある所定の技術条件の下で企業における原価関数を推定することから議論を始めており，アウトプットである製品数量とインプットである資源の価格を説明変数として全体原価関数が与えられるものとしている。まず (1-1) 式で示した Noreen の全体原価関数 C が資源の価格要因 p を暗黙的に無視しているか，一定と仮定していることを指摘し，所定の技術条件 T の下で，p をインプット (資源) の価格ベクトル，x をインプットのベクトル，q をアウトプット (製品) のベクトルとすると，全体原価関数 [C] を次式のように修正した (T：所定の技術要件)。

(3-1)　$C(q\,;p) = \min_{x} p \cdot x$　[C]
　　　制約式：$(q, x) \in T$

(3-1) 式は，Noreen (1991) が基礎をなす現実の原価関数としている (1-1) 式を修正したものである[23]。インプットとアウトプットとの組み合わせは，外因的な所定の技術によって決定する。この技術は，実行可能なアウトプット (製品) とインプット (資源) の組み合わせの集合として分類される。また，

Christensen & Demski (1995) や Bromwich & Hong (1999) 他も指摘しているように，Noreen (1991) は，暗黙的に，価格要因を無視しているか，一定と仮定している。製品 i に関する限界原価は，$\partial C(q;p)/\partial q_i$ で表されるが，平均原価は単一製品を扱っている企業でない限り適切には求められない。これは，複数製品を扱う企業にとって，古典的原価理論は単一製品における理論のいくつかの要因が単純に連続したものではないことを意味する（Christensen & Demski 1995, p.15)。しかしながら，ここでも会計理論に基づく知識によって，原価関数［C］は，各コスト・プール別の原価関数（副次的原価関数：subcost function）に分割されるという。

以上のように，投入資源と製品との関係が所定の技術要件によって決定され，さらに資源の価格要因を（1-1）式に加味することによって，（3-1）式に示されるように全体原価関数式が修正される。

4-2. 弾力性の概念

古典的理論によると，（3-1）式は，所与の技術要件および所与の価格要因の下で，アウトプット q を生産するために最低限必要なインプットの消費高を表す。ここで，（3-1）式で示される全体原価関数式を投入資源 j の価格要因 p_j について微分することによって，投入資源 j の価格の変化に対する全体原価関数の変化量を次式のように表している（Christensen & Demski 1995, p.16)。

$$(3-2) \quad x_j(q;p) = \frac{\partial C(q;p)}{\partial p_j}$$

ここで，交差弾力性の概念を利用して，投入資源 k の価格要因 p_k が変化した場合における投入資源 j の需要の変化率を表す派生需要弾力性 ε_{jk} を次式のように算出した[24]。

$$(3-3) \quad \varepsilon_{jk} \equiv \frac{p_k}{x_j(q;p)} \frac{\partial x_j(q;p)}{\partial p_k}$$

Christensen & Demski (1995) によると，この（3-3）式で表される弾力性の概念を用いて分割可能性を識別することが重要であるという。

とくに，コスト・プールに投入要素（資源）をグループ化する。古典的には，この弾力性の概念は，数量要因が基礎をなす技術および経済力を反映している場合に意味を持つ。このことは直観的に，おおよそ同じ様に作用するプール内の投入要素（資源）を利用するということを意味するという（Christensen & Demski 1995, p.16）。他の投入要素（資源）との相互関係は，そのプール内での投入要素（資源）間で共通である。これは，派生需要弾力性（derived demand elasticities）にまで要約する。ここで，(3-3) 式に (3-2) を代入する。すると，いかなるプールにおける全ての投入要素（資源）にとって，派生需要弾力性は，そのグループに含まれない投入要素（資源）の価格の観点から等しいとされており（$\varepsilon_{js} = \varepsilon_{ks}$, for all $j, k \in P^t, s \in P^t$: Christensen & Demski 1995, p.16），これを次式のように表現できる。ただし，第 t 番目のプールを P^t とする。

$$(3\text{-}4) \quad \frac{\partial}{\partial p_s}\left(\frac{\partial C(q\,;\,p)/\partial p_j}{\partial C(q\,;\,p)/\partial p_k}\right) = 0, \quad j, k \in P^t, s \in P^t$$

(3-4) 式は，直観的に，あるグループ内の投入要素（資源）が共通の経済的特徴を持つことを意味している。つまり，プール t に含まれる資源 j および k と，プール t に含まれない資源 s があり，資源 s の価格要因が変化した場合に資源 j および k の数量要因が同じ変化をすることを示すものである。

Christensen & Demski (1995) は，このようなミクロ経済学的な古典的アプローチの見地から，いかなるコスト・プールには，いかなる資源の原価が集計されるのかという，各資源別の特性を活かした議論を展開している。しかしながら，彼らの古典的アプローチによると，具体例が全く示されていないことを指摘できる。具体的には，どのような資源の原価が，どのようなコスト・プールに集計されることになるのだろうか。以下，(3-4) 式で示される経済学的特性について会計的な解釈をする。

4-3. コスト・プールへの分割可能性：分割可能性の条件

Christensen & Demski (1995) は，(3-3) 式のように全体原価関数を投入資源 j および k の価格要因について微分し，価格の変化率に対する需要の変化率

(派生需要弾力性) ε_{jk} を算出した。彼らによると，この弾力性に基づいて総原価関数が分割可能になるという。本書では，これを分割可能性の条件とし，次のように定義する。

①**分割可能性の条件** ($\varepsilon_{js} = \varepsilon_{ks}$, ただし，$j, k$ はプール t に属し，s は t には属さない) によって，あるプール内の資源が共通の経済的構造をもつことが示される。

分割可能性の条件は，図表3-6のように表すことができる。

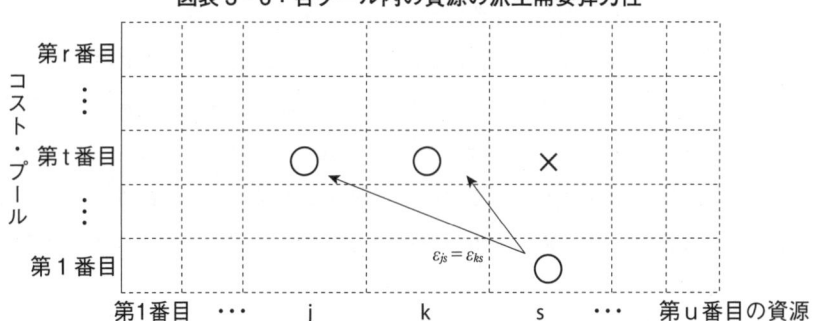

図表3-6：各プール内の資源の派生需要弾力性

	第1番目	…	j	k	s	…	第u番目の資源

第r番目
⋮
第t番目　　　　　　　○　　○　　×
⋮
第1番目　　　　　　　　　　　　　○
　　　　　　　　　　　　　$\varepsilon_{js} = \varepsilon_{ks}$

コスト・プール

繰り返すが，この分割可能性の条件を派生需要弾力性の概念を用いて説明し，あるコスト・プール内の資源が共通の経済的構造をもつことを表している。図表3-6の第1番目のプールに含まれる資源 s の価格が変化した場合に，資源 s を含まないプール t に含まれる資源 j および k に対する需要が同じ変化率を示すということである。

ここで具体的に例を挙げて説明をする。

ある工場内に，切削部門，動力部門，および用水部門があるとする。動力部門における発電活動では，燃料を発電機で燃焼させて発電しており，工場内の各部門へ電力を提供している。このような状況下で，例えば動力部門で使用する燃料 (レギュラーガソリン) の価格が5%上昇したので (100円→105円)，燃料を価格上昇率の低かったハイオクガソリンに変更したとする。その結果，まず

動力部門では発電効率が高まり,電力の出力が高まった。それによって,切削部門では作業効率が高まり,切削作業時間が10％短縮された (1,000h → 900h)。ここで,切削作業時間の短縮に合わせて切削工用役および切削活動消耗品に対する需要量が10％減少する場合には,切削工の原価と切削活動消耗品の原価は,切削活動原価として同じコスト・プールに集計されるということになる。もしも切削活動消耗品の需要量の節約が10％ではない場合には,その原価を切削部門の原価として集計することはできない。10％の需要量の節約がされる資源のみを切削部門に集約できるのである。同様に,レギュラーガソリンの価格上昇を受けて動力部門で消費する燃料をハイオクガソリンに変更した結果,電力の出力上昇に伴って用水部門における汲水機械稼動効率が上昇し,用水部門稼働時間が12.5％減少した場合 (800h → 700h),汲水機械に対する需要量および機械メンテナンス工に対する需要量が12.5％減少すると,汲水機械の原価および機械メンテナンス工の原価は用水部門費として集計することができる。減少ないし節約の割合が12.5％ではない資源は用水部門には集約されない。ここで注意が必要なのは,発電機用の燃料が切削部門と用水部門で消費されていないことである。

また別の例として,ある工場内に切削部門と組立部門があるものとする。その工場では木材を切削して部品にし,それらを組立てて家具を製造している。ここで,一般工員の賃率が20％上昇した (1,000円/h → 1,200円/h) のをきっかけに切削活動に従事する工具を一般工員から熟練工に替えた場合,切削活動が効率的になり切削工程完了品の品質も高まったとする。その結果,組立部門においても作業が効率化し,組立作業時間が15％短縮した (1,000h → 850h)。したがって,組立部門に集計できるのは,需要量が15％減少した資源の原価となる。組立工の作業時間が15％減少したのであれば,その組立工の原価は組立部門費を構成する。前述の例と同様に,熟練した切削工は組立部門には従事していないという要件も忘れてはならない。

この分割可能性の条件はコスト・プールの識別に役立ち,これが満たされると,各コスト・プール別の原価関数 $c^i(q;p^i)$ が独立変数として認識される。

ゆえに，(3-1) 式で定義される全体原価関数は，次式のように表されることになる[25]。

(3-5) $C(q;p) = \bar{C}(q, c^1(q;p^1), \cdots, c^r(q;p^r))$

ここで，$c^t(q;p^t)$ は，プール t に含まれる投入要素（資源）のグループの「局所的 (local)」な原価として表されており，これを $c^t(q;p^t)$ という原価構造を有するコスト・プールとして考えることができる。また，各プール t は，局所的原価式（$c^t(q;p^t)$：コスト・プール t の原価関数）を伴う活動として定義される[26]。したがって，(3-5) 式の右辺における独立変数は，アウトプットを表すベクトル q と，各コスト・プール別の原価関数であるといえる。

活動の別に投入要素（資源）がグルーピングされることは，古典的モデルにおいては生来的に自然な現象であるとされており，分割可能性の条件はそのための必要条件であるといえる。ただし，この条件はコスト・プールの識別に対して示唆を与えるという補完的役割を果たすに過ぎないことに注意が必要であろう。

4-4. コスト・プール間の独立性：加法性の条件

分割可能性の条件によって各コスト・プールおよび各コスト・プール別原価関数が識別された。分割可能性の条件に加えて，さらに加法性の条件について検討しなければならない。

本書では，加法性の条件を次のように定義している。

> ②**加法性の条件**（各コスト・プール間の交差弾力性が 0）によって，全体原価関数は各コスト・プール別原価関数の合計として表される。

もし，特定のプールにおける投入要素（資源）の利用が，そのプール外部の投入要素（資源）の価格と独立であれば，プール間の交差弾力性は 0 でなければならない。さらに，プール間の交差弾力性が 0 であることによって，全体原価関数が個々のプール別原価関数の合計であることが確保される (Christensen

& Demski 1995, p.17)。これは,各コスト・プール別原価関数が,それぞれ独立的な関係になっていなければならないことを表している。コスト・プール別原価関数間の独立性の仮定といえよう。この仮定によって,(3-5) 式で表される全体原価関数は,次式のように修正される。

(3-6)　$C(q;p) = c^1(q;p^1) + c^2(q;p^2) + \cdots\cdots + c^r(q;p^r)$

例えば,ある企業では製品Aを生産しており,その生産工程には切削活動と組立活動がある。ここで,製品Bを生産するためには組立活動のみが必要であるとする。その場合,製品Bの生産量が何単位であろうとも切削活動には影響を及ぼさない。いわば,組立活動と切削活動とが独立に測定されている必要がある。つまり,各活動が独立の工場単位であるかのように扱うための条件がコスト・プール別原価関数間の独立性の仮定となるのである。(3-5) 式で分割された各コスト・プール別の原価関数が,独立した活動単位を表す(コスト・プール間の交差弾力性が0)ことによって加法性の条件が成立し,(3-6) 式を導くことができる。すなわち,分割可能性の条件で識別された各コスト・プール別の原価関数の合計が企業の全体原価関数を表すための条件が,加法性の条件である。この条件は,分割可能性の条件とは異なり,原価計算上,必須である。企業で発生した原価総額は各コスト・プール別原価の合計と等しくなるのは当為である。したがって,加法性の条件が示すことは,第1章の(1-2) 式およびNoreen (1991) の第1条件前段が示すことの経済学的な解釈であるといえよう。

このように古典的モデルにおける原価関数の分割を可能するための2つの条件は,コスト・プールの概念およびNoreen (1991) の第1条件に対して,経済学的な解釈を加えたものであるといえる。活動単位を表すプールに含まれる投入要素(資源)の範囲は効率的な企業行動と一貫するものとして識別される。この意味で,古典的モデルは,内生的なコスト・プールないし集約を導くのである。このような各プールは,局所的な集約の式を有しており,そのプールに含まれる投入要素(資源)の価格と全てのアウトプットに依存している。論理

的に,プールは,派生需要弾力性における共有性の別に識別されるのである。ただし,分割可能性の要求は価格間で移動する要求であることにも注意が必要である。

以上,古典的アプローチでは,各資源が発揮すべき用役と,それらを集約する各プールが有する機能との連携に着目している。同じ経済的属性を有する資源のみが同じプールに集約されることが可能であり,各プールの有する原価関数の合計が全体原価関数になるのである。例えば,ある組立活動プールには同じ経済的特性を有する労働用役他が集約され,組立活動プールは他のプールとは独立した存在であることが上述の2条件により規定されることとなる。

4-5. 統計的手法による補完

Christensen & Demski (1995) および Demski (1997) は,企業における原価関数を分割するために必要な会計理論に基づく知識を補完するために,1つの試案として統計学的手法を用いている。すなわち,回帰分析によって各コスト・プール別の原価関数を推定するのである。Christensen & Demski (1995) と Demski (1997) とは同様のモデルを展開しているが,前者は,より複雑なモデルとなっている。本書では議論の単純化のために Demski (1997) のモデルに従って考察を行う。

まず,製造間接費プールが2つあるとし,これを OV_1 および OV_2 とする。OV_1 に関する原価関数の説明変数(コスト・ドライバーないし独立変数)を直接作業時間 DLH とし,OV_2 については段取回数 Z とすると,第 t 期の原価関数は次式のように表すことができる。

(3-7)　　$OV_{1t} = \beta_{10} + \beta_{11} DLH_t + \varepsilon_{1t}$
　　　　　$OV_{2t} = \beta_{20} + \beta_{21} Z_t + \varepsilon_{2t}$

(3-7) 式における第3項 ε_{it} はコスト・プール i における誤差項であり,それらの期待値はいずれも0になる[27]。さらに,コスト・プール i の原価(活動原価ないし部門費)における測定誤差を γ_i とすると,第 t 期のコスト・プール i の

原始記録における観察値 O_{it} は，次式のように表すことができる[28]。

(3-8)　　$O_{it} = OV_{it} + \gamma_{it}$

発生原価総額は完全に把握可能であれば，$OV_{1t} + OV_{2t} = O_{1t} + O_{2t}$ となり，γ_{1t} と γ_{2t} は完全に負の相関関係にある。したがって，(3-7) 式および (3-8) 式より，観察値 O_{it} は，次式のように表すことができる (分割モデル)。

(3-9)　　$O_{1t} = OV_{1t} + \gamma_{1t} = \beta_{10} + \beta_{11} DLH_t + \varepsilon_{1t} + \gamma_{1t}$
　　　　　$O_{2t} = OV_{2t} + \gamma_{2t} = \beta_{20} + \beta_{21} Z_t + \varepsilon_{2t} + \gamma_{2t}$

このとき，コスト・プール i における測定誤差 γ_i は $\gamma_{1t} + \gamma_{2t} = 0$ となるので，(3-9) 式を用いて，製造間接費総額は次式のように表すことができる (結合モデル)。

(3-10)　　$O_{1t} + O_{2t} = OV_{1t} + OV_{2t} = \beta_{10} + \beta_{20} + \beta_{11} DLH_t + \beta_{21} Z_t + \varepsilon_{1t} + \varepsilon_{2t}$

結合モデルを用いるべきか，分割モデルを用いるべきかについては，3つの状況が説明されている。①原始記録における誤差が重要な問題を引き起こさない場合には，分割モデルの論拠が存在する。②原始記録における誤差が重要な問題を引き起こし，かつ，直接作業時間 DLH と段取回数 Z とが相関関係にない場合には結合モデル，③原始記録における誤差が重要な問題を引き起こし，かつ，直接作業時間 DLH と段取回数 Z とが多重共線性の関係にある場合には分割モデルの論拠が存在するのである。モデルに多重共線性が存在する場合には，勾配を表す β_{11} と β_{21} の正確な推定が困難であるという。これらは，経営上の判断の問題である。必ずしも細分化コスト・プールが優れているとは限らないのである。経済的な状況によって細分化の需要がないかもしれない。さもなければ，測定誤差は細分化の重要性を浸食してしまうのである。

以上より，コスト・プール別原価の集計における回帰分析の利用によって，原始記録上の誤差 (測定誤差) を取り除くことができるものの，切片項と確率変数としての誤差項 ε_{it} とを結合させてしまう。分離モデルを利用すると，こ

の問題を回避できるが,測定誤差の問題が再燃する。これらの負の相関関係は,それぞれの推定値の標本誤差における負の相関関係を引き起こすのである。

ここで重要なことは,原始記録と会計理論の知識を駆使することであり,これらの技術的なアプローチを利用する際には,会計上の専門的判断が不可欠なのである。

第5節　会計的アプローチと古典的アプローチとの比較

5-1. 焦点の相違

Christensen & Demski (1995) は,前節のような分析を行った後,ABC に代表される現代における原価計算の現代的アプローチと,新古典派経済学の理論に基づく古典的アプローチの相違を次のように指摘している (p.30)。

「古典的な議論と現代的なそれとの主たる概念的な相違は,それぞれの出発点である。古典的文献は技術の完全な特定化から始まり原価関数へ移るが,現代的文献は,単純化された原価関数からスタートする。もし原価計算の実務の目的が完全で正確な原価関数を構築することであれば,古典的方法は,より生来的である。これが原価関数［C］の本質である。対照的に,原価計算実務がもし完全に特定化された原価式よりも機能の改善を目的としていれば,実務上は不完全に特定化された費用便益テストに頼っている。現代的文献は実務のこの要素を回避しているのである。　現代的文献は,原価関数の分野における統計的問題もまた回避している。単純な平均化の方法が強調される。論理的に分割可能性,線形性,および統計的独立性の強固な仮定に頼っている。」

たしかに,部門別計算において相互配賦法と複数基準配賦法を用いるべきとする議論もあったものの,19世紀末から Church の生産中心点が提唱された時代における生成期・確立期原価計算から現代の ABC に至るまで,製造間接

費を適切に配賦するための議論の大部分は，製品別計算の段階に焦点が当てられていたように思われる。

したがって，原価計算の基本構造上の観点からすると，コスト・プール設定の基準について，会計的アプローチによると主として製品別計算に焦点が当てられてきたのに対し，古典的アプローチでは全体原価関数と各コスト・プール別原価関数との関係に焦点を当てていることが興味深い点である。これを図表3-7のように示すことができる。

図表3-7：原価計算の基本構造内における焦点の相違

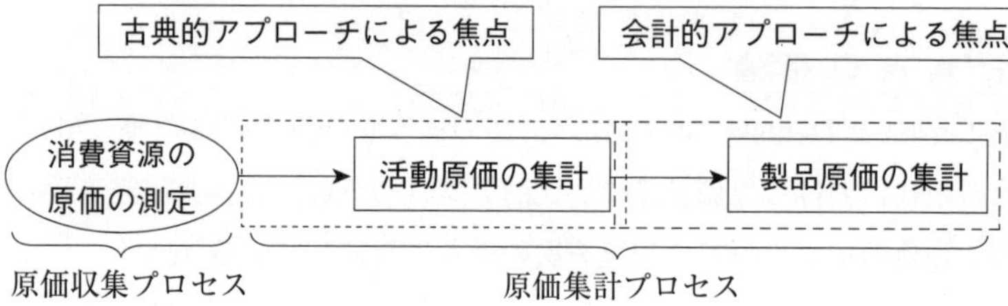

```
     古典的アプローチによる焦点      会計的アプローチによる焦点

  消費資源の  →  活動原価の集計  →  製品原価の集計
  原価の測定

  原価収集プロセス        原価集計プロセス
```

正確な製品原価を計算するためには，会計的（現代的）アプローチは従来から製品別計算の段階に焦点を当てており，とくにABCをはじめとする近年の原価計算に，その傾向が強いことを指摘できる。その一方で，古典的アプローチによると，資源の消費原価の測定として全体原価関数の特定から議論をスタートさせ，全体原価関数と各コスト・プール別原価関数との関係に焦点を当てている。さらにもう1つ重要な点は，古典的アプローチでは，原価集計プロセスの第1段階（コスト・プール別原価の集計）に焦点を当てているため，必ずしも非操業度関連のコスト・ドライバーの存在を考慮しているとはいえないことである。非操業度関連のコスト・ドライバーは，製品の生産数量等とは比例的な関係をもたず，製品種類の多様性や生産工程の複雑性に応じて決定される。ABCと伝統的方法との重要な相違が非操業度関連のコスト・ドライバーの利用の有無にあることからも，この点はとくに重要といえる。

5-2. 責任センターの特性

　まず，会計的アプローチによると，責任センターとしての特性をコスト・プールが有することについて，一般には原価管理の点から強調される。片岡 (2003a) で示した通り，計算の正確性を志向する ABC では，コスト・プールに責任センターとしての性質を持たせることは全く重視されない。一般的にも正確な計算を行うためには，活動センターとしての特性が重視される。しかしながら，番場 (1963) の見解によると，どの資源が，どの活動のために，どれだけ消費されたのかを明確化し，円滑な原価データの収集には，責任センターとしての特性が重要である旨を指摘している。すなわち，番場 (1963) も，計算の正確性を確保するために資源消費額の計算とコスト・プール別計算の繋がりに関心を有しているといえる。

　一方，古典的アプローチによると「各プールは1つの活動として定義」されることになる (Christensen & Demski 1995, p.16)。この点は Noreen (1991) が示す第1条件後段と一致する。そして，各活動プールは，分割可能性の条件によって識別され，加法性の条件によって各々が独立した関係になるべきことが指摘されている。その意味ではプールが責任単位と合致しているか否かには関心がないといえる。しかしながら，この2つの条件により，企業の全体原価関数が各コスト・プール別原価関数の総計として表されることになるので，各プール別に責任センターとして設定することができることは言うまでもない。また，このコスト・プール別原価関数の独立性により，各責任センター別の管理可能性にも影響を与える。

　番場 (1963) が指摘するように，どの資源が，誰の責任のいかなる活動の下で，どれだけ消費されたかを明確化することが，正確な製品原価を計算するための前提条件である。いかに精緻で優れた原価集計のためのシステムを有していても，原価収集プロセスにおいて正確な原価データを入力できなければ，その原価計算システムの正確性は全く確保され得ない。したがって，分割可能性の条件および加法性の条件は，各責任センター別の管理可能性に影響を与えるという点で，会計的アプローチに対する貢献があるといえよう。

5-3. 活動センターの特性

前述の通り,正確な製品原価の計算のためには,コスト・プールに活動センターとしての特性をもたせなければならない。ABCの活動単位も同質性を基礎に設定されている。この点については,古典的アプローチにおいても,活動単位を表すプールが各コスト・プール別原価関数と,その説明変数(コスト・ドライバー)によって識別される。したがって,分割可能性の条件および加法性の条件によって得られる会計的な効果は,活動の識別に対する役立ちということができよう。

ただし,古典的アプローチでは,非操業度関連のコスト・ドライバーの存在が必ずしも認識されていない点に注意が必要である。現代のように多品種少量生産に伴って,生産工程が複雑化し,フルライン・メーカーが多くの設備を維持しなければならなくなっている場合には,そのような複雑性のコストの説明変数として[29],非操業度関連のコスト・ドライバーが非常に重要になる。

5-4. 機能別分類との関係

一般に,費目別計算における機能別分類は,経営上のいかなる機能・目的のために消費されたかの分類である(『原価計算基準』10)。この機能別分類の趣旨は,次のように指摘されている。

「(財務会計目的と管理会計目的の)いずれにも役立つための不可欠な条件を示すものとしてきわめて重要な意味をもつといわなければならない」(諸井 2002, p.150)

「原価要素計算は,一般会計における費用計算たると同時に,原価計算の第一段階である。したがって,この計算における原価要素の分類は,一般会計上の要請と原価計算上の要請を同時にみたすものでなければならない」(中西 1958, p.28)

したがって,形態別分類はいかなる資源を消費したのかの分類であり,機能

別分類は経営上のいかなる機能，目的のために消費されたのかの分類であるということができる。同じ資源が他の用途で使用されれば，それは異なる原価要素として分類される。これは，活動の分類を基礎にしており，「形態別分類に基づいて把握した原価要素を，その資源が投入された機能に集計することを意味する」（廣本1997, p.47）のである。その意味では，必要に応じて原価要素を機能別にまとめるに過ぎないともいえるが，実質的にABCを実施するための基礎的分類ということができる。ただし，機能別分類には原価計算対象としての性質はなく，ABCが活動ないし機能を基本的な原価計算対象として明確に位置づけていることに注意が必要といえる。

一方，古典的アプローチによると，分割可能性の条件および加法性の条件に基づいて，資源の有する用役と，各プールが有する機能とのリンケージが非常に重視されている。つまり，同じ経済的属性を有する資源が1つのプールに集まって1つの機能を発揮する状況を表し（図表3-8），各プール別に，コスト・プール毎の原価関数が求められている。

図表3-8：資源とプールの関係

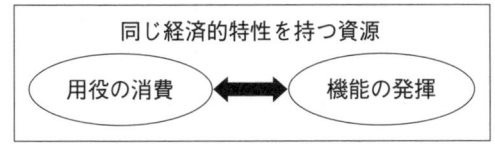

同じ経済的特性を持つ資源
用役の消費 ⇔ 機能の発揮

したがって，会計的アプローチによる機能別分類は，古典的アプローチにおいて各資源の用役と各プールの機能との連携を重視していることと，多くの点で共通しているといえよう。

第6節　本章のまとめ

意思決定に役立つ正確な製品原価を計算するためには，コスト・プール別の原価が正確に計算されていなければならない。この段階で計算が不正確であれば，いかに製品別計算の段階に焦点を当てて精緻化しようとしても，それは無

駄な努力である。そこで、意思決定に有用な原価情報の正確性を追究するに当たり、会計的アプローチと古典的アプローチの両者によるコスト・プールの設定とコスト・プール別計算の検討を行った。

まず、会計的アプローチにおける伝統的方法とABCとの比較を行った。伝統的方法の代表である番場(1963)の所説に基づくコスト・センター設定については、5つの基準が挙げられた。すなわち、(1) 権限および責任、(2) 製品の種類、(3) 作業・設備等の種別、(4) 設備・作業場所の所在、および (5) 製品検査点の5つである。ABCの活動は、主として作業の相違に基づく区分との間に共通点が見られた。会計的アプローチは主として製品別計算の視点からのコスト・プールの設定が主眼となっている。

一方、古典的アプローチは、Noreen(1991)の示した第1条件を拡張するために、全体原価関数の式に価格要因と所定の技術要因を組み込み、全体原価関数式を修正した。その上で、資源の価格要因について全体原価関数を微分し、派生需要弾力性という概念を導いている。派生需要弾力性の概念から、全体原価関数を区分し、同じ経済的属性を有する資源を同じプールに集約するための条件として①分割可能性の条件、各プールが独立であるための条件として②加法性の条件の2つが導かれた。会計的アプローチに対し、古典的アプローチによると明らかにコスト・プール別計算を正確に行おうとする意図があり、資源の用役と、活動の機能との整合性が意識されている。

計算の正確性の観点から、コスト・プール設定の基準について、会計的アプローチによると主として製品別計算に焦点を当てられてきたのに対し、古典的アプローチでは全体原価関数と各コスト・プール別原価関数との関係に焦点を当てていることが興味深い点である。その他、古典的アプローチでは非操業度関連のコスト・ドライバーを考慮していないことを挙げられる。会計的アプローチにおけるABCの登場は、製品別計算の段階で大きな貢献をもたらした。また、費目別計算における機能別分類は経営上のいかなる機能・目的のために消費されたかの分類であるが、古典的アプローチにおいて、各資源の用役と各活動プールの機能との連携を重視していることと共通点が多い。

第3章　コスト・プールの設定とコスト・プール別計算　143

　以上より，古典的アプローチのインプリケーションを次のようにまとめることができる。

1. 各コスト・プール別の特性を説明することができる。
2. Noreen (1991) の示す第1条件への役立ち。
3. 各コスト・プール別原価関数を導出することができる。

　古典的アプローチからのインプリケーションにより，①分割可能性の条件および②加法性の条件に基づいて，原価計算の基本構造内の各プロセス，とくにコスト・プール別計算の段階において具備しなければならない要件を詳細に分析することができた。ここに，原価計算におけるコスト・プール間の独立性の仮定に合理的な論拠が与えられ，要素還元の壁が克服されることになる。しかしながら，重要なことは，製品原価計算システムにおいて，いかなる経済学的な補完があったとしても，会計専門家による会計的な解釈が必要不可欠であるということである。上述の古典的アプローチによって得られるインプリケーションについても，会計的な解釈がなされなければ意味がない。この点は，Demski (1997) も随所に指摘しているところである。

　その他にも問題点が残されている。正確な製品原価を測定するためには，資源の消費原価の測定から，コスト・プール別計算，製品別計算まで整合性をもった原価計算システムが必要である。本章における考察は，コスト・プール別計算に焦点を当てているため，原価計算システム全体との整合性が検討されていない。他章における考察も交えて，原価計算システム全体との整合性を確保するための要件について分析しなければならない。

　また，本章における考察によっても，各プール間で共通して消費する資源の原価である共通費の問題を必ずしもクリアできた訳ではない。たしかに，①分割可能性の条件および②加法性の条件によって，共通費の配分問題に関する示唆が得られるが，具体的な施策が提示された訳ではない。その意味でも Vatter (1945a) が提示した共通費に関する問題が未解決であることにも注意が必要で

ある。

1 コスト・プール個別費およびコスト・プール共通費は，従来の部門個別費および部門共通費に相当する。また直接原価と間接原価との区分については，廣本（1997, pp.52-57）を参照。
2 Kaplan & Anderson（2007）は，コスト・プール別集計段階における設計／運用のコストが高額になってしまうことがABC導入の阻害要因の1つであったことを認識し，TDABCを提唱した。
3 本書第2章を参照されたい。また例えば，Vollmers（1996, p.187）によると，「20世紀前半の原価計算手続きの基礎は，部門（department）である」として，中間的原価計算対象としての部門が同質性を基礎に設定される旨が強調されている。
4 原価部門ないしコスト・センターの概念について，番場学説と同様の見解も多く見られる（Dohr & Inghram 1946, p.21；Reitell & Harris 1948, p.27；他）。その他にも，責任センターとして用いている場合や（Henrici 1953, pp.11-13），活動をコスト・センターと呼んでいる文献（Anthony & Govindarajan 2001, p.313）も見られる。またHorngren（1972, p.691）は，活動センター・責任センターの両方の意味で用いている。
5 責任センターの概念については，Anthony & Govindarajan（2001, pp.108-109）を参照のこと。一方，活動センターの概念については，Cooper & Kaplan（1992）を参照のこと。
6 Vatter（1945a）は，原価の相互依存性と連結性に注目し，間接費配賦計算の限界を示した。また，むやみに原価部門を細分化してしまうと，コスト・ドライバー間の独立性の仮定等から生じるノイズが計算の正確性に影響を及ぼしてしまうこと等も考えられる。
7 この5要素は番場（1970）にも踏襲されている。なお，番場（1952b）は，(1) 権限及び責任の区分，(2) 作業の相違，(3) 設備及び作業場所の所在，(4) 製品検査点，(5) 副産物及び連産品の分離点又は半製品製造工程の製造終点という設定基準を示している。またPaton ed.（1949）では，(1) 物的配置，(2) 製品の種類，(3) 設備および加工方法の種別，(4) 設備利用の程度の相違，(5) 生産量が決定される分離点が示されている（pp.275-276）。
8 番場（1952b）を参照されたい。これに対し，英国チャータード・アカウンタンツ協会が1947年に公表した「原価計算原則」では，間接費のみを原価部門に集計するものとしている（番場1952a）。
9 Vance（1952）p.243を参照。ここでは，製造間接費計算改善のために3つの要件を挙げている。①部門から細分化されたコスト・センター別に配賦率を設定すること，②複数基準配賦法を用いること，③製品別配賦段階においても変動費と固定費を区分することである。

第3章　コスト・プールの設定とコスト・プール別計算　　145

10 岡本（1972）は，このような試みは内外を通じて皆無であり，通説の水準をはるかに超えていると評価している（pp.256-258）。
11 Kaplan & Cooper（1998, pp.85-86）における"Step1. Develop the Activity Dictionary"を参照。その他のステップは，Step2. 企業の各活動に対する支出額を明らかにする（活動センターへの原価集計），Step3. 企業の製品，サービス，および顧客を識別する（最終的原価計算対象の識別），Step4. 活動原価と企業の製品，サービス，および顧客とを結び付ける活動コスト・ドライバーを選択する（活動コスト・ドライバーの選択）となっている（Kaplan & Cooper 1998, pp.83-99）。
12 管理可能性と活動原価との関連については，中村（2001）が詳細に検討している。廣本（1993b）や Kaplan & Cooper（1998）では，原価管理手法としての ABC の利用方法が示されている。
13 また，Hunt et al.（1985）が直接労務費を売上原価に直課するシステムについて説明していることも興味深い。一般にも正確な計算を行うためには，まずは直課が重要になる。
14 製品原価計算に対する ABC の貢献については，片岡（2001）を参照されたい。
15 例えばある特定製品の金型に樹脂を流し込む作業では，製造する製品種類が替わる度に金型を交換する。このような金型交換作業は，製品種類レベル活動といえる。一方，製品種別に基づく原価部門の設定によると，金型交換作業自体を各製品ライン別に帰属させる。
16 Kaplan & Atkinson（1998）p.73 および p.82 脚注5を参照。このようなケースでは，活動ドライバーに強度ドライバーを利用することが考えられる。
17 連立方程式法および複数基準配賦法を用いるのが理論的に妥当であるという主張については，岡本（1994, pp.241-246），および廣本（1997）にも見られる。
18 「変動費の固定費化」については，岡本（1994, p.525）他を参照されたい。
19 岡本（1994, p.244）は，「複数基準配賦法の考え方は，補助部門の固定費は消費部門にとっても固定費として，補助部門の変動費は消費部門にとっても変動費として配分しようとするものである，ということができる」としており，複数基準配賦法は「変動費の固定費化」が考慮されていないといえる（昆 1994, p.138）。
20 ABC が浸透しない理由について，例えば日本会計研究学会特別委員会編（1999）による実態調査では，企業は制度会計上ないし監査上・税務上の問題がある（原価計算制度との整合性），ないし役割別に複数の原価計算システムを有することの不効率の問題があると感じていることが指摘される。その他にも，測定コストが過大になる問題や，各活動センター別原価の測定可能性の問題（活動原価における誤差）があることを指摘できる。本書序章を参照されたい。
21 Babad & Balanchandran（1993）を参照のこと。cost-benefit approach に属する多くの研

究は，正確性の犠牲を必要最低限にして，それらの測定コストを最小化することを目的としている。
22 本書における古典的アプローチとは，ミクロ経済学の理論に基づくモデル化を指している。
23 (3-1) 式には次の仮定がある：少なくとも2階微分が可能，p に関する凹関数で，q は非負で増加関数であり，価格に関して正で線形的に同質（正の一次同次）である。さらに，特記しない限り，固定費も存在しない（$C(0;p)=0$）。さもなくば，x の要素が一定を維持するための副次的な条件が必要である（Chambers 1988, p.52）。
24 投入資源 j と k の間の交差弾力性 ε_{jk} は，$\varepsilon_{jk}=\dfrac{\Delta x_j/x_j}{\Delta p_k/p_k}=\dfrac{p_k}{x_j}\cdot\dfrac{\Delta x_j}{\Delta p_k}$ と定義される。
25 Chambers (1988) 第3章を参照。
26 局所的原価式 $c^t(q;p^t)$ は，後の Christensen & Demski (1997) では，コスト・プール別原価関数を意味する部分原価関数（subcost function）と表現されることになる。
27 誤差項は，統計学上の予測値と実績値の差によって求められ，$E(\varepsilon_{it})=0$ となる。
28 測定誤差は，発生原価総額を各プール別に区分することによって生じる実績値自体の誤差を指す。本書第5章で示す測定誤差のことを表している。
29 複雑性のコストとは the cost of complexity のことであり，製品の多様化によって複雑化するシステムを維持するために発生する追加的なコストのことを言う。

第4章 コスト・ドライバーと製品別計算

第1節 問題の所在

　組織における様々な意思決定問題への対処を志向して原価計算の正確性を追究するためには，従来からコスト・プールの細分化が必要とされているが，その細分化に関する議論は，主として製品別計算の段階に焦点を当てて展開されている。例えば，Church が生産中心点の概念を提唱したことに始まり，Vance (1952) は部門を細分し，その細分化されたコスト・センター別に配賦率を設定すること等を挙げている (p.243)。わが国でも番場 (1963) が細分化の程度が大きいほど正確な計算が可能という立場をとっている。また近年では，Cooper & Kaplan (1988a) をはじめとして，Cooper (1988a ; 1988b ; 1989a ; 1989b) を中心とした ABC の一連の研究がその代表である。その他にも，コスト・ドライバーに関する研究には，Foster & Gupta (1990a ; 1990b) や，*The Accounting Review* の 1993 年 7 月号に掲載された Babad & Balachandran (1993)，Banker & Johnston (1993)，Datar et al. (1993)，および Dopuch (1993) の 4 篇，Banker & Potter (1993)，Banker et al. (1990)，Noreen & Soderstrom (1994 ; 1997) 他多数を挙げることができる[1]。これらの知見は，コスト・プール別の原価がコスト・ドライバーに対して相関関係になっている必要があるとされ，また，コスト・ドライバー同士が完全な相関関係にあれば，それらのコスト・プールは統合できるとされていることである。

通常,原価計算システムは,コスト・プール別の原価がコスト・ドライバーの関数で表現できるように設計される。この点について,Noreen (1991) は非常に厳格に正比例でなければならない旨を主張している。さらに,その比例性を病院の原価計算システムを対象に検証をしている。一方,Christensen & Demski (1997) 等はコスト・プール別の原価関数が非線形になる場合をも想定して考察している。これらの点について,Noreen & Soderstrom (1994；1997) および Demski (1997) の見解が示唆に富んでいると思われる。

Noreen & Soderstrom (1994；1997) は,原価計算の基本構造について分析してその後の研究に大きな影響を与えたと考えられる Noreen (1991) が提示した条件の内の1つ（第2条件）について,ワシントン州内における病院の原価計算システムを対象に検証している。なお,Noreen (1991) は意思決定に用いる関連原価の計算に必要なデータを ABC が提供するために3つの条件を導出しており,その第2条件とは各コスト・プール別の原価が活動に正比例することである[2]。彼は,とくに第2条件の正比例性を最重要視している。

一方,Demski (1997) は,種々の目的および状況に原価計算システムを適合させるために,その基本的な構造を示している。Demski (1997) は,製品原価計算の手続を局所的線形近似 (Local Linear Approximation：LLA) というユニークな概念を用いて説明している。製品原価計算に LLA という局所的な1次関数の概念を取り入れ,その説明変数ないしコスト・ドライバーの選択にあたり,様々な生産状況と利用目的とを反映させる必要があるとした。LLA という1次関数式を用いると,様々な生産活動を写像するためのフレームワークを提供するだけではなく,レリバント・レンジ内における説明変数の単位当り増分原価を把握することが結果的に可能になる。

さらに Demski (1997) はコスト・プール別の原価関数を様々な生産環境へ結び付けるための方法を示したことも興味深い点である。従来,例えば,総合原価計算とコスト・プール別の原価関数との関連は明確にはされていなかったが,Demski (1997) によって明確に示されたといえる。

そこで本章では,以上の問題意識を受けて,まず次節において,コスト・ド

ライバーの分析に関する主要文献である Foster & Gupta (1990a) および Banker & Johnston (1993) の見解のインプリケーションを明らかにする。第3節では，コスト・プール別原価関数の正比例性について Noreen & Soderstrom (1994；1997) の見解を中心に考察する。さらに第4節では，コスト・プール別原価の様々な態様に応じて，レリバント・レンジでの線形性について Demski (1997) の見解を中心に分析し，コスト・プール別の原価を製品別に配賦する方法について，種々の生産環境に対応させる方法について説明する。第5節において，本章のまとめと，Noreen と Demski の見解の相違を明らかにする。

第2節　コスト・ドライバーの分析に関する主要文献のレビュー

　Miller & Vollmann (1985) や Cooper & Kaplan (1988a) 他によるコスト・ドライバー分析に関する研究によると，企業の製品ラインの多様性と生産工程の複雑性から引き出される取引が，製品生産量に加えて間接費を発生させる重要な原因であるとされている。本節では，コスト・ドライバー分析についての研究で参照されることが多い Foster & Gupta (1990a) の見解と Banker & Johnston (1993) の見解を採り上げ，それらの知見が示唆するところを明らかにする。

2-1. Foster & Gupta (1990a) の見解

　1990年に *Journal of Accounting and Economics* に掲載された "Manufacturing Overhead Cost Driver Analysis" と題する論文は，操業度基準，複雑性基準，および効率性基準の製造間接費ドライバーについての会計，生産，および戦略に関する文献より得られる仮説を実証的に検証している (Foster & Gupta 1990a)。それ以前のほとんどの研究は，規範的 (prescriptive：重要なドライバーについての提案他) か，実例 (illustrative：機械の段取が重要なドライバーである場合に，どれだけ製品原価が異なるか他) によるものであった。

　彼らは，ある電気製品メーカーの37の工場に対する質問状からの横断的データを用いて検証している。横断的テストに関する注意に制約があるもの

の，操業度関連のコスト・ドライバーに最も強い実証的な関連があることが発見された。一方，複雑性関連のコスト・ドライバーおよび効率性関連のコスト・ドライバーについては，一貫して，強度の実証的な関連を見出すことは出来なかった。複雑性関連のコスト・ドライバーおよび効率性関連のコスト・ドライバーにおける限定的な関連に対する説明は，複雑性と効率性の概念についての代理の問題と，広範で横断的な工場間の変数の均一の尺度を開発する際の問題を含んでいるといえる。

ここで，操業度関連のコスト・ドライバーには，生産量と比例的な関係を有する直接材料費，機械稼働時間，ないし直接作業時間等がある。複雑性関連のコスト・ドライバーには，ヴェンダーの数，製品組立の数等を挙げることができる。また，効率性関連のコスト・ドライバーには，生産サイクルタイムや作業屑原価等をあげることができる。

要するに，操業度基準の変数と製造間接費との間に強い関連があったこと，かつ，37工場における規模の相違をコントロールした後にも複雑性および効率性と製造間接費との間には必ずしも強い関連はなかったことが，Foster & Gupta (1990a) の知見であるといえる[3]。

2-2. Banker & Johnston (1993) の見解

Foster & Gupta (1990a) は，製造間接費と生産量および生産工程の特性を反映するオペレーション基準の尺度との相関についての最初の実証的証拠を提供している。その知見は操業度基準の原価計算システムが経営意思決定のための情報を大きくは歪めていないかもしれないと言う印象を残した。それとは対照的に，1993年7月に *The Accounting Review* に掲載された"An Empirical Study of Cost Drivers in the U.S. Airline Industry"と題する論文（以下，Banker & Johnston (1993)）は，製品の多様性，生産ラインの量，および工程の複雑性への航空産業におけるアナログを開発し，アメリカの航空産業におけるコスト・ドライバー分析のためのフレームワークを提案している。彼らは，操業度基準のコスト・ドライバーと同様にオペレーション基準のコスト・ドライバーを原価

計算システムに組み込むべきことを支持する実証的証拠を発見している。

製造間接費と高い相関を有するのが操業度関連のコスト・ドライバーであり，製造間接費を引き起こす原因のほとんどが操業度関連のコスト・ドライバーのみであるとする。その場合，マネジャーが生産継続の可否や，新規製品の価格設定，製品ラインに関する意思決定を下す際に，原価計算システムは，バイアスのかかった著しく誤解を生む原価見積を提供する可能性がある。この原価見積における体系的なバイアスは，変動予算システム，差異分析，および責任会計システムにおける歪みを導く可能性があるとされている（Banker & Johnston 1993, p.576）。

以上の研究は，製造間接費とコスト・ドライバーとの間の相関関係を分析したものである。その結果は，操業度関連のコスト・ドライバーと製造間接費との相関が最も強いものの，製品の多様性や生産工程の複雑性に関連する非操業度関連のコスト・ドライバーも重要であるという旨に集約できよう。しかしながら，コスト・ドライバーの分析に関する研究のみでは，いかなるコスト・ドライバーをいかにして利用するべきかといった議論に欠けている。次節以降では，NoreenとDemskiの見解を明らかにし，利用方法と見解の相違について述べることとする。

第3節　正比例性の検証：Noreenの見解

3-1. Noreenの見解

原価計算の基本構造を分析する研究の代表にNoreen（1991）を挙げることができる。彼は，製品の販売価格設定や生産中止等の意思決定に用いる関連原価の計算に必要な基礎的な原価データをABCが提供するための条件を導出するために，3つの条件を提示している。

Noreen（1991）が示す条件とは，①基礎をなす現実の原価関数が各コスト・プールへ分割可能であり，それらの各コスト・プールは単一の活動のみに依存すること，②各コスト・プール別の原価が活動に正比例すること，③各活動が

製品間で分割可能であり,各製品に帰属する部分はその製品のみに依存すること,の3つである。ABC が意思決定に資する適切なデータを提供するためには,これら全てを満たしている必要があり,とりわけ,第2条件の正比例性が最重要視されている。

Noreen (1991) の第2条件に対して, Noreen & Soderstrom (1994 ; 1997) が実証研究を行っている。その研究対象は,いずれもワシントン州内における約100の病院の原価計算システムであり,そのデータはワシントン州厚生局 (Washington State Department of Healthcare : WSDOH) から提供されている。まず, Noreen & Soderstrom (1994) は,1990年の予算データと1987年の実際データを対象に各コスト・プール別の原価関数の線形性を検証している。さらに, Noreen & Soderstrom (1997) は,1977～1992年という時系列軸を加えて多期間モデルに拡張して検証している。これらの検証の結果は,いずれも第2条件を満たしておらず,ワシントン州内の病院における原価計算システムからは有用な原価データを提供し得ないというものである。

本節の次項以下では, Noreen & Soderstrom (1994 ; 1997) の見解について,その検証データの有用性,検証のモデル,および限界点等について述べ,適切な増分原価データを提供するという観点から,その主張を導くための前提および限界点について考察する。

3-2. 1994年論文の分析

原価計算システムは,通常,製品や顧客といった原価計算対象に平均化のプロセスを用いて製造間接費を割り当てる。それは, ABC の場合においても同様である。この平均化のプロセスから分かることは,総活動量を x% 減少させると原価も x% 減少すると仮定していることである。Noreen & Soderstrom (1994) によると,この仮定は,線形性の仮定よりも強固な仮定であり,原価が活動に対して正比例していることを必要としているという。

正比例の仮定は,通常考えられている規模の経済とは対立する。原価が活動に対して正比例するという仮定が原価計算において重要であり,経済学の通念

第4章 コスト・ドライバーと製品別計算　153

とは明らかに対立するにもかかわらず，この仮定が有効であるか否かの検証がなされてこなかった。そこで，ワシントン州における病院から提出され，WSDOHによって編集されたデータを用いて，その仮定を検証する。

3-2-1. 検証モデルの概略

各病院jの総原価 C_j は，単一の活動量尺度 q_j の関数であるとすると，比例原価の関数は，$C_j = p_j \cdot q_j$ と表される。議論の単純化のために，全ての病院において価格要素 p_j が等しいと仮定すると，$C_j = p \cdot q_j$ となる。ここで，病院jの総原価 C_j を活動量尺度 q_j で回帰し，切片が0かを検証する。原価関数の特定化によって不等分散の残差が生じてしまうが，幸いにも，原価関数を推定するために次のような自然対数式を用いると，残差の問題は小さくなる。

$$(4-1) \quad \ln(C_j) = \ln(p) + \beta \ln(q_j)$$

この原価関数は，一般 Cobb-Douglas 生産関数と一貫するという。勾配の係数 β は，限界原価に対する平均原価の比率である[4]。どのように操業度の変化率を原価における変化率に変換できるかを β によって定量化したものと考えることもできる。この対数式を用いると，正比例の原価モデルの検証は，勾配係数 β が1であるかの検証と等しくなる。勾配係数が $\beta = 1$ のときに正比例の原価モデルと一貫する。勾配係数が $\beta < 1$ の場合には，増加する規模のリターンに一貫する。

3-2-2. 検証のデータ

WSDOH は，同州内にある100以上の病院から標準化された原価と営業データを集めている。データとして利用するのは，ワシントン州内における病院に対する収益の規制の関係で1987年の実績値データと1990年の予算データである。WSDOHによって設けられた勘定の標準チャートは，事前に定義された36個の間接費勘定を含んでいる。Noreen & Soderstrom (1994) では22個の間接費勘定が利用される[5]。このとき，各勘定別にWSDOHが選択した尺度の標準単位 (Standard Unit of Measure) が識別される。尺度の標準単位はWSDOHによって選択されるが，ほとんどの場合，原価システムの設計者は，

容易に測定できる活動のより良い単一の要約尺度を演繹的に識別することが困難であると考えられる。例えば，患者勘定（patient accounts）には患者粗収益（Gross patient revenue），入院勘定（Admitting）には入院数（Number of Admissions），データ処理勘定には患者粗収益（Gross patient revenue），病院管理勘定（Hospital Administration）にはFTE従業員数，広報勘定には総収益といった具合である。これらの部門のより良い活動尺度は，それらの部門をより適切なコスト・プールへと細分化しない限り，明らかにはならない。

データ上の問題としては，特定の間接費関数によって実行される活動は，病院間で同じではないことである。生産関数も病院間で異なるだけでなく，固定的資本の種類や取得時期も異なる。

コーディング・エラーと入力エラーは，病院のデータベースにおいて頻出する問題である。これには異常値を見つけ出して観察値のデータから除外する作業が必要である。全体で77個の観察値（約3%超）が除外された。

病院間で尺度の標準単位の定義が一貫しないという問題もある。それは，WSDOHが各病院の環境に合わせて尺度の標準単位の定義を修正することを許可しているからである。しかし，検証上で問題になるようなものは発見されなかったという。

3-2-3. 限界点の指摘

Noreen & Soderstrom (1994) は，この検証における限界点を自ら提示している。まず第1に，病院から報告される原価には，機会原価が含まれていない。報告された原価は活動に対して比例関係にはないが，機会原価を含めた原価合計は，活動に対して比例関係になる可能性もある。

第2に，全ての病院が全ての製造間接費勘定について報告しているわけではない。とくに規模の小さい病院では，行っている活動と行っていない活動があることと，ある活動の原価を他の活動の原価に含めてしまうケースが見られる。この問題は，病院管理勘定（Hospital Administration）で多く見られる。

第3に，活動に対して比例性が見出せなくとも，それは活動尺度が誤って特定化された症状であるといえる。これは，変数に関する誤差（errors-in-variable）

である，2つの原因が考えられるという。すなわち，(1) 活動尺度の特定化の誤りと，(2) 活動尺度は正しいが，その範囲に誤差を伴って測定しているという2つである。前者は，適切なコスト・ドライバーが選択されているか否かの問題である。後者は，ある製造間接費プールが実績ないし予算ではなくフル・キャパシティ (practical capacity) に対して比例する可能性を指摘している。この点について，病院では需要（患者数）の変動に備えて緩衝キャパシティ (surge capacity) を保持しておくという考えがあることが示される。ベッド数の少ない小病院ほど，未利用キャパシティを比率的に多く残しているというデータもあるという。しかしながら，WSDOH の資料からはフル・キャパシティがどれ位の量かを知る方法がないとのことである。

　第4の限界は，横断的データがない場合，ある特定企業の非比例的長期原価関数をどのように見積もるかという実務的な問題である。その目的には勘定分析や時系列分析が役立ち得るという。

3-2-4. 検 証 結 果

　Noreen & Soderstrom (1994) は，ワシントン州にある病院の横断的なデータを用いて，間接費が間接活動に対して正比例しているか否か（第2の条件）の検証を行っている。この正比例の仮定は，ほとんど全ての原価計算システムの核心部分であり，限界原価が平均原価に等しいと暗黙的に仮定するものである。検証の結果，正比例の仮説は，ほとんどの間接費勘定において棄却され得る（検証モデルの勾配係数は平均して $\beta<1$ であった）。勘定間で平均すると，活動の単位当たり原価は，約40％も限界原価を誇張しており，部門によっては100％超の場合もある。したがって，活動の単位当たり平均原価は，意思決定において非常に注意して利用されるべきである。

3-3. 1997年論文の分析

　Noreen & Soderstrom (1994) は，'長期の' 製造間接費が活動に対して比例しないという証拠を提出し，平均原価は限界原価を表さないことを示している。さらに大きなマージンを表すこともある。しかしながら，Noreen &

Soderstrom (1997) によると,平均原価が限界原価を表さないということは,Noreen & Soderstrom (1994) よりも深刻であることが分かったという。時間の経過に伴って技術と知識が改善する場合には,横断的なデータを使って見積もった'長期の'原価関数は,操業の規模が変化するにつれて組織が実際に経験する限界原価を表さない。このような'学習する組織'は,大きな組織のミスを繰り返さない。

未だ検証されていない重要な問題は,単一予算期間での活動の観点から本当に変動的である製造間接費がどの程度あるかという点である。ここでは,横断的でなく,製造間接費の時系列のビヘイビアを検証する。

3-3-1. 検証のデータ

1977年から1992年までの108病院の平均についての詳細な原価,収益,活動のデータベースを用いる。WSDOHでは36個の間接費勘定を指定しているが,16個の勘定を検証の対象とした[6]。それぞれの勘定は,WSDOHによって選択された尺度の標準単位と呼ばれる活動尺度を用いている。たとえば,規定食勘定では患者食提供回数が活動尺度になっている。この尺度の標準単位による活動尺度は,Noreen & Soderstrom (1997) によると,ほとんどは合理的な要約情報と考えられるという。さらに,これらの活動尺度は,管理会計目的にも利用されているとのことだった。

病院から提出されたデータは,WSDOHによって異常値を除外されている。しかし,そのデータベースにはコーディング・エラーや入力エラーが含まれていると考えられる。このような誤差が存在するため,異常値に対して敏感には反応しないように検証する。

3-3-2. 検証モデルの概略

Noreen & Soderstrom (1994;1997) は,「意思決定において利用される平均原価が,しばしば,'長期的には全ての原価が変動的である'という主張の下で正当化される」(Noreen & Soderstrom 1994, p.257) という論題ないし仮説の検証を1つの意図として持っているようである。そのために,検証されるモデルとして単期間モデルと,多期間モデルが利用された。

まず，単期間モデルでは，第 t 期におけるコスト・プール別の見積原価と実際原価の差額を，第 t 期の実際原価と第 (t-1) 期の実際原価との差額の絶対値で除した値を標準予測誤差 Z_t とし，比例原価モデルが原価の変化を正しく予測する場合には $Z_t=0$ となる。$Z_t<0$ の場合には比例原価モデルでの予測原価は低く見積もられ，$Z_t>0$ の場合には比例原価モデルでの予測原価は高く見積もられたことになる。また，インフレーションも考慮し，医療消費者物価指数 (the medical care consumer price index) にしたがって近似値を求めている。

多期間モデルにおいては，第 t 期において活動量の変化によって実現した原価の資源利用割合 δ_t を考慮して原価関数のモデルを設計し，あるコスト・プールの第 t 期の見積原価を求めている。これを多期間比例原価モデルと呼んでいる。このモデルにおいて，第 t 期における資源利用割合が $\delta_t=1$ の時（第 t 期以外の期間の資源利用割合 $\delta=0$），単期の比例原価モデルと一致するという。また，検証には任意の連続する 2 期間の比例原価モデルから始められている。また，単期間モデルと比較してモデルの改善がごく僅かであったため，任意の連続した 3 期間以上を対象とした検証を必要としなかったとのことである。

さらに，多期間比例原価モデルに自然対数式を当てはめ，回帰分析によって製造間接費の変動費率がどの程度であるかの検証も行っている。この回帰分析による検証では，コーディング・エラーおよび入力エラーの影響を受けやすいという欠点もあるという。

3-3-3. 限界点の指摘

Noreen & Soderstrom (1997) においても，検証における限界点を自ら示している。まず第 1 に，病院から報告される原価には，機会原価が含まれていないということである。この点については，Noreen & Soderstrom (1994) の限界 (1) と全く同じといってよい。

第 2 に，データに関するコーディング・エラーまたはその他のエラーがあることである。非回帰の検証は，確率的誤差の影響を受けにくい。しかしながら，回帰の検証は，これらのエラーに対して潜在的に非常に敏感である。選別されたデータを用いても，選別し切れなかったいかなるデータも原価の比例性

の見積りに悪影響を及ぼす可能性がある。

　第3に，活動に対して比例性が見出せなくとも，それは活動尺度が誤って特定化された症状であるといえる。この点は，Noreen & Soderstrom (1994) の限界 (3) と同じと考えてよい。

　第4には，病院間で異なる原価システムを利用していたら，異なるように原価が変化することもあり得る。ワシントン州内の病院が既に利用している原価システムとABCとが部門のレベルでどのように異なるのか明らかではないが，その場合には異なる原価ビヘイビアを示すだろうとされている。ただし，活動から見て原価がより変動的になれば，アウトカムが'より良い'だろうと信じることは困難であるという。

　第5に，多期間比例原価モデルにおいて導入された資源利用割合が一定でないとき，Noreen & Soderstrom (1997) の検証は，比例原価モデルに対するバイアスがかかるという。単期間モデルと比較して改善された点が僅かしかないと自ら指摘しつつ，さらに多期間モデルによって研究の限界が増している。

　第6に，製造間接費配賦率の分母に利用される活動尺度の性質に対して注意が必要ということである。ABCのようにフル・キャパシティを活動尺度の適切な分母として用いるべきであると言う指摘が見られるが，実務では実際ないし予算キャパシティを分母に用いられているようだと指摘されている。

3-3-4. 検　証　結　果

　Noreen & Soderstrom (1997) の検証の結果，対象となった数年間の病院の間接費勘定において，ほとんど変動的原価がないという証拠を得た。もし，全ての原価が変動的で，活動に対して比例的であると仮定するモデルと，全ての原価が固定的であると仮定するモデルとを選ぶ必要があったら，通常は，固定費モデルの方がより正確であるという。病院における間接費勘定の変動的原価の比例性は，ほぼ50％以下であり，平均すると20％程である。結果として，比例性を仮定するABCのような原価計算システムから提供される原価は，意思決定目的や業績評価目的のための増分原価データを到底表すものではないと指摘されている。

第4章 コスト・ドライバーと製品別計算　159

3-4. 各検証の限界点の検討

本節では，Noreen & Soderstrom（1994；1997）の見解について検証してきた。それらの結論は，いずれも原価計算システムから得られる情報が適切な増分原価データを表さないということだったが，それぞれに提示された限界点の中に興味深いものがある。まず限界点について整理すると図表4-1のようになる。

図表4-1：Noreen & Soderstrom（1994；1997）の示す限界点

番号	94論文	97論文	限界の内容
①	限界(1)	限界(1)	検証の対象となった原価は病院からの報告用データであり，他部門に用役を提供する際の機会原価等を含まない
②	限界(2)	―	病院毎に同じ製造間接費勘定について報告しているわけではない
③	限界(3)	限界(3)	活動尺度が誤って特定化された症状
④	限界(4)	―	部門横断的データの欠乏における特定企業の非比例的長期原価関数の見積についてどのようにするかの実務的な質問
⑤	―	限界(2)	コーディング・エラーないし入力エラーの影響に関するもの
⑥	―	限界(4)	異なる原価システムを利用していたら，異なるように原価が変化する
⑦	―	限界(5)	多期間モデル(12)における重みδtが一定でないとき，検証は，比例原価モデルに対してバイアスがかかる
⑧	―	限界(6)	間接費配賦率の分母の選択問題

図表4-1の①について，一般に，原価計算システムから得られるデータを意思決定目的で利用する際に，種々の目的および様々な状況に適応させて加工ないし変換する必要がある。会計情報を利用する際には不可欠である。この点は，Noreen & Soderstrom（1994；1997）の検証の限界を示すものではなく，また，情報を提供する原価計算システムの構造上の問題でもない。原価計算システムから得られる情報を利用する側の問題である。

②，⑤，および⑥における点は，この種の実証研究における問題点であると言えよう。実証研究における精度を高めるためには，これらの問題点ができるだけ生じないように仮説を設定するといった工夫が必要であろう。しかし，そ

れは本書における問題意識とは無関係である。ただし，②については，小規模の病院において，ある活動の原価を別の活動の原価に含めてしまう場合には，複数の活動の原価が1つの括りの活動として測定することによる誤差が生じる可能性もある[7]。その場合には③にも関連する。また，⑤については，Noreen & Soderstrom (1994) でも本文中では指摘されていたものの，限界点としては取り上げられていない。その他にも大小の病院間の格差等がある旨が指摘されている。

④および⑦は，それぞれの研究における仮説を検証するために設定されたモデルの限界である。本書における問題意識とは無関係であるが，この点も研究における精度を高めるような仮説の設定ないしモデルの設定が必要になろう。

本書における問題意識と大いに関連する点は，③および⑧である。この2点は，原価計算の構造上とくに重要なポイントであるといえよう。ここでは③および⑧をマージしてから，2つのポイントに区分して，検討を行うこととする。第1のポイントは，コスト・プールの細分化とコスト・ドライバーの選択に関する問題で，次章において説明する Datar & Gupta (1994) が示す特定化誤差および統合化誤差に関連する。片岡 (2003b) でも示されている通り，これらの誤差は，活動の設定のミスとコスト・ドライバーの選択のミスから生じる製品原価の誤差概念である。これらの誤差が生じないように適切に原価計算システムが設定されていない限り，Noreen (1991) の第2の条件を満たすか否かについて検証をどんなに行っても，結果は同じになるといえよう[8]。Noreen & Soderstrom (1994：1997) では WSDOH に提出された標準ないし規定の勘定とコスト・ドライバーを基礎に各病院で設定しているものを検証の対象データとして扱っていることから，この問題がとくに生じる可能性を指摘できる[9]。さらに重要な点は，正確な製品原価の計算を志向して活動プールを細分化し，細分化された活動別に適切なコスト・ドライバーを選択しようとする場合，コスト・プール間で資源を共通で使用することにより，相対的にコスト・プール共通費が多くなってしまうというジレンマの問題である。したがって，このようなジレンマに関する考察を行った上で検証を行わない限り，同様の限界が指摘

されるだろう。この視点から見ると，Noreen & Soderstrom（1994；1997）の成果が左右される可能性があると考えられる。

　第2のポイントは，製造間接費配賦率の分母とキャパシティに関する問題である。原価計算プロセスを平均化のプロセスとするならば，その分母・分子を質的にも量的にも適切に対応させ決定することは，原価計算プロセスの適切性に影響を与える重要なポイントであろう。これは，コスト・プールを細分化する理由の1つでもある[10]。Cooper & Kaplan（1992）は，ABCでは通常はコスト・プール別製造間接費配賦率の計算式の分母にはフル・キャパシティを使うべき旨を述べている。ABCは資源利用モデルであるから，資源の利用可能量に占める原価計算対象からの需要に応じた資源の利用量を把握するためである。しかし，必ずしも必須の要件であるとは述べていない。ABCの本質に影響する部分ではないと考えられているのかもしれない。これに対して，Noreen & Soderstrom（1994；1997）は，検証には実際利用量ないし予算利用量を配賦率計算式の分母に用い，活動尺度に用いた旨を述べ，ABCの予測能力の正確性を確保ないし改善するためにはフル・キャパシティを用いるべきだと指摘している。とくに病院という業種の場合は，敢えて予備の未利用キャパシティとして緩衝キャパシティを保持しておくことが多いので，その必要性が高いという。その意味で，Noreen & Soderstrom（1994；1997）の主張は理に適っており，少なからず重視すべきであると考えられる。今後の研究課題といえよう。

　以上より，これらの③および⑧に関する点は，原価計算システムの正確かつ適切な増分原価データの提供可能性の観点から，Noreen & Soderstrom（1994；1997）の成果に重大な影響を及ぼす可能性があると考えられる。また，NoreenとSoderstromの焦点がNoreen（1991）で示された第2条件の検証にあり，コスト・ドライバーに対して各コスト・プール別原価が線形的になっているか，かつ，その場合の原価関数が正比例になっているか（切片が0であるか）に関心があるといえる。この点は，Noreenの見解を特徴づける重要な点であるといえよう。

第4節　コスト・ドライバー・レートの設定：Demskiの見解

4-1. Demski (1997) の見解
4-1-1. 線 形 近 似

　Demski (1997) は，まず例示として交通費を労務費の関数で表せるものと仮定し，推定原価曲線を求めている。この曲線は，労務費が0になった場合にも交通費が0にはならず，労務費と交通費とは完全な比例関係にあるわけではない。

　Demski (1997) によると，会計の手続は，例外なく組織における原価曲線の様々な構成要素の近似から始まる。これらの近似には，通常，線形近似が利用される。この近似の技術を局所的線形近似 (Local Linear Approximation：LLA) と呼ぶのである。ここで，"local" という用語が用いられる理由は，近似が広い区間にわたっての正確性の保障がないからである。特定の区間においてのみ，合理性を持つのである。つまり，制限された区間や局所的なレンジにおいて十分に正確であることが推定されている。この範囲がレリバント・レンジと呼ばれる。レリバント・レンジとは，「コストとコスト・ドライバーとの特定な関係が有効であるコスト・ドライバー活動の範囲」(Horngren et al. 2002, p.45) であり，原価関数を利用して何らかの情報を得ようとする場合には，非常に重要な概念であるのは言うまでもない。

　例えば，労務費（説明変数）が $650,000 で交通費 $32,000 という場合のLLAは，正比例を仮定すると，交通費＝0.049×労務費 という形で表されることになる。したがって，交通費の推定原価曲線と線形近似を次の図表4-2のように表すことができる[11]。

　図表4-2からも明らかなように，推定原価曲線と線形近似とは，労務費が $650,000 の近辺のみで接近している。重要なことは，労務費が0になったとしても，交通費は0にはならないということであり，労務費に対して正比例するものではないということである。

図表４－２：推定および近似交通費曲線

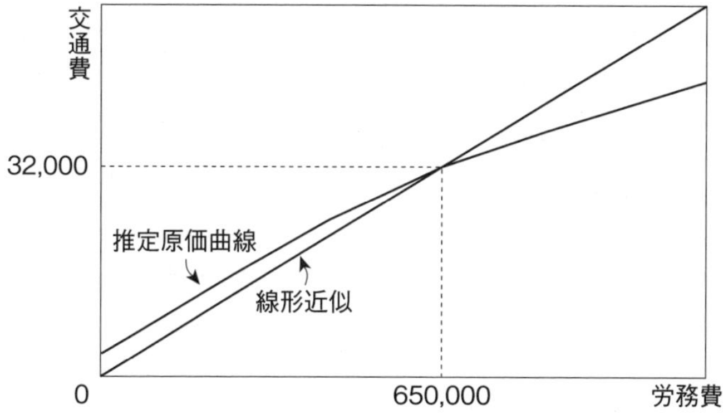

それにもかかわらず，会計上の LLA の重要性は，次の３点からもたらされる。

第１に，原価曲線が明らかでない点である。推定原価曲線は創作されたもので，座標平面上の１点以外は不明である。上述の例示においては，図表４－１における労務費が $650,000 の時に交通費が $32,000 ということのみが明らかなのである。確かに，過去の会計期間におけるデータを集めて利用できるかもしれない。にもかかわらず，原価計算実践ではエコノミストが推定することから始まるのである。

第２に，たとえ原価曲線を知っていたとしても，実務的な見地から近似値を使用する。あるポイントを超えると，詳細な記録をすることの便益は逓減する。詳細な記録をとることを諦めれば，近似値に頼ることになる。結局は，LLA が選択されるのである。

第３に，会計システムは誠実性を維持しなければならないということである。すなわち，検証可能性が重要なのである。原価情報の源となる証拠書類と計算の検証が可能でなければならない。線形性の算出は，比較的に検証しやすい。

4-1-2. 集　　約

費目が必要以上に詳細に設定され記録されている場合，マネジャーにとって

理解しづらいデータの配列に過ぎない。Demski (1997) の例示では, Ralph 社における消耗品という費目が採り上げられている。その総額は $48,000 であるが, 内訳には事務用品費他, 種々雑多のあまり重要ではない項目が含まれる。要するに, 集約 (aggregation) とは, 収集された原価を区分 (categorize) することを指している。LLA を求めるには, 集約という概念が前提となる。ここでも, 集約の範囲についての選択の問題が生じる。そして, 集約をした上で, 消耗品費総額がどのように変化するかを表す1つ以上の説明変数を捜すことになる[12]。異なるアイテムをグループ化するのだから, 本来的に, これは近似に他ならない。

1つないし複数の説明変数を選択して LLA に用いる。この方法で, 原価がどのように変化するかを近似的に表現して製品原価データを構築するのである。Demski (1997) によると, この時の結びつきは, 直接的なものと間接的なものがあるとされている。原価関数の構成要素で利用される説明変数は, 製品自身かもしれないし, 中間的ないし総合的なものかもしれないのである。これは, 原材料費や直接労務費のような直接費も, その他の製造間接費についても, 各カテゴリ別 (コスト・プール別) の LLA をもって説明できるものと解することができよう[13]。

4-1-3. LLA という手法

線形近似によると, 原価関数は $y=f(x)=a+bx$ という形で表される。ここで, y を消耗品費総額とし, 説明変数 x を労働時間とすると, 仮に $a=0$ ならば消耗品費総額は厳格に変動的といえ, $b=0$ ならば消耗品費総額は固定的といえる。また, $a \neq 0$, かつ, $b \neq 0$ ならば, 消耗品費総額は固定的部分と変動的部分を有しているといえる。ただし, Demski (1997) によると, ここでの a は単に LLA の切片に過ぎず, b は単に LLA の傾き (勾配) に過ぎないということが強調される (Demski 1997, p.92 ; 他)。通常, 切片 a を原価の固定的要素と呼び, 傾き b を単位当たり変動原価要素と呼ぶ。LLA において説明変数 x の範囲がレリバント・レンジに制限される場合に, b が原価要素の限界原価の合理的な近似となる可能性がある[14]。これが切片 a と傾き b を用いた LLA という手

法を Demski (1997) が強調する理由である。Demski (1997) によると，このLLA は，状況に応じて，ある特定のコスト・カテゴリについて 1 つ以上の説明変数を利用することもあり得るし近似が非線形の場合もあり得るが，同じレシピに基づいており，製品原価が構築されるための一般的な方法であると述べられている。

要するに，Demski (1997) は，原価計算の基本構造内の各プロセスを経営目的および状況に適合させる方法を明らかにしている点で注目に値する。

4-1-4. LLA の数値例

本節では，各コスト・カテゴリ別に，LLA は $y=f(x)=a+bx$ という形で表されることを示し，この場合，レリバント・レンジにおいて傾き b が原価要素の限界原価の合理的な近似となる可能性がある旨を指摘した。原価計算システムにおいて製造原価を製品に割り当てるためには，LLA において限界原価を表す傾き b が原価配賦率になる。LLA の傾きを原価配賦率として利用する数値例を図表 4-3 に示す。

図表 4-3：数値データ

	製造原価	説明変数	LLA
製造間接費カテゴリ A	$96,000	直接労務費（$48,000）	$OV_A = 2(DL\$)$
製造間接費カテゴリ B	$42,000	直接材料費（$60,000）	$OV_B = 0.7(DM\$)$

	製品 1	製品 2	製品 3	合計
直接労務費（$）	12,000	18,000	18,000	48,000
直接材料費（$）	15,000	15,000	30,000	60,000

以上のデータより，次のように計算される。

製品 1 への製造間接費配賦額：$2 \times 12,000 + 0.7 \times 15,000 = 34,500$

製品 2 への製造間接費配賦額：$2 \times 18,000 + 0.7 \times 15,000 = 46,500$

製品 3 への製造間接費配賦額：$2 \times 18,000 + 0.7 \times 30,000 = 57,000$

製造間接費の各カテゴリ別 LLA の傾きは，通常，製造間接費配賦率と呼ばれる。ここでは，各製品別に要した実際直接労務費と実際直接材料費を用いて製造間接費配賦率を求めたが，見積配賦率を用いることもできる。この場合には，実際原価計算システムでは実際製造間接費配賦率が用いられるのに対して，予定製造間接費配賦率を用いた正常原価計算システムと呼ばれる。ここで，製造間接費カテゴリ A の LLA の傾き（予定製造間接費配賦率）を 2.1 とし，製造間接費カテゴリ B の傾きを 0.6 とすると，各製品への製造間接費配賦額は次のように計算される。

製品 1 への製造間接費配賦額：$2.1 \times 12{,}000 + 0.6 \times 15{,}000 = 34{,}200$
製品 2 への製造間接費配賦額：$2.1 \times 18{,}000 + 0.6 \times 15{,}000 = 46{,}800$
製品 3 への製造間接費配賦額：$2.1 \times 18{,}000 + 0.6 \times 30{,}000 = 55{,}800$

これらの配賦率の違いによって生じる差異は配賦率の設定ミスによって生じるが，異常なほど多額でなければ問題にはならない[15]。標準原価計算を行う場合にも，標準原価計算は正常原価計算の拡張であるとした上で，資源ないし原価要素の実際消費を記録して，コスト・カテゴリを選択して LLA を見積もり，見積数量と見積価格との積によって原価を製品に割り当てるという手続を経るのである（Demski 1997, pp.135-155）。

4-2. 直接原価計算と全部原価計算との相違

仮に，直接労務費が \$50,000 の時に製造間接費カテゴリ A が \$105,000 とし，この場合の製造間接費カテゴリ A の LLA：$OV_{A1} = 55{,}000 + 1(DL\$)$ を推定することができるものとする。同様に，直接労務費 \$50,000 に対して製造間接費カテゴリ A を平均化すると，前項における予定配賦率を用いた製造間接費カテゴリ A の第 2 の LLA：$OV_{A2} = 2.1(DL\$)$ を求めることができるものとする[16]。

ここで，これら 2 つの LLA の相違から，異なる製品原価の統計を構築することができる。すなわち，LLA の切片を製品原価ではなく期間原価として扱

うか否かということである。製造間接費を製品に割り当てる場合にLLAの傾きを製造間接費配賦率として利用し，残りの製造間接費を製品には配賦しないで期間原価として扱う。この製品原価計算の手続は，直接原価計算システムと呼ばれる。全部原価計算の下では，製品原価と期間原価の区別から始まり，製造原価は様々なカテゴリに集約され，各カテゴリはLLAで表現される。LLAはカテゴリ別の原価を製品に割り当てるために利用される。直接原価計算の下でも，同じ製品原価のカテゴリと同じLLAを利用するが，全部原価計算との唯一の相違は，各カテゴリのLLAの切片を期間原価とする点にある。ここでも，切片の取り扱いについての選択の問題が生じている。

　しばしば，直接原価計算は，製品に固定製造間接費を割り当てるのではなく費用化する原価計算システムであるといわれる。これに対して，Demski (1997) は次のように述べている。

　　「（もし直接費が完全に変動的であり），製造間接費のLLAの切片が固定費であれば，その見解は適切な記述であったろう。（中略）…，しかし，それは単なる偶然に過ぎない。これが基礎をなすLLAの傾きを利用して製造間接費を割り当てることを強調する理由である。」(p.122)

以上より，次のように考えることができよう。
　第1に，全部原価計算と直接原価計算との間の機械的な相違は，あまり重要ではない。いずれの計算システムにおいてもLLAの傾きをもって製品への製造間接費の配賦を行うに過ぎない。ただ，全部原価計算下では，LLAの切片の部分も平均化されて配賦されるだけである。
　第2には，どちらの原価計算技法がより良い見積りをもたらすかについての一般解は存在しないということである。各原価計算手続は，製品原価の統計を造る。手続，企業の原価曲線，投入要素が固定的か，および現状の産出レベルがどの程度かという点に依存して，ある原価計算手続ないしその他の原価計算手続は，より有用な統計を生み出すだろう。Demski (1997) は，この点に関連

して，直接原価計算では固定製造間接費を期間原価として扱うことが全部原価計算との相違であるということに対する反論であるとしている。製造間接費のLLAの切片が期間原価として扱われるに過ぎず，必ずしも固定費とは限らない旨が主張されている[17]。

第3に，単一のアプローチにこだわる必要がないということである。ある方法によると，製造間接費配賦率を固定的要素と変動的要素とに区分する。すなわち，LLAの切片と傾きとの構成要素を別々に識別して製品原価の割り当てを行うのである。例えば，製造間接費カテゴリAについての2つのLLAにおける傾きの差1.1（=2.1-1）が直接労務費当たりの固定的要素部分の配賦率になる。

4-3. 代替的な生産環境における基礎概念の利用

LLAは，生産環境や場面に合わせて常に調整される。そして，いかなる場面であっても，LLAの基本的な考え方は普遍的である。本節では，連産品を生産している場合，連続的な流れ生産の場合，および同じ方式によって異種製品を製造している場合に分けて，LLAの利用方法について検討する。

4-3-1. 総合原価計算における利用

総合原価計算は，生産工程が連続的ないし，それに近い状況において，用いられる原価計算技術である。この考え方によると，会計期間においての全産出量に焦点を当てる。製品毎の基準で原価の収集を行うのではなく，生産の工程に焦点を当てるのである。この意味で，生産の工程が個別原価計算システムにおける単一のジョブに相当する。

ここでも，これまでの方法と同様に，原価をコスト・カテゴリに区分・分類する。Demski (1997) の例によると，第1材料カテゴリ，第2材料カテゴリ，労務カテゴリ，および製造間接費カテゴリの4区分がなされている（図表4-4）。これらのコスト・カテゴリ別にLLAとその説明変数が用いられるのである。

一般的な考え方としては，各カテゴリをあたかも分割された製品のように扱うことである。ここでの複雑さは，説明変数別に適切な量を計算するときに生

第4章 コスト・ドライバーと製品別計算　　169

図表4-4：コスト・カテゴリの例

コスト・カテゴリ	製造原価（$）	仮定されるLLA
第1材料カテゴリ	600,000	$M_1 = 20q$
第2材料カテゴリ	250,000	$M_2 = 10q$
労務カテゴリ	405,000	$L = 15q$
製造間接費カテゴリ	1,819,000	$OV = 750,000 + 1.8L + 0.4(M_1 + M_2)$

じる。なお，コスト・カテゴリ別説明変数の適切量を各カテゴリ別の完成品換算量（equivalent unit of output）と呼ぶ。

ここで，当月中に30,000単位について生産着手し，25,000単位が完成，5,000単位が期末仕掛品として残ったとする。第1材料（主要材料等）は生産工程の始点で投入され，第2材料（最終パッケージング等）は工程の終点で投入される。したがって，第1材料カテゴリのLLAの傾きとなる完成品換算量当たり原価は，600,000/30,000＝20（円／着手された製品）と計算される。第2材料カテゴリにおけるLLAの傾きは，250,000/25,000＝10（円／着手完成品）と計算される。

また，労働用役は加工に応じて投入されるものとし，期末仕掛品進捗度は40％とすると，労務カテゴリのLLAの傾きは，405,000/(25,000×1.0＋5,000×0.4)＝15（円／当月中に着手された製品への労務用役）と計算される。製造間接費カテゴリについては，直接原価計算を適用するものとすると，労務費の180％と材料費の40％との合計で計算される。その計算結果を次の図表4-5のようにまと

図表4-5：期末仕掛品原価と完成品原価

	期末仕掛品	完成品	合計
第1材料カテゴリ	100,000	500,000	600,000
第2材料カテゴリ	0	250,000	250,000
労務カテゴリ	30,000	375,000	405,000
製造間接費カテゴリ	94,000	975,000	1,069,000
合計	224,000	2,100,000	2,324,000

められる。

　図表4-5より，完成品の単位当たり変動製造原価は，84円（=2,100,000円/25,000単位）と計算される。各コスト・カテゴリ別のLLAの説明変数に完成品換算量ないしアウトプットの換算量を用いるという総合原価計算におけるLLAの利用方法を示したが，期末仕掛品や期首仕掛品があるか否かのケースにかかわらず，適用可能である。

4-3-2. 複雑な生産環境下での活動基準原価計算における利用

　一般に，コスト・プールを細分化すること（集約を詳細にすること，ないしコスト・カテゴリの区分を小さくすること）によって，正確な製品原価の計算ができるといわれている。それぞれのコスト・カテゴリ別のLLAの説明変数を自由に選択できるからである。しかしながら，集約が詳細すぎても正確な製品原価を求められるとは限らないし[18]，その一方で，多くの異なるコスト・カテゴリが異なる説明変数を用いて最善にモデル化される場合には，集約を詳細化する方向へ傾くだろう。このような会計上のジレンマにどのように対処するのかという選択の問題が生じる。Demski (1997) によると，その答えは，ABCの考え方によって得られるとされている。

　ABCでは，特定の活動に焦点を当てることの重要性，かつ，その活動によって提供される用役に対する需要に関連させて製品原価の計算を行うことの重要性を強調している。この考え方にしたがって，製造間接費をいくつかのカテゴリに区分する。Demski (1997) の例示では，4つの製造間接費カテゴリが設定されるとともに，それぞれのLLAを求めている。各カテゴリ別のLLAの説明変数について，第1のカテゴリには直接労務費を，第2のカテゴリには直接材料費と取引回数を，第3のカテゴリには複雑性を表す指標を，そして第4のカテゴリには段取り回数を選択している[19]。ここで，複雑性とは，製品多様化によるシステムの複雑化を意味しており，工学的グループの異なる需要を反映したものである。その指標は，主観的評価，組立オペレーションの回数，ないし工学的な記録から求められる。

　ここでの集約とLLAの選択は，同質的な活動ドライバーによって説明され

なければならない (Kaplan & Cooer 1998)。活動ドライバーが適切に選択されると、製品単位、製品バッチ、製品種類、および工場維持といった各レベルの階層をもつ原価計算環境に適合することができる。この点が製品原価計算研究にもたらしたABCの最大の貢献であるといえる[20]。

4-4. 選択問題と生産環境

　本節で強調されていることは、ある原価計算手続が明らかに他のある原価計算手続よりも優れているとは結論づけるべきでないということである。代わりに、直面する環境において利用される原価計算手続を理解することが重要である。本節では、3つの原価計算手続に対しての分析を行った。いずれの手続においても、様々なコスト・カテゴリに対するLLAにおける説明変数の選択の問題が製品原価計算における基本的な因子であることがわかった。それと同時に、原価計算を適用する生産環境に適合して、各カテゴリ別のLLAの説明変数とをどのように選択するべきかがわかった。原価情報のもつ完全な意味を理解し、利用するためには、どのようなシステムから算出されてきた数値かを理解しなければならないのである[21]。様々な生産環境で原価計算を行う場合にLLAという1次関数の考え方を用いることによって、限界原価ともいうべき、説明変数単位当りの増分原価または原価配賦率を算出することが可能となる点でDemski (1997) の貢献を指摘できよう。

　このことは、例えば、生産量、バッチサイズ、または製品設計特性（部品数、製造の複雑性等）における変化によって変動する原価を適切に把握することが可能になるということを示している。これは、例えば「製品原価計算システムの正確性は、様々な意思決定に伴って原価がどのように変化するかに依存する」(Zimmerman 2000, p.446) と指摘されている通りである。また、原価改善のように日常的に行われる生産活動に対する微細な改善を測定するためには、そのドライバーと原価との関係を把握することが不可欠であるといえよう（片岡2008）。さらに、機会原価に関連して次のように考えることもできる。ある企業における2製品の生産数量が $q_1=80$, $q_2=20$ で、生産能力100をフル操業

で生産していると，第1製品を1単位増産する場合には，第2製品の生産量を減らさなければならない。この場合，追加となる原価は，第1製品の単位当り増分原価から第2製品の単位当り増分原価を差し引いた額と，第2製品を減産することによって失われる収益との和と考えることもできる (Demski 1997, p.205)。製品原価計算システムのフレームワークから，このように様々な情報を提供することもできるのである。

本節では，会計担当者によって，製品原価計算システムにおいて，どのようにしてLLAが識別され，原価が配賦されるのかを見てきた。重要なことは，LLAの識別が判断ないし選択の問題であると理解することである。その選択，すなわち集約という原価の区分（製造直接費と製造間接費との区分等）の選択やLLAとその説明変数の選択（直接労務費か機械稼働時間かの選択）は，決して簡単なものではない。製造工程についての詳細な知識を有していれば，説明変数はより妥当になる。その一方で，集約と説明変数とは決して完全には明らかではない。それらの選択次第で個々の製品原価の統計に劇的な影響を与えるのである[22]。

いずれにしても，Demski (1997) は，レリバント・レンジ内における説明変数（コスト・ドライバー）と原価との関係を重視している。このことを，原価計算システムが種々の意思決定に資する基礎原価データを提供するための要件と考えているともいえよう。

第5節　見解の相違と本章のまとめ

本章では，コスト・ドライバー分析に関する研究の動向から，それをいかにして利用するかを明らかにした。

まず，主に1990年代前半に行われたコスト・ドライバー分析に関する実証的な研究について，本章ではFoster & Gupta (1990a) およびBanker & Johnston (1993) を採り上げた。この2編は，コスト・ドライバー分析に関する研究においては必ずといってもいいほど参照される文献である。Foster &

Gupta (1990a) は，ある電気製品メーカーの37工場におけるデータを用いて実証研究を行った結果，ごく一部を除いて，操業度関連のコスト・ドライバーと製造間接費との間に強い相関関係があるという証拠を導き出した。一方，Banker & Johnston (1993) は，Foster & Gupta (1990a) が実証的証拠を提供した最初の研究であると評価しながらも，アメリカの航空産業におけるデータを用いて，操業度関連コスト・ドライバーのみならず，製品の多様性や生産工程の複雑性を考慮した非操業度関連のコスト・ドライバーも重要な相関を示すという実証的証拠を示した。これらの研究は，製造間接費とコスト・ドライバーの関係について分析したのみに過ぎず，現代の原価計算の発展に大きな貢献をもたらしたとは言い難いと評価せざるを得ない。

一方，これらの研究とは異なるアプローチをしたのが Noreen & Soderstrom (1994；1997) である。彼らは Noreen (1991) で示された第2条件（各コスト・プール別原価が活動に対して正比例すること）をワシントン州内にある病院の原価計算システムを対象として実証研究を行っている。すなわち，原価計算システムから得られる原価データが種々の意思決定に利用可能であるか否かという視点を有しているのである。したがって，検証には各コスト・プール別原価関数の正比例性（原価関数の切片が0）が重視され，その結果は，原価関数が正比例していないので病院の原価計算システムから得られる原価データは種々の意思決定には有用ではないというものであった。彼らのアプローチは，適切な原価データを提供するための原価計算システムにおけるコスト・ドライバーの役割を分析したという点で高く評価できる。ただし，彼らが平均原価によって限界原価を求めようとしていた，もしくは代替しようとしていたことには注意してよい。

また一方で，Demski (1997) のアプローチも興味深いところである。Demski (1997) は，企業内における各活動のレリバント・レンジの観点から，その範囲内で線形近似できれば良いという立場をとっている。その範囲内で求められる原価関数の傾きないし勾配が，種々の意思決定に資する基礎原価データとなると考えているのである。Demski のアプローチは，これまでのコス

ト・ドライバー分析の研究にはない，レリバント・レンジにおけるコスト・ドライバーおよびコスト・ドライバー・レートの役割を示し，原価計算システムが有用な原価データを提供し利用するための礎を示している。この点は高く評価されなければならない。

ここで，Noreen の見解と Demski の見解に決定的な相違を見ることができる。Noreen は各コスト・プール別原価関数の正比例性を重視しており，したがって，Noreen は各コスト・プール別原価関数が線形で，かつ，切片が0でなければならないと述べている。さもなければ平均原価と限界原価とが一致しないからである。一方，Demski は各コスト・プール別原価関数のレリバント・レンジ内における線形近似のみを重視しており，Demski は LLA の切片が0か否かには無関心なだけではなく，全く重要な問題とは考えていない。

この両者の差には，次のような視点の相違があると思われる。すなわち，Noreen は原価計算プロセスを単なる割り当てのプロセスとして考えており，平均化のプロセスであるとしているのに対し，Demski は原価関数を種々の目的に適合させて，レリバント・レンジにおける限界原価を利用することを意図していることである。たしかに，Noreen も原価計算システムの基本構造を原価関数の概念を導入して分析したという意味では非常に高く評価されて然るべきと言えるが，正比例性を前提としている限り，単に各コスト・プール別に集計された原価をコスト・ドライバー量で除して，単位当たり平均原価たるコスト・ドライバー・レートを求めるという手続が行われる。この点は，第1章の(1-4) 式および Noreen (1991, p.162) からもうかがい知ることができよう。一方の Demski (1997) は，全24章中，LLA の導出を第5章に据え，その後の議論全般にわたり LLA に基づく限界原価を利用して意思決定会計および責任会計へ展開している。したがって，原価関数のレリバント・レンジにおける勾配は，限界原価を表し，説明変数1単位あたりの増分原価データとして製品原価の算定目的ならず，種々の目的に利用されるのである。その意味でも，Demski (1997) は，とくにレリバント・レンジの重要性を強調している。

このような見解の相違について，例えば，強度ドライバー (intensity driver) と

第4章　コスト・ドライバーと製品別計算　175

呼ばれるコスト・ドライバーに関する研究が進むと見解の相違が解消される可能性もある[23]。また，各コスト・プール別の原価関数におけるレリバント・レンジにおける限界原価と，平均原価とが等しくなる場合には，見解の相違は問題にはならないものと考えられる。これが Noreen 等が目指していた方向性なのかもしれない。

　以上の議論には，見解の相違以外にも問題が山積していることを忘れるべきではない。本章における検討は，いずれもコスト・プール別の原価が正確に計算されていることを所与として展開されている。一般にも，製品別計算における正確性を志向してコスト・プールを細分化すると，コスト・プール別計算の段階において共通費が相対的に増大してしまう問題がある。

　次章において，この問題について Datar と Gupta の研究により提起された論点を関連付けて検証してみたい。

1　とくに，コスト・ドライバーの設定数の問題は，システム選択論のために，しばしば測定コストとの関連で回帰分析を用いたモデル化によって議論が展開されることが多い。
2　その他の条件については，本書の第1章を参照されたい。
3　複雑性と効率性を十分に抽出するための変数の識別の問題や，複雑性と効率性の変数の異なる工場間で一貫した尺度の開発の問題が残されていることが指摘されている（Foster & Gupta 1990a）。
4　もし $C=pq^\beta$ とすると，平均原価 AC は $AC=C/q=pq^{\beta-1}$ であり，限界原価 MC は $\Delta C/\Delta q$ であり，$MC=\beta pq^{\beta-1}=\beta AC$ である。したがって，$\beta=MC/AC$ である。
5　36個全ての勘定を用いることができない理由には様々な原因がある。いずれの病院でも使用されていない勘定が7つある。ごく僅かな病院でしか使用されていない勘定が5つあり，有意性のある横断的分析には堪えない。さらに，購買と現職看護婦教育（Nursing Inservice Education）という2勘定における用役の単位と，原価との間の関係が不安定であり，ここでは報告されない。
6　残りの20勘定については，データが少なすぎると判断されたようである。
7　本書第5章および Datar & Gupta（1994）の統合化誤差を参照されたい。
8　特定化誤差および統合化誤差をなくすためには，コスト・プールが十分に細分化され，かつ，適切なコスト・ドライバーが選択されていなければならない。部分的な改善では，正確な製品原価は全く求められないことも注意すべき点である（片岡 2003b）。
9　しかしながら，Noreen & Soderstrom（1997）では，ABC を用いれば WSDOH の要求よ

りもコスト・プールとコスト・ドライバーの設定が適切にできるかは明らかではないと指摘している（p.108）。
10 製品別計算も，平均化のプロセスにおける分母の大きさの違いによって個別原価計算から単純総合原価計算まで連続的に多様な形態を有している。
11 Demski（1997）p.89 における図表 5-1 を参照のこと。
12 一般的に，これらの説明変数は，近時の会計学，マーケティング，経営学の文献では，コスト・ドライバーと呼ばれている。しかし，Demski（1997）は，その用語が自分の感覚よりも，少々，流行的過ぎると感じているようである（p.91 脚注 10）。
13 Demski（1997, p.93）では，原価のカテゴリを 7 つに分け，カテゴリ 1-3 を直接費，4-5 を間接費．そして 6-7 を期間原価として扱う例を示している。
14 この点について，Demski（1997）は，"may" という表現を使っている。それは，あくまで可能性を意味するのであり，不可避ではないことを強調している（p.93）。
    また，Noreen（1991）は，その傾き（配賦率）が増分原価の変化率であると定義した上で，原価計算システムが意思決定に資する基礎原価データを提供するための 3 つの条件を示している。
15 通常の企業は適当な配賦率を見積もるために十分な経験を有しているため，このような問題は生じないとされている。
16 いずれの LLA においても，原価曲線の近似である以上，説明変数である直接労務費がレリバント・レンジ内にある時にのみ合理性を有していることを忘れてはならない。
17 Demski（1997）p.124 脚注 18 を参照のこと。
18 もし，コスト・カテゴリを製造直接費のカテゴリと製造間接費カテゴリ 1 つに留めれば，正しいカテゴリにおける中間の原価を正しく分類する良い機会が得られる。また，間接費カテゴリの数を拡張することは，分類ミスを生じさせる可能性が増大する（Demski 1997, p.219）。この点に関連する文献として，Datar & Gupta（1994）他を参照のこと。
19 Demski（1997）p.220 を参照。とくに，ABC におけるコスト・ドライバーの選択問題については，Cooper（1989a），Hwang et al.（1993）他を参照のこと。
20 Cooper（1990），Kaplan（1990a），片岡（2001）他を参照。
21 Anthony et al.（1985）p.251 にも同旨。
22 この場合にも，会計担当者と現場担当者との直接的で緊密な連携やコミュニケーションが不可欠である（片岡 2010a）。
23 強度ドライバーについては，Kaplan & Cooper（1998）pp.97-98 等を参照のこと。

第5章　コスト・プール別計算と製品別計算の関係の分析

第1節　問題の所在

　一般に，より正確な製品原価を計算するためには，コスト・プールを細分化するアプローチが採られる。ABCも活動単位の別にコスト・プールを細分化する。このアプローチによると，①原材料を加工する際に受けた作業のコストのみを負担させることが可能であり，および②各活動別にそれぞれのコスト・ドライバーないし配賦基準を選択することができるので，より正確な計算を行うことができる。ただし，これらの点が，いずれも製品別集計段階に焦点を当てたものであることに注意すべきである。この場合，コスト・プール別原価は，コスト・プールをいかに細分化しようとも正確に計算されることが前提となっている。この前提に対して疑問を投じたのがGupta (1993) とDatar & Gupta (1994) である。

　Gupta (1993) は，(ⅰ) 製品の異質性，(ⅱ) 配賦尺度の異質性，および (ⅲ) 活動間における製品の資源利用の異質性，それぞれの異質性の程度がコスト・プールの細分化の程度に応じて製品原価にどのような影響を与えるのかを分析している[1]。化学産業企業であるChemco社と電子産業企業であるComputronics社のフィールド・データを分析の対象として，コスト・プールの細分化のレベル別に製品に配賦された原価差額のレベルと，それぞれの異質性の程度との間における相関関係を検証している。

また，Datar & Gupta (1994) は，次の点を検証している。すなわち，(1) 原価計算システムにおける配賦基準の特定化の部分的な改善およびコスト・プールの設定数の増加は，特定化誤差および統合化誤差を大きくすること，さらに(2) コスト・プールを細分化して適切な配賦基準を用いて特定化誤差と統合化誤差を減少させることは，測定誤差を増加させ，その結果，製品原価の誤差を増加させる可能性があるということである。なお，特定化誤差はコスト・プールの製品別配賦基準によって生じる誤差，統合化誤差はコスト・プールを統合することによって生じる誤差，測定誤差はコスト・プール別集計段階における誤差をそれぞれ示している。

　本書の第1章において Noreen (1991) の知見から原価計算システムにおける基本構造内の各プロセスが備えるべき要件を明らかにしたが，さらに Datar と Gupta の見解に基づいて，その要件と上述の問題を関連させて考察する必要がある。なぜならば，Noreen (1991) が提示した3つの条件は必ずしも相互に独立した関係であるとはいえず，各条件間の関係が十分には議論されていないからである。したがって，これらを原価計算の構造上の問題と照らし合わせて検討する必要があるといえよう。

　したがって，本章では，原価計算システムから得られるデータが意思決定に資するために，Gupta (1993) および Datar & Gupta (1994) の見解にしたがって，Noreen (1991) が提示した条件間の関係を分析する。そのために，本章では，これら2つの論文がコスト・プールの設定の仕方によって生じる「相殺」に着目する。まず次節では，Gupta (1993) が行った仮説検証を通して，計算上で生じる相殺についての意義と知見を明らかにし，第3節では Datar & Gupta (1994) の示す正確性と誤差との相殺についての意義と知見を明らかにする。第4節では，Noreen (1991) の示す条件間の関係を分析し，いかにして計算の正確性を確保するかについて検討する。

第5章 コスト・プール別計算と製品別計算の関係の分析　179

第2節　製品原価差額の相殺：Gupta（1993）の見解

　Gupta（1993）は、3つの仮説を検証するために異質性および歪みに関する尺度を設定した。本節では、その仮説検証の過程から明らかになる差額の相殺について検討する。

2-1. 異質性および差額に関する尺度と仮説検証の過程

　Gupta（1993）では、分析にあたり、統合化および細分化コスト・プールの下で計算される製品原価の差額と、3つの異質性要因との間に正の関連があるという次の3つの仮説が設定される[2]。

　いずれも、統合化コスト・プールにおいて原価が収集され配賦される時に、

H1：コスト・プールの統合化によって生じる製品原価の差額は、活動間での製品の資源利用における違いによる製品内の異質性の増加に応じて増加する。

H2：コスト・プールの統合化によって製品に配賦される個々の活動の原価における差額は、活動での配賦尺度と統合化コスト・プールでの配賦尺度との間の異質性の増加に応じて増加する。

H3：製品間の異質性が大きくなるほど、活動レベルで製品へ配賦された原価と、統合化コスト・プールから製品へ配賦された原価との差額が大きくなる。

　Gupta（1993）は、これらの仮説を検証し、コスト・プール統合化のレベルの相違によって製品に配賦される原価の変化、および変化をもたらす要因について分析するため、異質性の尺度と製品原価の歪みの尺度を導入している。

　まず、異質性ないし同質性尺度について次の3つの概念を導入している。

(1) 製品内（intra-product）の同質性

　統合化コスト・プールから原価が配賦される時、単一の配賦尺度がコスト・

プール内の各活動での製品jの単位当り資源利用量の代理になる。この単一の配賦尺度は，活動レベルの各コスト・プールにおける各配賦尺度が等しい場合に限り，正確な代理になり得る。すなわち，ある製品について，統合化コスト・プール内の各活動における資源利用率が異なる場合，資源利用の単一の統合尺度は，活動原価の製品への過大／過小配賦をもたらす（統合化コスト・プール内の各活動別配賦基準が互いに等しいか否かの条件）。

(2) 原価配賦基準量の同質性

もし統合化コスト・プールにおける配賦基準によって測定される製品jの資源利用率がある活動のコスト・ドライバーによって測定される資源利用率と同じならば，活動ないし統合化コスト・プールでの製品に配賦される活動の原価に差額はない。統合化コスト・プールでの製品への活動原価の過大／過小配賦の範囲は，統合化コスト・プールにおける配賦基準と活動でのコスト・ドライバーとの間の関連の程度に依存する（統合化コスト・プールの配賦基準量割合と，統合化コスト・プール内の各活動別配賦基準量割合とが等しいか否かの条件）[3]。

(3) 製品間 (inter-product) の同質性

統合化コスト・プールで生じる原価の相互補助は，製品が異なる活動で異なるレベルの資源利用をしていて，多品種製品を製造する環境下でのみ問題になる。もし単一種類の製品のみを製造していれば，各製品は，各活動において正確な同じ率で資源を利用するだろう。コスト・プールの統合化レベルが異なっていても同じだけの原価を配賦されるだろう。

これらの尺度は，いずれも完全に同質である場合をベンチマークないし中位値としている。製品内の異質性尺度 MP_j および製品間の異質性尺度 M_p は分散を用いて表され，分散が大きいほど分布が広くなるので異質性の程度は高くなる[4]。配賦尺度の異質性尺度 MA_i は，完全に同質な場合には1になり，異質性の程度が高くなると減少する。

次に，製品原価の歪みに関する尺度については6つの概念が導入されている。

第5章 コスト・プール別計算と製品別計算の関係の分析　181

(1)　**原価差額** (cost difference) D_j

製品jについて，統合化コスト・プールを利用した場合の製品原価から，活動コスト・プールを利用した場合の製品原価を差し引いた差額。原価差額 D_j は，統合化コスト・プールから製品jへ配賦された活動原価における個々の差額の合計である。

(2)　**絶対的原価差額** (absolute cost difference) AD_j

原価差額 D_j の絶対値を取ったもの。

(3)　**原価差額割合** (percentage cost difference) PD_j

製品jについて，活動コスト・プールを利用した場合の製品原価に対する統合化コスト・プールを利用した場合の製品原価への変化割合であり，原価差額 D_j を製品jについての活動コスト・プールを利用した場合の製品原価で除したもの。

(4)　**絶対的原価差額割合** (absolute percentage cost difference) PAD_j

原価差額割合 PD_j の絶対値を取ったもの。

(5)　**絶対的原価差額合計** (sum of absolute cost difference) SAD_j

統合化レベルでの製品単位へ配賦された活動の原価と，活動コスト・プールから製品単位へ配賦された原価との差額の絶対値の合計。個々の活動から配賦される原価の差額が相殺されない場合に，絶対的原価差額 AD_j と絶対的原価差額合計 SAD_j とは等しくなる。また，絶対的原価差額 AD_j を絶対的原価差額合計 SAD_j で除することによって，相殺の程度を表す変数 R_j が求められる[5]。

(6)　**活動原価差額** (activity cost difference) ACT_i

上の5つの尺度は，製品レベルの原価差額の尺度である。活動原価差額は，統合化レベルで配賦された活動iにおける原価差額の尺度である。統合化レベルから製品に配賦された活動原価と，活動コスト・プールから製品に配賦された活動原価との平均的絶対的差額である。

製品jについて，ある統合化コスト・プールにおける配賦基準によって測定される資源利用率が，そのコスト・プール内のいかなる活動のコスト・ドライ

バーによって測定される資源利用率とも等しい状況であれば，統合化による原価差額 D_j は 0 になる。その要件には，(1) 製品内の同質性および (2) 原価配賦基準量の同質性が必要十分条件である。(3) 製品間の同質性は，十分条件とはなるが，必要条件ではない。

2-2. 歪みの尺度の数値例

前項で示した歪みに関する尺度について，数値例を用いて説明をする。各統合化コスト・プールには段取活動および加工活動がそれぞれ含まれており，それぞれを細分化コスト・プール i とする。諸データは次の通りである[6]。

	統合化コスト・プール1		統合化コスト・プール2	
活動	段取 (i=1)	加工 (i=2)	段取 (i=3)	加工 (i=4)
活動コスト	$3,000	$8,000	$2,000	$2,000
コスト・ドライバー	段取時間	機械時間	段取時間	機械時間
製品A	15 時間	115 時間	6 時間	120 時間
製品B	15 時間	85 時間	4 時間	80 時間
合計	30 時間	200 時間	10 時間	200 時間

その他のデータ：

	段取回数	直接作業時間	段取回数	直接作業時間
製品A	7 回	18 時間	3 回	34 時間
製品B	13 回	32 時間	2 回	16 時間
合計	20 回	50 時間	5 回	50 時間

細分化コスト・プール（ABCシステム）を用いると，各製品への配賦額は次のように計算される。

$$\text{製品A}: \frac{3,000 \times 15}{30} + \frac{8,000 \times 115}{200} + \frac{2,000 \times 6}{10} + \frac{2,000 \times 120}{200} = \$8,500$$

$$\text{製品B}: \frac{3,000 \times 15}{30} + \frac{8,000 \times 85}{200} + \frac{2,000 \times 4}{10} + \frac{2,000 \times 80}{200} = \$6,500$$

第5章 コスト・プール別計算と製品別計算の関係の分析　　183

各統合化コスト・プール別配賦基準を直接作業時間とすると，各製品への配賦額は次のように計算される。

$$製品A：\frac{(3,000+8,000)\times 18}{50}+\frac{(2,000+2,000)\times 34}{50}=\$6,680$$

$$製品B：\frac{(3,000+8,000)\times 32}{50}+\frac{(2,000+2,000)\times 16}{50}=\$8,320$$

以上の数値例を用いて，製品Aと活動（i=1）についての歪みの尺度を計算すると，図表5-1のように表すことができる。

図表5-1：製品原価の差額尺度の計算値

歪みの尺度	値と計算式
D_A	$-1,820(=6,680-8,500)$
AD_A	$1,820(=\mid D_A\mid)$
PD_A	$-0.214(\fallingdotseq \frac{6,680-8,500}{8,500})$
APD_A	$0.214(=\mid PD_A\mid)$
SAD_A	$2,460(=\mid 0.36-0.5\mid\times 3,000+\mid 0.36-0.575\mid\times 8,000$ $+\mid 0.68-0.6\mid\times 2,000+\mid 0.68-0.6\mid\times 2,000)$
R_A	$0.740(\fallingdotseq \frac{1,820}{2,460})$
ACT_1	$420(=\frac{(\mid 0.36-0.5\mid+\mid 0.64-0.5\mid)\times 3,000}{2})$

2-3. 差額の相殺についての検討

Gupta（1993）は，異質性の尺度と歪みの尺度を導入し，フィールド・データに基づいて前述の仮説がいずれも支持できることを検証した。Gupta（1993）によると，この検証の過程と結果は，企業で統合化のレベルを選択する時に，異なる統合化レベルにおいて異なる原価数値を提供する要因を理解するための貢献をもたらすという。その中でも，とくに次の記述に注目できる。

「統合化に起因する原価差額は,統合化レベルで製品へ配賦される活動原価における差額が相殺される場合に,著しく削減される。原価の差額は,統合化コスト・プールにおいて,ある製品に対して過大配賦される活動の原価と,過小配賦される別の活動の原価がある場合に,互いに相殺されるだろう。」

この記述と関連して,原価差額および相殺の程度に関する興味深い結果が示されたのである。まず,製品内の異質性に関連して次の点が指摘される。

- 相殺の程度を表す変数 R_j と製品原価差額尺度との間に,正の相関関係がある。つまり,相殺の程度を表す変数 R_j が大きくなると相殺の程度が小さくなり,コスト・プールの統合化でより大きな原価差額をもたらす。誤差が互いに相殺されて純誤差が小さくなり得る。
- 製品内の異質性の程度が高いほど,統合化コスト・プールから配賦された活動の原価における相殺の程度が大きい(MP_j と R_j との間に正の相関が見られる)。
- 原価差額は,製品原価の大きさによっても影響を受ける。製品原価と製品原価差額尺度との間には正の相関が見られ,細分化コスト・プールを用いて計算すると高価になる製品は,統合化コスト・プールを用いて計算されるとより大きな原価差額をもたらす。その効果は,より製品内の異質性が高い企業で顕著に現れた。

さらに,配賦基準量の異質性に関連して次の点が指摘される。

- 統合化による製品原価の差額のレベルを決定する際に,活動原価は大きな要素である。高い原価を伴う活動は,統合化レベルで製品に配賦される原価差額がより大きくなることに関連するといわれている[7]。高い原価を伴う活動にとって,配賦基準量における異質性の程度が低くても大きな差額をもたらす可能性がある。

重要なことは，統合化コスト・プールにおいて配賦された個々の活動の原価差額に対して製品内の異質性の尺度および配賦基準量の異質性が与える影響を検証する以前に，活動原価のレベルをコントロールすることである。フィールド・データでは，2社ともに製品原価差額尺度と活動原価のレベルとの間に正の相関が見られる。このことは，より高価な資源を利用する活動にとって活動原価における差額がより大きくなることを示している。すなわち，製品別集計段階のみならず，コスト・プール別集計段階における重要性が説かれていると考えられる。

第3節　製品原価における誤差のトレード・オフ：Datar & Gupta (1994) の見解

Datar & Gupta (1994) の分析では，原価計算システムの部分的改善によって影響を受ける部分と受けない部分について，特定化誤差，統合化誤差，および測定誤差に帰属可能なトレード・オフの存在を明らかにしている。本節では，それらの誤差と部分的改善によって得られる正確性とのトレード・オフについて検討する。

3-1. 誤差の概念と種類

Datar & Gupta (1994) では，誤差 (error) という概念を，ABCシステムを用いない原価計算システムを部分的に改善しようとする場合に，製品原価の変化を説明する原因によって生じるものと説明している。ここで言う誤差は，所与となるABCシステムから得られる製品原価と，その他の原価計算システムから部分的に改善する場合に計算される製品原価とを比較して計算される。

これに対して，Gupta (1993) は，特定企業の現状の原価計算システムを所与として，別の原価計算システムを導入した時に製品原価に与える影響に主眼を置いた。その際の製品原価の変化を差額 (difference) という概念を用いて説明した。Gupta (1993) は，フィールド・データを基に，単一コスト・プール／単一配賦基準による製品原価と多重コスト・プール／多重配賦基準による製品原

価との差額を比較したのである。Datar & Gupta (1994) の視点が,各々の誤差の相殺が製品原価の正確性に及ぼす影響を詳細に分析することであるのに対して,Gupta (1993) は,「統合化レベルがより高くなる時に,製品原価数値の正確性が減少するかは,問題ではない。原価配賦における変化が相殺されれば,より高度の統合化は,製品原価数値に重要な相違をもたらさない」(p.182) という視点に立っているのである[8]。

なお,製品原価計算における誤差の概念には,次の3種類がある。

(1)　特定化誤差 (specification error)

配賦基準ないしコスト・ドライバーの選択から生じる誤差。製品に対する原価を認識する方法が個々の製品による資源に対する需要を反映しないときに生じる。原価計算システムは,典型的に,直接作業時間や機械時間といった操業度関連の基準で製造間接費を製品に配賦する。段取りのように操業度に対して直接には変動しない重要な資源を要求する場合には,操業度基準原価システムは,個々の製品による間接資源に対する需要を特定化し誤るだろう[9]。

(2)　統合化誤差 (aggregation error)

集計単位の設定数の選択から生じる誤差。単一の原価配賦率を引き出すために異質の活動を越えて原価と資源の単位とが統合されるときに起きる。異質性は,製品がコスト・プール間で異なる額の資源を利用する場合に生じる[10]。

(3)　測定誤差 (measurement error)

特定のコスト・プールにおける原価の識別と,個々の製品に消費される資源別の単位の測定に関する誤差であり,原価測定の誤差,配賦基準の単位の誤差に分けられる。

統合化レベルでは製造間接費を公正に正確に測定するが,細分化コスト・プールでの製造間接費を測定する際に重要な誤差がある時に,細分化は,より高い製造間接費の不正確な測定による誤差をもたらす (原価測定の誤差)。

統合化レベルでは配賦基準の単位が公正かつ正確に測定されるが,細分化コスト・プールでの配賦基準の単位を測定する際に重要な誤差がある時に,より

高い誤差をもたらす(配賦基準の単位の誤差)。

3-2. 誤差の数値例と意義

　前項で示した誤差について，前節の数値データを利用して，原価計算システムを設計する案を実行した場合の具体的な検討をする。その案は，部門横断的活動別の計算案と部門別活動別の計算案の2つである。追加データは次の通りである。

	コスト・プール数	配賦基準
システム案1	2（部門横断的活動別）	段取活動：段取回数 加工活動：機械時間
システム案2	4（部門別活動別）	段取活動：段取回数 加工活動：機械時間

〈システム案1〉　製品A：$\dfrac{(3{,}000+2{,}000)\times 10}{25}+\dfrac{(8{,}000+2{,}000)\times 235}{400}=\$7{,}875$

　　　　　　　　製品B：$\dfrac{5{,}000\times 15}{25}+\dfrac{10{,}000\times 165}{400}=\$7{,}125$

〈システム案2〉　製品A：$\dfrac{3{,}000\times 7}{20}+\dfrac{8{,}000\times 115}{200}+\dfrac{2{,}000\times 3}{5}+\dfrac{2{,}000\times 120}{200}=\$8{,}050$

　　　　　　　　製品B：$\dfrac{3{,}000\times 13}{20}+\dfrac{8{,}000\times 85}{200}+\dfrac{2{,}000\times 2}{5}+\dfrac{2{,}000\times 80}{200}=\$6{,}950$

　この数値例を用いて製品Aについての誤差を計算すると，図表5-2に表すことができる。

　原価計算システム案1および2は，いずれも各活動の原価測定額が所与となっている。しかし，部門別原価(部門費ないしコスト・プール別原価)は公正かつ正確に把握できるものの，活動別には把握できない場合に測定誤差が生じる。特定化誤差および統合化誤差を減少させるために細分化コスト・プールを設定することと，コスト・プール別原価を公正かつ正確に把握することとの間

図表 5-2：各原価計算システムにおける誤差

	配賦額（製品 A）	総誤差	特定化誤差	統合化誤差
ABC	$8,500	—	—	—
原価計算システム案 1	$7,875	$625	450 + 0	250 + (−75)
原価計算システム案 2	$8,050	$450	450 + 0	0 + 0

には，トレード・オフが生じる可能性が存在することが理解できる。

そこで，これらのトレード・オフに関する3つの提案がなされている。

提案1：特定化と統合化に関して原価システムを部分的に再設計した場合に影響を受ける誤差部分の範囲（−a, a）と影響を受けない誤差部分の範囲（−b, b）があれば，影響を受ける部分を0に減少するときに誤差が増加する可能性は，ある条件式の下で計算される[11]。つまり，原価システム設計の部分的改善は，誤差を増大させる恐れがある。

提案2：統合化レベルでは製造間接費を公正に正確に測定するが，細分化コスト・プールでの製造間接費を測定する際に重要な誤差がある時に，細分化は，より高い製造間接費の不正確な測定による誤差をもたらす。また，特定化誤差および統合化誤差を減少する目的の精密なアプローチは，細分化の結果として製品間の相対的資源利用における分散を増加させる可能性がある。したがって，製造間接費の測定誤差をより増加させる原因となる。

提案3：特定化誤差および統合化誤差を減少することによって，コスト・プールが細分化される。このような細分化は，第 k 番目の統合化コスト・プールにおける配賦基準の単位が公正に正確に測定されても，細分化コスト・プールでの配賦基準の単位を測定する際に重要な誤差がある場合，より大きい誤差をもたらす。

原価計算システムの部分的な改善は，実務では一般的に行われる。コスト・ドライバー特定化およびコスト・プール細分化の改善を探求するのが典型的なアプローチであろう[12]。理論通り，同質性に基づいてコスト・ドライバーとコスト・プールが設定されれば，特定化誤差および統合化誤差は生じない。ABC の様な改善された原価システムに対する需要は，特定化誤差と統合化誤差とを減少させるために生じる。しかし，これらの誤差を減少させる原価システムの改善は，より大きな測定誤差をもたらす可能性がある。すなわち，活動と製品間の因果関係の改善された特定化とさらなる細分化は，特定のコスト・プールに関する原価の識別と，個々の製品に消費される資源の単位の測定についての問題を増大させる。より細分化されたコスト・プールにおいて正確な原価ないし資源利用の本質に関する情報は，しばしば入手が困難である（Foster & Gupta 1990a）。原価計算システムの設計には，このようなジレンマが生じる可能性があるのである。

原価の測定ないし配賦基準の単位は，測定されるべき変数が適切に定義された測定指針ないし測定技術によって支えられない場合に，さらに複雑になる。段取活動について発生する原価総額を計算・測定することは，その監督者，品質管理専門家，および工程設計技術者のような様々なスタッフ機能によって消費される時間の割合の見積もりを要する。これらの見積もりは，測定誤差に従属する。

3-3. トレード・オフについての検討

Datar & Gupta (1994) から得られる知見は，2つある。(1) 原価計算システムにおける原価配賦基準の特定化の部分的な改善およびコスト・プールの設定数の増加は，特定化誤差および統合化誤差を大きくする。(2) さらなる細分化とより良く特定化された原価計算システムで特定化誤差と統合化誤差を減少させることは，測定誤差を増加させ，その結果，製品原価の誤差を増加させる可能性があるということである。

しかし，(1) の統合化誤差と特定化誤差は，理論上は生じない。しばしば実

務において見られる原価計算システムの改善パターンにおいて問題となる。とくに本書で採り上げるのは，(2) 測定誤差を大きくする可能性についてである。状況によっては，製品別集計段階で得られる正確性とコスト・プール別集計段階で生じる誤差とは，トレード・オフの関係にあるからである。つまり，企業においてABCシステムのような精緻な原価計算システムが導入・利用されても，正確な製品原価を求められないという極めて重大な問題を提起している。製品別配賦計算が改善された結果，従来にも増してコスト・プール別集計段階の正確性が必要になったと考えることもできよう。

第4節　Noreen (1991) の条件間の関係

4-1. Gupta (1993) および Datar & Gupta (1994) のまとめ

本章の第2節および第3節で取り上げた2つの論文は，「相殺」と「トレード・オフ」がキーワードになっている。

Gupta (1993) は，誤差が相殺されて純誤差が小さくなる可能性があること等を示している。またDatar & Gupta (1994) は，部分的改善を行うことによって，改善の結果として得られる正確性と改善の結果として生じるより大きな誤差との間にトレード・オフが生じる可能性を示している。

ABCは，正確な製品原価を計算するという点で大きな貢献をもたらした。しかしながら，別の問題を引き起こしてしまったといえる。原価集計プロセスの第1段階，すなわちコスト・プール別集計段階における正確性をいかにして確保するのかという点である。ABCは，原価集計プロセスの改善を志向したシステムであり，とくに製品別集計段階に対する貢献が大きい。ABCがいかに優れたシステムであっても，Gupta (1993) およびDatar & Gupta (1994) で示されるコスト・プール別集計段階を重視するというインプリケーションが活かされなければ，ABCを導入した原価計算システムが役に立たないという可能性がある (図表5-3)。

重要なことは，Datar & Gupta (1994) が指摘するように，細分化コスト・

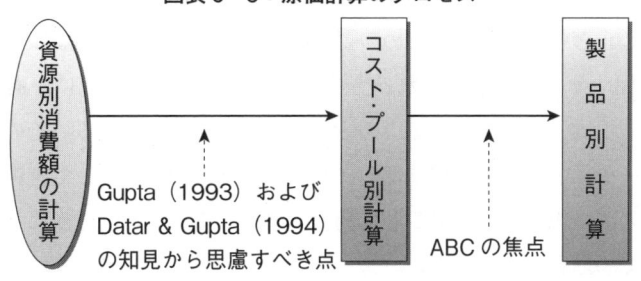

第5章 コスト・プール別計算と製品別計算の関係の分析　　191

図表5-3：原価計算のプロセス

資源別消費額の計算 → コスト・プール別計算 → 製品別計算

Gupta（1993）および Datar & Gupta（1994）の知見から思慮すべき点

ABCの焦点

プールでの配賦基準の単位を測定する際に重要な誤差が生じないように活動別の資源利用割合を見積もることである。まさに従来のABCの研究で欠けていた部分かもしれない。ABCの製品原価計算に対する貢献を活かし，原価計算システムから意思決定に資する正確な製品原価を算出するためには，資源別の消費額計算から，コスト・プール別集計段階，個別原価計算および総合原価計算までの製品別集計段階計算における一貫性ないし整合性をもった原価計算システムの構築が必要不可欠であろう。

4-2. 第1条件の検討

Noreen（1991）の第1条件は，発生原価総額が各コスト・プール別に分割でき，各コスト・プールが単一の活動単位を表すことである。この第1条件は，前段と後段とで明らかに異なることを意味している。したがって，第1条件について，発生原価総額の各コスト・プールへの分割可能性を表す前段と，コスト・プールが単一の活動で説明されるという後段に分けて検討する。

まず，前段はコスト・プール別原価の集計に関連している。通常，コスト・プールが活動を表すように詳細に設定されると，部門個別費ないしコスト・プール個別費のような特定のコスト・プールに直課可能な直接原価が減少する。すなわち，コスト・プールが複数の活動から成り，括りが大きい場合（統合化されたコスト・プール）には個別費が相対的に多くなるが，単一の活動を表すように括りが小さい場合（細分化されたコスト・プール）には部門共通費ないしコ

スト・プール共通費のような間接原価が相対的に増加すると考えられる。一般に，計算の正確性を確保するための要件の1つに，原価を可能な限り直接原価として把握することが挙げられる[13]。例えば図表5-4のように，ある製造部門内に組立活動と段取活動の2つの活動センターがあるとする。その製造部門マネジャーの給料は，その製造部門に対しては部門個別費として把握できるものの，その製造部門を構成する各活動センターから見ると明らかに共通費となる。ここでの問題は，活動別のコスト・プールに対して共通費を配賦するときに適切で合理的な配賦基準が見つからない可能性があることである。部門マネジャーの部門監督時間のうち，どの活動にどれだけの時間を費やしたのかが不明確になり得る。つまり，コスト・プールが活動別に詳細に設定されると，各コスト・プール別に集計される原価に誤差が生じる可能性が高くなるのである。Datar & Gupta (1994) は，この場合に生じる活動原価の誤差を測定誤差と呼んでいる。測定誤差は，特定のコスト・プールにおける原価の識別と，個々の製品に利用される資源別の尺度単位の測定に関する誤差である。したがって，第1条件前段は，測定誤差の影響を強く受けると考えられ，コスト・プール別計算における測定誤差を極小化することが重要な問題であるといえる[14]。

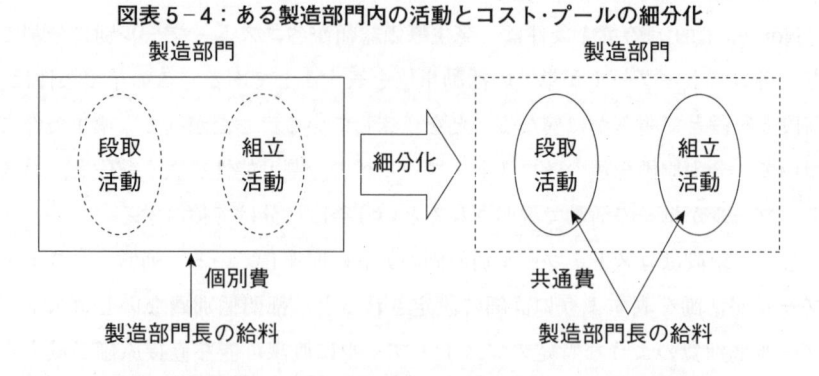

図表5-4：ある製造部門内の活動とコスト・プールの細分化

次に，第1条件後段は，コスト・プールの細分化に関する問題である。すなわち，「各コスト・プールが単一の活動を表す」ということは，同質性に基づいてコスト・プールが適切に，かつ，詳細に設定された状態を指している。コ

第5章　コスト・プール別計算と製品別計算の関係の分析　　193

スト・プールを活動別に細分化する利点は次の2点に集約できる。それは，①その製品の製造に要した作業の原価のみを負担させることができ，②各作業別の原価を適切に選択された基準で負担させることができることである（廣本1997, pp.128-130）。これらの利点を享受できるように設計された原価計算システムの代表がABCである。ただし，これら2つは，いずれも製品別計算の段階における利点であることにも注意されたい。一方，コスト・プールが活動別に細分化されず，これらの利点を享受できない場合には，Datar & Gupta (1994) のいう統合化誤差および特定化誤差が生じる。統合化誤差とは集計単位（コスト・プール）の設定数ないし方法の誤りから生じる製品原価の誤差であり（利点①に関連），特定化誤差とは配賦基準ないしコスト・ドライバーの選択ミスによって生じる製品原価の誤差である（利点②に関連）。したがって，第1条件後段に示されるようにコスト・プールが活動別に区分されないと，製品がその製造に不必要な作業の原価を負担してしまうことになり，第1条件後段は，とくに利点①に関連する統合化誤差の影響を強く受けると考えられる。

4-3. 第2条件の検討

Noreenは，第4章でも示した通り，その後の1994年と1997年に自ら第2条件に対する実証研究を行っている。それらの研究対象は，いずれもワシントン州内の約100の病院に関するデータで，ワシントン州厚生部門（Washington State Department of Healthcare：WSDOH）から提供されている。Noreen & Soderstrom (1994) は，1990年の予算データと1987年の実際データを対象に各コスト・プール別の原価関数の線形性を検証している。さらに，Noreen & Soderstrom (1997) は，1977〜1992年という時系列軸を加えた多期間モデルを用いて検討を拡張している。これらの検証の結果は，いずれも第2条件を満たしておらず，ワシントン州内の病院における原価計算システムからは意思決定に有用な原価データを提供し得ないというものである[15]。これらの検証の前提には，ABCを含む原価計算システムは，製品や顧客といった原価計算対象に割り当てる際に，各コスト・プール別原価を総コスト・ドライバー量（総活

動量)で除してコスト・ドライバー・レート(配賦率)を求め,それに各製品が利用したコスト・ドライバー量を乗じて計算するプロセスを用いることが想定されている[16]。Noreen & Soderstrom (1994) によると,そのようなプロセスは総活動量を x% 減少させると原価も x% 減少することを仮定しており,この仮定は,線形性の仮定よりも強固であって,原価が活動に対して正比例することを必要としている (Noreen (1991) の第2条件)。すなわち,各コスト・プール別の原価関数が線形というだけでなく,原点を通る正比例の関係になっていなければならないとするものである。

Noreen & Soderstrom (1994; 1997) は WSDOH に提出された標準化された勘定とコスト・ドライバーを基礎に各病院で独自に設定可能な原価計算システムを検証の対象データとして扱っていることから,とくに次の問題が生じる可能性を指摘できる。それは,Noreen & Soderstrom (1994; 1997) も自ら指摘しているように,活動尺度が誤って特定化されたことが,各コスト・プール別の原価が活動尺度に対して比例しない原因である可能性があるということである[17]。すなわち,第2条件を満たすためには,統合化誤差が生じないように各コスト・プールが単一の活動を表しており,かつ,その活動の説明変数であるコスト・ドライバーが適切に設定されている必要がある。前述の通り,このようなコスト・ドライバーの選択ミスによって特定化誤差が生じる。特定化誤差が生じないようにコスト・ドライバーを選択しない限り,正確な製品原価を計算することも,適切な原価データを提供することも不可能である。したがって,第2条件は特定化誤差の影響を強く受けると考えられる。

また,第2条件について,第1章の (1-4) 式で示す平均化のプロセスによって ABC は基本的には比例性を仮定するが,状況次第では強度ドライバーを利用しなければ比例関数にはならないことを指摘しておく必要がある。Kaplan & Cooper (1998) によると,活動ドライバーには3つの種類があるという。すなわち,取引ドライバー,時間ドライバー,および強度ドライバーである。例えば段取活動について考えると,取引ドライバーならば段取回数,時間ドライバーならば段取時間,そして強度ドライバーならばバッチ別の特殊性を

より考慮したコスト・ドライバーとなる。計算の正確性からは当然に，取引ドライバーよりは時間ドライバー，時間ドライバーよりは強度ドライバーの利用が勧められる。段取回数を用いる場合にはバッチ当たりに要する時間は等しいと仮定して単にバッチ数がコスト・ドライバーとして選択されるに過ぎない。段取時間を用いる場合にはバッチ別に必要となる時間の相違が考慮される。Datar & Gupta (1994) の例示では，段取活動のコスト・ドライバーには段取回数ではなく段取時間を用いないと特定化誤差が生じるとされている。さらに強度ドライバーの場合には，特殊性の高いバッチには熟練工が必要である等，バッチ別のより詳細な事情が考慮されることになる。このことから，Kaplan & Cooper (1998) は，強度ドライバーの場合には「直課 (directly charge)」という表現を使っている[18]。したがって，強度ドライバーが必要になるのは状況次第であるが，適切にコスト・プールが設定され，それに応じた適切なコスト・ドライバーが選択されなければ比例性を得るのは困難であるといえよう。

4-4. 第3条件の検討

連産品原価のように，連産品ないし製品グループ内の製品種類間の結び付きが非常に密接な場合には，製品グループ別の原価は正確に計算可能でも，各製品別の原価を計算するには困難性が伴う。このような状況では，製品グループ内の特定製品の原価を正確に計算することは不可能であり，その製品のみに関する意思決定等のために関連する原価データを提供し得ない。提供できるのは，製品グループ全体に関する原価データである。したがって，この場合には，製品グループ別の活動に対する需要は把握できるが，製品グループ内の各製品別の需要は把握できない。第3条件は，各製品別の問題に関する原価データを必要とする際には不可欠となるのである。しかしながら，本書において，この第3条件の存在は所与の前提となっている。また，連産品等が生じる場合の原価の配分問題については今後の課題としたい。

4-5. 条件間の相互関係

前述の通り，適切なコスト・プールの設定とコスト・ドライバーの選択に関する問題は，Datar & Gupta (1994) のいう特定化誤差および統合化誤差に関連する。これらの誤差は，ABC システムを用いている限り，理論上は生じない。しかしながら，ここで重要な点は，特定化誤差および統合化誤差と，測定誤差とがトレード・オフ関係になる可能性があるというジレンマの問題である。Datar & Gupta (1994) は，統合化誤差，特定化誤差，および測定誤差の関係について，統合化誤差および特定化誤差を解消するためにコスト・プールを活動別に詳細に設定しようとすると，測定誤差が大きくなる可能性があるという旨を説明している。すなわち，状況によっては，図表5-5のように，製品別集計段階で生じる誤差と，コスト・プール別集計段階で生じる誤差との間にトレード・オフが生じてしまうのである。

図表5-5：原価計算プロセスにおけるトレード・オフ

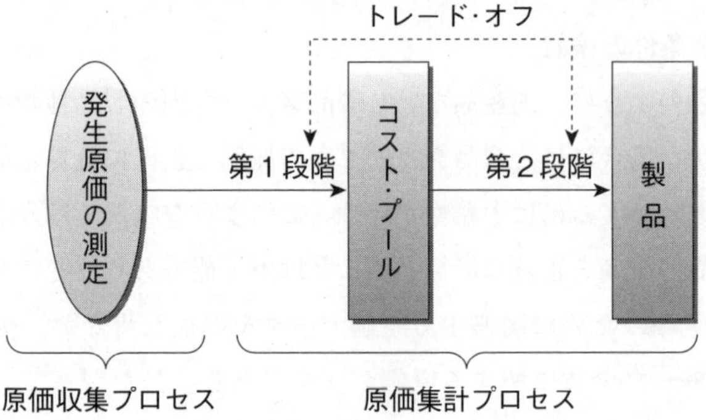

発生原価の測定 → 第1段階 → コスト・プール → 第2段階 → 製品

（第1段階と第2段階の間にトレード・オフ）

原価収集プロセス ／ 原価集計プロセス

先の図表5-4の例で，ある製造部門マネジャーの給料は，製造部門（統合化コスト・プール）のレベルでは部門個別費として把握できるが，その製造部門内の組立活動と段取活動という細分化されたコスト・プールから見ると共通費ないし間接原価となってしまうことからも明らかであろう。

このようなジレンマの問題を Noreen (1991) の3つの条件に照らし合わせる。第1条件後段にあるように各コスト・プールが単一の活動を表すために

第5章 コスト・プール別計算と製品別計算の関係の分析　　197

は，コスト・ドライバーの同質性に基づいて詳細に設定されることが必須である。そして，コスト・プールを詳細に設定すると，発生原価総額を各コスト・プール別に正確に分割することが困難になるということである。つまり，第1条件前段が測定誤差の影響を受け，第1条件後段および第2条件が統合化誤差および特定化誤差の影響を受けることから，第1条件前段と，第1条件後段および第2条件との間には，状況次第によってはトレード・オフが生じてしまい，これらを同時に満たすことが困難になる可能性があるのである。

　この点は，Noreen (1991) が最重要視する第2条件を満たすためには致命的な問題ともなり得る。なぜなら，ABC のように統合化誤差および特定化誤差が生じないようにコスト・プールおよびコスト・ドライバーを適切に設定しない限り，各コスト・プール別原価のコスト・ドライバーに対する比例関係を求めることが不可能だからである。各コスト・プールの適切な設定が中心的課題になるとも言えるだろう。したがって，第1条件と第2条件とは非常に密接な関係を有しており，これらを同時に満たすように原価計算システムを構築することが重要であろう。さもないと，ABC を含む全ての原価計算システムは，適切な原価データも正確な製品原価も提供し得ないという結論を導かざるを得ない。

　以上より，Noreen (1991) は第2条件をとりわけ重視しているが，そのためには各コスト・プールが活動センターとしての特質を持つこと（第1条件後段）を核として，Datar & Gupta (1994) で示される誤差の問題が生じないように原価計算システムが設計される必要がある。したがって，各条件の関係を図表5－6のように示すことができる。

　本節で明らかにした各条件間の関係によって，状況によっては部門個別費が共通費化してしまい，第1条件前段と，第1条件後段および第2条件との間にトレード・オフが生じてしまう可能性が顕在化した。すなわち，原価計算システムを構築するに当たり，第1条件後段および第2条件を重視するのみではなく第1条件前段をも考慮しなければ，正確な製品原価の計算はもちろん，適切な原価データの提供は不可能である。また，この問題は，Gupta (1993) が指摘

図表5-6：誤差と各条件の関係

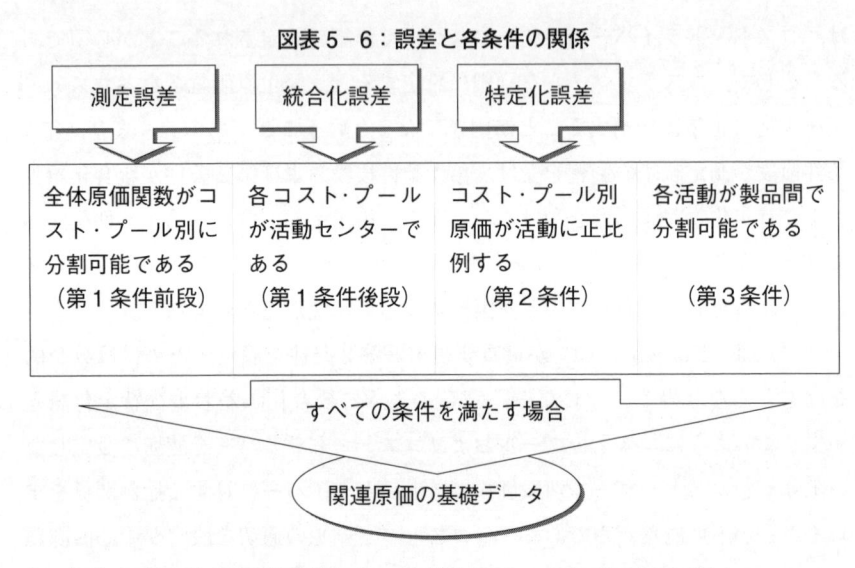

測定誤差	統合化誤差	特定化誤差	
全体原価関数がコスト・プール別に分割可能である（第1条件前段）	各コスト・プールが活動センターである（第1条件後段）	コスト・プール別原価が活動に正比例する（第2条件）	各活動が製品間で分割可能である（第3条件）

すべての条件を満たす場合
↓
関連原価の基礎データ

する通り，高価な資源を利用している場合には，より重大になる。

第5節　本章のまとめ

　本章では，Gupta（1993）およびDatar & Gupta（1994）より得られたインプリケーションから，Noreen（1991）が示す3つの条件間の相互関係を分析した。
　Gupta（1993）およびDatar & Gupta（1994）より得られたインプリケーションとは，コスト・プールの細分化の問題に関連して，コスト・プール別計算における正確性を重視すると製品別計算における正確性が損なわれる可能性があり，逆に製品別計算における正確性を重視するとコスト・プール別計算における正確性が損なわれる可能性があるというジレンマの存在を明らかにしたことである。一般に，コスト・プールの細分化によって正確な計算が可能になるというのは，製品別計算に焦点を当てているからに他ならない。しかしながら，一方のコスト・プール別計算に目を向けると，コスト・プールの細分化はコスト・プール共通費という間接原価を相対的に増大させることに繋がる。したがって，その共通費を適切に配分するルールが存在しない場合には，計算の正

第5章　コスト・プール別計算と製品別計算の関係の分析

確性は，まったく確保されないことになってしまうというアンチテーゼが提示されたのである。とくに高価な資源を使用する活動においては，この問題が大きく取り扱われなければならない。

　Noreen (1991) も，3つの条件のうち第2条件である各コスト・プール別原価関数が活動に対して正比例することを最重要視しており，製品別計算の段階に主たる焦点を当てている。その意味では，コスト・プール別計算に関連する第1条件前段と，コスト・プールが活動単位を表すという第1条件後段および第2条件との間にもトレード・オフの関係が存在する可能性もあり得る。このようなジレンマを解消することができなければ，原価計算システムは，資源の投入と利用の関係を明確化することも，正確な製品原価を計算することもできないといえよう。つまり，いかなる意思決定に資する原価データをも提供することができない。

　本章で明らかにしたジレンマの問題は，製品原価計算システムが従来から抱えている共通費の問題にも関連している。近年の製品原価計算システムの基本構造を明らかにするための一連の研究によって，共通費の問題が再び顕在化したといえる。この共通費の問題は，いかなる状況で重要となるのか，いかなる条件によって適切な仮定の下で配分することができるのか等，現代の製品原価計算に残された課題は多い。次章では，それらの課題を解決するための1つの試案を提示する。

1　Gupta (1993) および Datar & Gupta (1994) の見解を分析する際に，"aggregation" を「統合（化）」とし，"disaggregation" を「細分（化）」とした。その理由は，彼らの意図がコスト・プールを細分化した場合と統合化した場合とを比較する点にあると思われたからである。
2　これらの仮説は，従来の原価計算に関する研究（Cooper & Kaplan 1988a；Cooper 1989a；Foster & Gupta 1990b；他）で行われてきた統合化に対する批判と一貫する。
　　なお，細分化とはABCのように各コスト・プールが単一の活動単位の別に詳細に設定されることをいい，統合化とは各コスト・プールが複数の活動を統合した大きな括りで設定されることをいう。
3　製品内の同質性には，必ずしも配賦基準の同質性が含まれないことを注意すべきであ

る。製品が活動間の資源利用において同質であっても，統合化コスト・プールでの活動原価の誤配賦は起こり得る。さらに，各活動における配賦基準の同質性は，必ずしもより高度の製品内の同質性を導かない。しかしながら，製品が活動間の資源利用において同質であれば，統合化コスト・プールでの配賦基準は，統合化コスト・プール内の活動のコスト・ドライバーと同質になり得る。

4 完全に同質な場合（ベンチマークないし中位値）には，分散は0になる。
5 $R_j = \dfrac{AD_j}{SAD_j}$，$0 \leq R_j \leq 1$ なので，R_j が1に近づくほど相殺の程度が小さい。
6 Datar & Gupta（1994）の例示を一部修正して利用した。
7 Cooper（1989a）およびHwang et al.（1993）を参照のこと。
8 なお，Gupta（1993）は，ComputronicsとChemcoで半数近くの製品において個々の活動レベル・コスト・プールでの誤差の80％以上が互いに相殺されているという結果を得た。
9 Foster & Gupta（1990a）を参照のこと。
10 部門別の段取費を単一のコスト・プールに集め，製品が必要とする総段取時間数を利用して配賦する場合，段取費の収集と配賦に単一のコスト・プールを利用することは，段取時間当たり原価がプロセスや製品のセットごとに異なるから，統合化誤差をもたらす。
11 $\dfrac{4b-a}{8b}$ for $a \leq 2b$, $\dfrac{b}{8b}$ for $a \geq 2b$。仮に $a=b$ とすると，影響を受ける誤差部分を0にしようとすると，37.5%の可能性で総誤差が増加する。
12 企業では，完全に原価計算システムを再構築するのは，非実務的，不経済的，情報の入手と測定上の問題，相互依存性，および原価とドライバー間の定義された関係の貧困さがあると考えられている（Foster & Gupta 1990b；Cooper et al. 1992）。
13 岡本（1994, p.277）によると，「部門費の第1次集計において，製造間接費を部門個別費と部門共通費とに分けずに，部門共通費の分類をなくし，すべて部門個別費として把握する傾向がみられる」という指摘もある。そのための方法には，①金をかけて部門共通費を部門個別費化する方法，②ある費目を1部門に責任をもたせる方法，および③部門の設定を工夫する方法が挙げられている。また，廣本（1997）においても「間接原価を直接原価として把握すること」（p.462）として指摘されている。
14 各コスト・プールにおける活動原価のレベルをコントロールすることも重要である（Gupta 1993）。
15 データ上の問題として，特定の間接費関数によって実行される活動が病院間で現実的に同じではないことを指摘できる。生産関数も病院間で異なるし，固定的資本の種類や取得時期も異なる。また，病院間で標準尺度単位の定義が一貫しないという問題もある。それは，WSDOHが各病院の環境に合わせて標準尺度単位の定義を修正することを許可しているからである。しかし，病院間の規模の相違等も分析し，検証上で問題になるよ

第5章 コスト・プール別計算と製品別計算の関係の分析

うなものは発見されなかったという（Noreen & Soderstrom 1994）。

16 本書第1章の（1-4）式および（1-5）式を参照のこと。
17 ただし，Noreen & Soderstrom（1997）は，ABC を用いれば WSDOH の要求よりもコスト・プールとコスト・ドライバーの設定が必ずしも適切にできるとは限らないとも指摘している（p.108）。
18 この場合，直接原価の直課とは性質が異なることに注意されたい。あくまでも配賦の手続を行うのだが，より個別の事情が考慮されるために「直課」と表現されるに過ぎない。

第6章　現代的原価計算システムの再構築

第1節　問題の所在

　原価計算の基本構造に関して，Noreen (1991) が示している3つの条件は，計算構造上の理論的問題に関する研究の潮流において多大なる貢献をもたらした。Cooper と Kaplan が ABC を提唱して以後，確かに製品原価計算に関する議論は盛んになったが，Noreen (1991) より以前は原価計算システムが有するべき属性について分析した研究がなかった。さらに，原価計算システムでは通常，各コスト・プール別の原価をそのコスト・ドライバーで除することによって製造間接費のコスト・プール別配賦率を求めるので，各コスト・プール別の原価とコスト・ドライバーとの関数関係を必ずしも想定していない。しかし，Noreen (1991) は，第2条件に示される正比例の関数関係が必要である旨を述べ，各コスト・プール別に，意思決定の影響を受ける製品数量等のような変数と，コスト・ドライバーや原価との関数関係を明確にすることで種々の目的に適合させ，個々の意思決定問題に役立ち得る基礎データを提供するための要件を示している。すなわち，コスト・プール別の関数関係を用いてプロセスを可視化し，意思決定による影響を経済的マップ上で明らかにしているのである。

　しかしながら，Noreen の示す条件には，資源の価格が一定ないし所与であること，各コスト・プール別原価関数の正比例性に固執していること，および各条件間の関係に問題があること等が前章までの考察で示されている。

本章までに明らかにされた Noreen (1991) の示す条件の問題点について，Bromwich & Hong (1999) が提示する条件から興味深い示唆を得ることができる。その条件とは，技術に関連する条件 (3つ)，会計システムに関連する条件 (2つ)，資源の価格に関連する条件 (2つ)，および会計的分割可能性に関連する条件 (1つ) からなる合計8つの条件である。

したがって，本章では Bromwich & Hong (1999) が示す条件によって，Noreen の条件の問題について対処可能な点および対処不可能な点を明らかにし，正確な製品原価を計算するための条件を明らかにすると共に，現代における原価計算システムを利用することの意義と限界を示す。そのために，まず次節において，前章までに明らかにした Noreen (1991) が示す条件における問題点を再提示する。第3節では Bromwich & Hong (1999) の見解を示し，その貢献を明らかにする。第4節では，Bromwich & Hong (1999) の貢献により対処できた問題，対処できない問題，新たに生じた問題を明らかにする。

第2節　コスト・プール別計算と製品別計算において残された課題

Noreen (1991) は，原価計算システムが具備しなければならない要件を示したことで，原価計算の基本構造に関する研究 (analytical approach) の先駆的な役割を果たしている。しかしながら，Noreen (1991) の示した3つの条件は，必ずしも完全なものであるとはいえない。前章までで示した Noreen (1991) の条件に潜在的に存在する諸問題の内，残された課題を本節で再提示する。

2-1. コスト・プール別計算の段階における諸問題

計算構造上の諸問題を扱った研究の潮流において，Christensen & Demski (1995；1997) および Bromwich & Hong (1999；2000) が示すように，Noreen (1991) は，大きな貢献をもたらした。まず，企業が製品を製造するために活動が必要になり，その活動を行うために資源が消費されるという前提の下，企業における生産活動の全体原価関数 (基礎をなす現実の原価関数) $C = C(\mathbf{a}(\mathbf{q}))$ を導

第6章　現代的原価計算システムの再構築

いた。この全体原価関数により，原価計算の第1番目のプロセスである原価収集プロセス（発生原価の測定ないし消費資源の原価の測定）が行われる。コスト・プール別計算は，測定された消費資源の原価を各コスト・プール別に割り当てるプロセスであり，原価集計プロセスの第1段階目に当たる。Noreen (1991) は，第1条件の前段で，基礎をなす現実の原価関数が各コスト・プール別に分割可能であることとしている。さらに，第1条件後段で，このときの各コスト・プールは単一の活動のみに依存することとしている。要するに，基礎をなす現実の原価関数 $C=C(\mathbf{a}(\mathbf{q}))$ が，活動単位を表す各コスト・プール別原価関数に分割されるということである。Noreen (1991) は，これを第1条件として示したものの，いかにして分割するのかについては具体的には何も示していない。このコスト・プール別計算の段階で誤差が生じると，製品別計算の段階ではさらに大きな誤差となり，製品原価を歪めてしまう。したがって，コスト・プールの設定および各コスト・プール別原価関数の設定は，非常に慎重に行われなければならない。そこで，Christensen & Demski (1995) は，Noreen (1991) の示す全体原価関数に価格要因と技術制約要因を組み込んで，全体原価関数を修正した。すなわち，古典的アプローチ（ミクロ経済学的アプローチ）によって派生需要弾力性の概念を導入し，①分割可能性の条件（同じ経済的属性を有する資源が同じプールへ集約）および②加法性の条件（各プール間が独立）を導いたのである。

しかしながら，第3章における議論は，Noreen (1991) の示す第1条件に焦点を当てており，その後の製品別計算への連携や，非操業度関連のコスト・ドライバーの存在等に関しての議論に欠けている。Noreen (1991) における第2条件および第3条件と，①分割可能性の条件および②加法性の条件との関連（相互関係）についても分析が必要である。また，いかなる場合に Christensen & Demski (1995) が示した①分割可能性の条件および②加法性の条件を満たすことができるようになるのか，彼ら自身は何ら具体例を示していないことも指摘できる。従来からの会計的アプローチと，彼らが示した古典的アプローチの両者の整合性を取りつつ，詳細に考察しなければならない。

2-2. 製品別計算段階における諸問題

　Noreen (1991) が，とりわけ重要視しているのが第2条件の正比例性である。すなわち，各コスト・プール別の原価が活動に正比例することである。Noreen は，その後，この点を自ら実証的研究によって検証している。各コスト・プール別原価関数を求めることについては，Noreen (1991) を参照するどの研究からも何ら批判はない。しかしながら，その各コスト・プール別原価関数の利用方法に見解の相違が存在する。各コスト・プール別原価関数の傾き (勾配) が，コスト・ドライバー・レート (配賦率) を表し，いわゆるコスト・ドライバー単位当たり平均原価が製品に関する意思決定を行う際の増分原価率として扱われ得る。Noreen は，正比例性を主張しているので，各コスト・プール別のコスト・ドライバー・レートは，活動量の増減にかかわらず常に一定と考える。一方の Demski は，各コスト・プール別原価関数のレリバント・レンジ内において線形性が仮定できれば十分である旨を述べている。各コスト・プール別原価関数のレリバント・レンジ内における傾きは限界原価を表し，これをコスト・ドライバー単位当たり増分原価率であると考える。したがって，正比例性であることや，原価関数の切片が0であるか否かには関心がない。単に LLA の設定方法の問題であるとしている。システム選択論に立脚する Demski らしい見解ともいえる[1]。

　Noreen と Demski の見解の相違は，原価計算システムから得られる原価データのその後の利用方法や，レリバント・レンジの重要性等に見ることができる。しかし，これらの見解の相違は，どのような時に問題になり，どのような時には問題にならないのだろうかという疑問が生じる。それに関連して，現代の原価計算の基本構造における研究の発展と結び付けて考える必要もあるかもしれない。ABC における発展に関して言えば，とくに理論の深化の過程における重要な転機を Cooper (1990) および Kaplan (1990a) 等に見ることができる。すなわち，活動の階層の存在を明らかにし，非操業度関連のコスト・ドライバーの特質を明示したことにある。非操業度関連のコスト・ドライバーは彼らの見解の相違に影響を及ぼしているのか。さらに，各コスト・プール別原価

関数の説明変数に強度ドライバーが使用された場合には影響が出るのか。いかなる場合に，各コスト・プール別原価関数の平均原価と増分原価の相違がなくなるのか。

ところで，一般に段取活動のコスト・ドライバーには段取回数よりも段取時間の方が優れているといわれる。その理由は，段取活動1回当たりの時間が等しいとは限らないため，その相違を考慮すると段取時間の方が優れているとするものである[2]。Datar & Gupta (1994) の例示では，段取活動のコスト・ドライバーについて，段取回数ではなく段取時間を使用しないと特定化誤差が生じるという例を示している。しかし，なぜ段取時間が優れたコスト・ドライバーであるのかについて説明をしていないことも指摘しておく必要があるだろう。

ここで，以上の問題と第4章における検討は，いずれもコスト・プール別の原価が正確に計算されていることを所与として展開されていることに注意が必要である。一般にも，製品別計算における正確性を志向してコスト・プールを細分化すると，コスト・プール別計算の段階において共通費が相対的に増大してしまう問題がある。共通費に関連する問題として，Bromwich & Hong (1999) が示す条件は何らかの貢献があるのかについても分析する必要があるといえよう。

2-3. 原価計算システム全体の一貫性に関する問題

DatarとGuptaの見解により，コスト・プール別計算における正確性を追究すると製品別計算における正確性が損なわれる可能性があり，逆に製品別計算の正確性を追究しようとするとコスト・プール別計算の正確性が損なわれる可能性があるというジレンマが存在することが明らかになった。これに基づいてNoreen (1991) の示す条件間の関係を分析した結果，条件間でトレード・オフが生じる可能性が明らかになった。いわば，共通費に関するジレンマであるといえよう。

本書の第3章ではコスト・プール別計算に着目し，その精緻化を図った。そのためにNoreenの第1条件に着目し，それを拡張したのである。一方，第4

章では製品別計算に着目し，コスト・ドライバーの役割と各コスト・プール別原価関数の利用方法について述べた。いずれも原価集計プロセスの各段階にのみ注目し，各段階間の相互関係については大きく採り上げられていない。第5章で，その問題に着目し，Noreen (1991) の条件間の関係を分析して，そのような問題が生じる可能性を明らかにしたが，この問題に対して何らかの施策はあるのだろうか。それとも，このようなコスト・プール別計算と製品別計算との間に存在するジレンマは，生来的に解消不能なものなのか。また，Noreen や Christensen & Demski の所説に対して，各条件間の関係をより詳細に分析することが可能になるのか等の疑問が残る。

また，Datar と Gupta の所説における統合化誤差および特定化誤差と，測定誤差との間のトレード・オフ問題を解消するためには，消費資源の原価を測定する原価収集プロセスの段階から，コスト・プール別計算を介して，個別原価計算や総合原価計算といった製品別計算の段階に到るまで一貫した原価計算システムが構築されなければならない。

以上より，共通費に関するジレンマや，コスト・プール別計算段階における諸問題，製品別計算段階における諸問題，および原価計算システムの一貫性に関する諸問題が残されているといえる。次節では，Bromwich & Hong (1999) が示唆するところを明らかにするために，彼らが示した8つの条件の導出過程について述べる。

第3節　Bromwich & Hong (1999) の見解

Bromwich & Hong (1999) は，何らかの意思決定によって生じる増分原価として定義する経済的原価を測定するために，Noreen (1991) の見解を拡張して，原価計算システムが有するべき本質的条件の導出を試みている。Noreen (1991) が資源の価格要因と技術制約の要因を考慮していなかったことと，Christensen & Demski (1995) が技術制約の要因に関して大きな関心を抱いていなかったことに対し，技術に関する3つの条件を導出している。本節では，

技術に関連する条件に加え,会計システムに関連する2つの条件,資源の価格に関連する2つの条件,および追加の条件1つについて説明する。

3-1. 議論の前提:古典的アプローチの拡張

Bromwich & Hong (1999) は,議論の前提として,会計的分割可能性 (accounting separability) を定義している。会計的分割可能性は,全体原価関数を独立の各コスト・プール別原価関数 (subcost function) に分割するために,コスト・プール,コスト・ドライバー,およびコスト・プール別配賦率を利用する2段階配賦法の考え方に準拠している。その仕組みは,まず (3-1) 式で表される全体原価関数が求められ[3],全体原価関数式の分割を原価計算における2段階配賦法の第1段階に相当するとし,次式のように示される (w:価格要因を表すベクトル,y:製品を表すベクトル)。

$$(6-1) \quad c(w, y) = c^1(w, y) + c^2(w, y) + \cdots\cdots + c^K(w, y)$$

(6-1) 式の左辺は全体原価関数を表し,右辺各項の $c^k(w, y)$ (ただし,$k=1, \cdots, K$) がコスト・プール k の原価関数を表している。この式は,第3章における (3-6) 式と同等のものであると考えてよい。つまり,原価集計プロセスの第1段階において,全ての投入要素(資源)が K 個のグループないしプールに分割され,各コスト・プールは投入要素(資源)の束を含む。次に原価集計プロセスの第2段階では,$h^k(x^k)$ として表される各プール別の集約コスト・ドライバーが利用される。この時,コスト・ドライバーは投入要素(資源)のベクトル x の関数であり,x それ自身が製品 y と投入資源の価格要因 w の関数となるから,$h^k(x^k) \equiv h^k(x^k(w, y))$ と表される。ある製品に利用されるコスト・ドライバー量は,コスト・プール別の配賦率(価格指標 p^k,$p^k = c^k(w, y)/h^k(x^k)$)によって価格付けされる[4]。したがって,製品 j の製品原価は次式によって計算される。

$$(6-2) \quad c_j(w, y) = \Sigma_k c^k_j(w, y_j) = \Sigma_k w^k x^k(w, y_j) = \Sigma_k p^k h^k_j(x^k)$$

(6-2) 式は，第1章で示した (1-6) 式と本質的には同等である。したがって，会計的分割可能性によって全体原価関数式と2段階配賦法の論理を用いて表すと，全体原価関数と各製品の原価の関係は次式のようになる（製品の種類はn種類とする）。

$$(6\text{-}3) \quad c(x, y) = c_1(w, y_1) + c_2(w, y_2) + \cdots\cdots + c_n(w, y_n)$$

ここで，原価計算システムから提供される原価が増分原価ないし回避可能原価の基礎データであるために，製品jの原価関数が次のように表される必要がある[5]。

$$(6\text{-}4) \quad IC_j(w, y) = c(w, y_1, \cdots, y_j, \cdots, y_n) - c(w, y_1, \cdots, y_{j-1}, 0, y_{j+1}, \cdots, y_n)$$

(6-4) 式によって，製品jの製品原価$c_j(w, y_j)$は，製品jに関する増分原価$IC_j(w, y)$を表すことになり，$c(w, y) = \Sigma_j IC_j(w, y)$となる。したがって，各製品の原価の和が全体原価関数として計算されるのである。

$$(6\text{-}5) \quad c(w, y) = \Sigma_j c_j(w, y_j)$$
$$\therefore c_j(w, y) = c(w, 0, \cdots, 0, y_j, 0, \cdots, 0)$$

(6-3) ～ (6-5) 式は，本書の第1章の (1-7) 式および (1-8) 式で示した増分原価に関する定義と同等であることに注意されたい。しかしながら，価格要因wが組み込まれていることが決定的な相違であるといえる。Noreen (1991) も，同じ定義をしているものの，投入資源の価格要因wが組み込まれていない。

また，ここで重要な点は，(6-2) 式の最右辺の$\Sigma_k p^k h^k_j(x^k)$が操業度関連のコスト・ドライバーのみを利用した原価だけでなく，非操業度関連のコスト・ドライバーをも利用した原価を含んでいることである。Cooper (1990) が示したように，製品原価を構成する活動には4つの階層があり，各階層の各活動別にコスト・ドライバーが設定される。すなわち，ユニット・レベル活動，バッチ・レベル活動，製品維持レベル活動，および工場維持レベル活動の階層の相

違を，$h^k(x^k)$ で表さなければならないのである。

さらに，(6-1)～(6-5)式で示された各原価関数式は，経済学上の理論の制約を受ける。すなわち，生産量および投入資源量は非負であること，価格要因 w および製品 y について全体原価関数が非減少的であること，全ての原価が変動的である場合に価格要因 w に関して凹型で，連続的で，かつ，正で線形的に同質であること（線形同次ないし一次同次関数）が求められていることも忘れてはならない（Chambers 1988, p.52）。

いずれにしても，Bromwich & Hong（1999）の目的の1つは，より一般的に Noreen（1991）の示した条件を満たすために，技術制約と資源の価格要因とに関する条件を検証することにある。(6-1)～(6-5)式で示された各式は，以下に示す諸条件を導出するための基礎となる。

3-2. 技術に関連する条件

技術は企業の原価構造の主要な決定要因である[6]。まず，企業における製品生産量と，それによって必要とされる資源投入量との関係を決定する技術要因の重要性について，次のように述べられている。

「コスト・プールの原価と，それらの原価の変動を引き起こす要因との間の比例性に関する通常の仮定は，従来の文献では特徴づけられていない技術に関する非常に強固な仮定を要求している。技術要因を考慮に入れることによって，資源の価格に関する追加的に必要な条件に焦点を当てて原価関数およびその分割可能性のみに集中するよりも，よりよく原価を理解できる」（Bromwich & Hong 1999, p.41）。

Bromwich & Hong（1999）によると，技術に関連する条件を検討するに当たり，次の2つの定式化が必要であるという。それは，製品間の非結合性の仮定と，各製品に利用される資源のグループ間の分割可能性である。

まず，製品間の非結合性の仮定は製品を個別に分別して把握することができ

ることを表しており,それによると生産関数を次式のように表す必要があるという。

(6-6)　　$y = f(x) = F(f_1, \cdots, f_j, \cdots, f_n)$

ただし,$f_j = y_j = f_j(x_{1j}, \cdots, x_{ij}, \cdots, x_{mj})$であり,かつ,$x_{ij}$は製品$j$を生産するために利用された資源$i$を表す。ここで,$y = f(x)$は企業の全体の生産関数を表し,$y_j = f_j(\cdot)$は製品$j$に関する個別の生産関数を表している。さらに,次式のように,非結合性は,利用されたいかなる資源の総数量も各製品別の生産関数における合計で把握可能であることを必要としている。

(6-7)　　$x_i = \Sigma_j x_{ij}, \ \ for\ all\ i = 1, \cdots, m$

ここで,Bromwich & Hong (1999) は,全ての製品に対して分離した個々の要求資源の集合$V_j(y_j)$が存在する場合に限り,技術が非結合的であるとしている。個々の資源要求量の合計は,資源に対する総需要量$V(y)$と等しくなければならない[7]。このようにして,非結合性によって,各生産関数は,たとえ関係する生産工程が物理的に分離していなくとも,全ての他の生産関数とは分離しているようになる。独立の生産関数は,範囲の経済/不経済が全体の生産技術によっては現れないことを意味する。したがって,ある1つの製品を製造するためのある1つの活動で消費される資源の総量はその活動用役を利用する他の製品のために消費される資源の量とは無関係であり,かつ,このことは製品の製造に携わる全ての活動に対して当てはまるということである。すなわち,製品の生産は,その製品のために設けられるスタンド・アローンのコスト・プールの集合が利用されるものとして想定される。この非結合性の仮定は,コスト・プールに対する非常に強固な仮定である。実はこの条件のみが強調されると,製品単位や製品ラインに直課できるコスト・プール以外の存在は認められないことになってしまう。すなわち,直接費プールに集計されるような原材料費や直接工の人件費以外は除外されてしまうのである。

ここで,前述の (6-2) 式の存在意義が重要になる。(6-5) 式は製品別の視

第6章 現代的原価計算システムの再構築　213

点からの計算式になっているのに対し，(6-2) 式は特定製品を製造するための活動別の視点からの計算式になっている。すなわち，非結合性の概念は，製品間の非結合性を反映したコスト・プール間の非結合性と，コスト・プールに対する需要を反映したコスト・プール内の非結合性に区分できるのである。このことは，次の引用文から読み取ることができる。

「(コスト・プールの観点から非結合性の条件を示す (6-2) 式が) コスト・プール間においてもコスト・プール内においても，範囲の経済および不経済がないという条件は，全体の原価関数がコスト・プール別の原価を用いて表される場合，原価関数が非結合的であることを示すための必要十分条件であることを意味する」(Bromwich & Hong 1999, p.46：引用文中のカッコ内は筆者が補足した)。

要するに，非結合性は，独立の生産関数が各コスト・プール別に形成されるための必要条件の1つに過ぎない。さらに，技術は，まず，ある資源グループにおける投入資源の束をある単一のコスト・ドライバーに集約させる方法で，分割可能なのである。これが製品間の非結合性の仮定である。その上で，あるプールの原価関数が集約された資源と価格指標の関数として表され，各製品に利用される資源のグループ間の分割可能性が必要になる。

第3章における (3-1) 式で示したように，全体原価関数は，資源の価格要因と製品の関数として表されている。同様に，全体原価関数を内生的に分割した各コスト・プール別の原価関数も，資源の価格要因と製品の関数で表されなければならない。したがって，(6-2) 式からコスト・プール k の原価を次式のように表すことができる。

(6-8)　$c^k(w, y) = \Sigma_j h^k_j(x^k) \cdot p^k(w)$

(6-8) 式の右辺における $h^k_j(x^k)$ はコスト・プール k における製品 j によって利用される集約した活動用役の量（製品別の需要を表すコスト・ドライバー量）であり，$p^k(w)$ はコスト・プール k に集約された投入資源の単位の価格指標を表

す定数である (コスト・プール別コスト・ドライバー・レートないし配賦率)。つまり、あるコスト・プールに対する各製品別のコスト・ドライバー量の総計 $\Sigma_j h^k_{ij}(x^k)$ が、そのコスト・プールにおける用役提供量の総計になる (ただし、未利用部分を除く)。

さらに、詳細な分析をするためには、資源間の代替性を表す技術的限界代替率 (marginal rate of technical substitution: MRTS) の概念を用いなければならない (Bromwich & Hong 1999, pp.48-49)。所定の生産量 (活動の用役提供量) を満たすために、ある投入資源が他の投入資源に取って代わる場合の等生産量曲線の傾きがMRTSとなる。例えば、ある作業に従事している作業員について、同じだけのアウトプットを産出するための熟練工と一般工員とのポートフォリオの変化率がMRTSである。したがって、その作業に従事する熟練工員数を a、同作業に従事する一般工員数を b とし、両者の関係 (等生産量曲線) を $b=5/a$ で表せるとすると、$\partial b/\partial a = -5/a^2$ となる。その作業に従事していた熟練工と一般工員が各々1人と5人であったとすると、その作業から仮に熟練工1人を削った場合、その他の条件が全て一定で同じだけのアウトプットを産出するためには一般工員が5人追加で必要になることを表している。そして、この場合の重要な特徴は、アウトプットの産出量の規模にかかわらず、MRTSが一定であることを要する。Bromwich & Hong (1999) によると、各コスト・プール別の投入資源間のMRTSが一定でなければならないとしている。すなわち、その作業を受ける製品の数量にかかわらず、その作業を行うために利用される資源のミックスは一定ということである。精製水を製造する場合の原料の水素と酸素のミックスは、精製水の生産量にかかわらず2:1で一定であるということである。これが相似的技術 (homothetic technology) の条件である。

以上のような技術的分割可能性の条件は、企業全体におけるコスト・プールの分割および各コスト・プールにおけるコスト・ドライバー量の分割に役立つ。そして、次に示す技術に関連する3つの条件が導出される。

(1) 技術は、投入資源について非結合的であり、結合生産の経済や不経済

はない。
(2) あるコスト・プール内の投入資源は，単一の全ての投入資源に集約できること：すなわち投入資源は局所的に分割可能である。
(3) 各コスト・プールのための技術が相似的，つまり投入資源のミックスがアウトプットの量にかかわらず一定である。

3-3. 会計システムに関連する条件

会計システムに関する条件として，ここでは，コスト・ドライバーが，コスト・プールにおける投入要素（資源）のではなく，あるコスト・プール内の集約された投入資源の関数として表されるための条件について述べる。

集約されたコスト・ドライバーが資源の利用と原価を説明する際に歪みを生まずに用いられるために，あるコスト・プールを形成する投入要素（資源）における比例的な増加が，そのコスト・プールの集約された資源ないしコスト・ドライバーにおける同様の増加を伴って，反映される必要がある。すなわち，コスト・ドライバーは，そのコスト・プールを形成する投入要素（資源）について，線形的に同質でなければならない。線形的に同質である（線形同次ないし一次同次関数）とは，コスト・プール k のコスト・ドライバー $h^k(x^k)$ について次の式が成り立つことを言う。

(6-9)　　$h^k(\lambda \cdot x^k) = \lambda \cdot h^k(x^k), \quad \lambda > 0$

したがって，ある製品からコスト・プール k に対する需要量が2倍になった時に，コスト・プール k に集約されている投入資源の利用量も2倍になることを表している。現在の製品Aの月間生産量が1,000単位で切削活動に従事する工具の作業時間が2,000時間であるとし，これを1,500単位にまで増産する時に，その工具の作業時間が1.5倍の3,000時間になるような状況を示している。このような関数においては，独立変数におけるいかなる変更も正確に従属変数における変化に反映できる。この特性は相似的生産関数（homothetic production function）を必要とする。要するに，コスト・ドライバーが正確にそのコスト・

プールにおける資源の利用を測定するためには，（ⅰ）そのコスト・プールの生産関数が局所的に相似形であり，非結合的であること，および（ⅱ）コスト・ドライバーがコスト・プールの投入資源に関して線形的に同質（線形同次ないし一次同次関数）であることが条件となる。この点を段取活動のコスト・ドライバーに当てはめて例示すると，段取コスト・プールに集約されるある資源ないしある資源の組み合わせが利用されるので，線形同次を満たすようなコスト・ドライバーとして段取回数か，段取時間が選択されることになる。このような会計システム上の選択の問題は非常に重要である。ABCの本質の1つは，この選択を適切に行うことにある。コスト・プールおよびコスト・ドライバーの選択がこの条件を満たしていない場合に，歪められた製品原価の数値が算出されることになる。実務上は費用と便益との比較で選択されるが，理論上の問題として，この選択に関する問題を取り扱ったのがDatar & Gupta (1994) やChristensen & Demski (1997) である。とくにDatar & Gupta (1994) の例示では，段取活動のコスト・ドライバーの選択に段取回数ではなく段取時間を用いなければ，特定化誤差（コスト・ドライバーの選択ミスによって生じる製品原価の誤差）と呼ばれる歪みが生じる旨を指摘している。ただし，Datar & Gupta (1994) は，なぜ段取回数よりも段取時間が優れたコスト・ドライバーであるのかを説明していない。この点は，Bromwich & Hong (1999) による条件によって初めて解釈が加えられるといえる。

　ここまでは，ある所与の活動単位を表すコスト・プールに集約される投入資源を，その他のいかなるコスト・プールに集約される資源と区別するための条件について説明した。さらに，コスト・プールの独立性に関する条件が必要になる。ここでは，企業内で消費される中間製品を生産するものとして，活動を見ていく。いわば，活動単位を表すコスト・プールの設定の基準について分析する。企業内の各活動単位が，分離した生産関数を表し，集約された資源を表すものとして扱われるためには，各活動単位がそれぞれの中間製品を生産しているものとしなければならないので，生産関数を次式のように表さなければならない。

$$(6\text{-}10) \quad y = f(x) = F(f^1(x^1), \cdots, f^K(x^K))$$

(6-6) 式では製品別に生産関数を分離させたのに対し，(6-10) 式では，副生産関数 $f^k(x^k)$ が $(k=1, \cdots, K)$，総生産関数 $F(\cdot)$ を経由して最終製品を製造するときに利用される中間製品を生産する投入要素 (資源) をグループ化する。このように，生産関数の分割可能性によってコスト・プールが独立的に扱われ，局所的な相似によって単一のコスト・ドライバーが生産量にかかわらず各コスト・プール別に利用されるようになる。

したがって，会計システムに関連する条件は，次の通り示すことができる。

(4) あるコスト・プールの集計された資源ないしコスト・ドライバーは，そのコスト・プールの投入要素 (資源) において線形的に同質 (線形同次ないし一次同次関数) である。
(5) 活動の定義は，技術が分割可能であることを要する。

3-4. 資源の価格に関連する条件

本セクションでは，投入資源の価格とコスト・プール別の配賦率 (コスト・ドライバー・レート) について述べる。

まず，投入する資源についての完全市場が存在することによって，投入資源の価格が生産量ないし活動量に対して線形であることが確保される。さもなくば，同一の資源に異なる価格付けがされてしまうかもしれない。次に，コスト・プール別の配賦率 (コスト・ドライバー・レート) について述べる。すでに (6-8) 式で明らかにしたように，各コスト・プール別の原価関数は，コスト・ドライバー量とコスト・ドライバー・レートの積での関数で表すことができるので，コスト・プール k の価格指標 (コスト・ドライバー・レート) $c^k(w)$ は，次式のように表すことができる (製品は n 種類)。

$$(6\text{-}11) \quad c^k(w, y) = \{h_1^k(x^k) + \cdots + h_n^k(x^k)\} \cdot c^k(w)$$

(6-11) 式において，$c^k(w, y)$ はコスト・プール k の原価総額（活動原価）であり，$h_j^k(x^k)$ $(j=1, \cdots, n)$ は製品 j に利用されたコスト・プール k の活動用役量であり，さらに $c^k(w)$ はコスト・プール k の価格指標となる。したがって，$c^k(w)$ と p^k は等しくなり，$p^k = c^k(w) = c^k(w, y)/h^k(x^k)$ となる。このコスト・プール別の価格指標は，製品の生産活動によって消費される資源のバランスないしミックスを反映していなければならず，製品別に利用されるコスト・ドライバー量にかかわらず全ての製品に対する所定の投入資源の価格に対して一定でなければならない。

したがって，資源の価格に関連する条件として次の2つを挙げることができる。

(6) 完全な投入資源の市場が存在する（価格における非結合性があること）。

(7) あるコスト・プールの価格指数は，量に対して一定であり，投入要素（資源）の価格に対して線形的に同質である（線形同次ないし一次同次関数）。

3-5. 原価関数の分割可能性に関する条件

Bromwich & Hong (1999) が示す最後の条件は，次の通りである。

(8) 価格変化に直面しているコスト・プール内の資源間の代替性が，そのグループ外部の価格および生産量とは独立であることが原価関数に確保された結果，技術は，弱く相似的に分割可能である。

この条件がないと，原価計算システムが，生産量とは無関係でなければならない各コスト・プール別の単位原価（コスト・ドライバー・レート）を必要としているのに対し，局所的な原価関数が生産量の関数になってしまうのである。

以上の8つの条件により，ABC を含む製品原価計算システムは，経済学の理論と整合性の取れた増分原価データを提供することが可能になる。

第4節　正確な原価計算システムの実行可能性の条件

本節では，Bromwich & Hong (1999) が提示した8つの条件から導かれるべきインプリケーションを明らかにし，コスト・プール別計算段階，製品別計算段階，および原価計算システム全体の一貫性に関する諸問題についてより詳細に分析することができ，補完することができるものと思われる。本節までの考察において残された課題について，いかなる貢献があるのかを明らかにしたい。

4-1. Bromwich & Hong (1999) から得られるインプリケーション

Bromwich & Hong (1999) は，ABC を含む製品原価計算システムが増分原価を測定するために，技術の原価関数に対する必要十分条件を示している。増分原価データを提供するための基礎として会計的分割可能性という概念が導入され，これによって各コスト・プール別原価がその増分原価とスタンドアローン・コストを測定することが必要となった。彼らの貢献は，分離された技術と技術の非結合性の下で，製品と資源の原価最小化結合関数を特徴づける経済理論における必要十分条件を引き出したことにある。さらに，彼らは，ABC の基礎を形成する経済学的仮定が存在することも明らかにした。その仮定を満たすために，技術に関連する条件，会計システムに関連する条件，コスト・プール別配賦率に関する条件，資源の価格に関する条件が示されている。これらの仮定の必要性は，あるコスト・プールの原価と活動量との比例関係（Noreen (1991) の示す第2条件）を確保するために要求される条件によって体現される。

この比例性の原理は，以前，ABC がその自身の比例性の本質的条件を示さずに増分原価を測定するために必要であると示されたものである。ここで，比例性の必要十分条件は，①局所的な生産関数の非結合性，技術の局所的相似形（アウトプットの分割可能性），②投入要素（資源）に対して一次同次であるコスト・ドライバー，および③コスト・プール別配賦率が投入要素（資源）の価格

と一次同次で生産量とは切り離されていることを含む適切な価格である，という3点によって示される。比例性の検証については，Noreen & Soderstrom (1994) 等の研究がある。もう1つの重要な知見は，活動の概念と識別によって，生産関数の分割可能性の必要性を巻き込み，その結果，意思決定における分権化を可能にするということである。

　Bromwich & Hong (1999) は，資源の価格要因を一定と仮定した Noreen (1991) を拡張したものであるといえる。このようにして原価と技術の間における二重性の全てが，特殊な技術の必要性と，各コスト・プールにおける全ての製品に対する一定の投入資源ミックスの必要性に焦点を当てられる。価格変化を包含することは，さらに，コスト・プール別配賦率の会計的分割可能性に対する必要条件を導出する。これらは，投入要素（資源）の価格から見て比例性を示し，価格指数（コスト・プール別配賦率）を各コスト・プール外部の価格とは独立的に扱うための条件の集合を示している。

　さらに，技術制約の要因については，原価計算で扱う技術の特性が複雑で多面的であることを示している。技術の諸特性は，必ずしも ABC の原価関数を表すための探求をしている文献上で見られる完全に固定的な割合を用いる Leontief の技術を仮定することによっては，完全には捕捉されない[8]。このことは原価関数が線形性に従うということになり，各コスト・プールは完全に他とは分離されていることを意味する。このようにして，局所的に同次の生産関数および生産関数の分割可能性に対してよりも，技術には強固な制約が課せられる[9]。

　以上より，Bromwich & Hong (1999) の見解において重要なことは，各コスト・プールに各資源の原価を割り当てるための資源別の資源ドライバーと，コスト・プール別のコスト・ドライバー（活動ドライバー）との間における比例関係の存在を要求しているということである[10]。比例関係が成り立つ場合に限り，各コスト・プール別原価関数は正比例を示し，その傾きを表すコスト・プール別の配賦率（価格指標：p^k）が $p^k = c^k(w, y)/h^k(x^k)$ で計算され得るといえる。

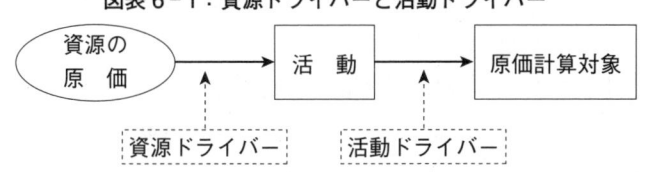

図表6-1：資源ドライバーと活動ドライバー

資源の原価 → 活動 → 原価計算対象
　　　↑　　　　　↑
　資源ドライバー　　活動ドライバー

　一般にABCでは「資源ドライバーを用いて資源の費用から活動へ写像する。資源ドライバーは，企業の財務システムや総勘定元帳システムから把握される支出と費用を，実行された活動に結び付ける」(Kaplan & Cooper 1998, p.86)[11]。したがって，原価計算における2段階配賦法において，一般に図表6-1のように，資源ドライバーは活動別原価の集計に利用され，活動ドライバーは製品別の原価の集計に利用される。

　この図表6-1において，当然に，原価計算対象たる製品種類は複数となり，それらの製品を製造する活動の種類も複数となる。各コスト・プール別原価関数の説明変数は活動ドライバーであり，各製品の活動用役利用量（製品別の活動ドライバー量）に応じて製品の原価を集計する。同様に，各プールに集約される資源の束の原価は，各資源別の資源ドライバー量によって測定され，活動別の資源利用量（活動別の資源ドライバー量）に応じて活動別に割り当てられる[12]。この場合に，資源ドライバー量と活動ドライバー量との間に比例関係を形成できるような資源のみに限って，その活動プールに集約することができるということを，Bromwich & Hong (1999) は示している。例えば，段取活動であれば，段取時間と比例関係をもつような直接工の段取作業時間が段取活動に集約される。この場合，工員の人件費は時間を単位として取得し消費されるので，工員という資源の資源ドライバーには就業時間が選択されなければならない。したがって，段取活動の活動ドライバーについても，段取回数1回あたりの時間が等しいと仮定できる場合以外は段取時間が段取回数よりも適切なドライバーとして選択されなければならないのである。

　資源ドライバーと活動ドライバーとが比例関係にあることと関連して，各コスト・プール別配賦率は各資源の価格要因と密接な関係をもつことになる。す

なわち，それぞれの資源消費度合を加重して，各資源ドライバー・レートから各コスト・プール別活動ドライバー・レートが計算されるのである。資源ドライバーと活動ドライバーとが比例関係にあれば，コスト・プール別の原価関数は必ず正比例となり，その傾きは一定になる。その意味では，Noreen (1991) の第2条件に対する貢献が非常に大きいといえる。

以上，資源ドライバーと活動ドライバーとが比例関係になるための条件を示したことが Bromwich & Hong (1999) の最大の貢献であるといえよう。コスト・プール別計算段階で使用される資源ドライバーと製品別計算段階で使用される活動ドライバーとの間に，比例関係の存在を求めたということは，両計算段階における整合性に示唆を与えるものである。Bromwich & Hong (1999) によると，この比例関係を成立させるための各条件が満たされない限り，原価計算システムからは，歪められた原価データが提供されることになるとされている。

4-2. Noreen および Christensen & Demski の見解に関する分析

すでに明らかにした通り，Noreen (1991) は，ABC が意思決定に資する適切なデータを提供するために，①基礎をなす現実の原価関数が各コスト・プールへ分割可能であり，それらの各コスト・プールは単一の活動のみに依存すること，②各コスト・プール別の原価が活動に正比例すること，③各活動が製品間で分割可能であり，各製品に帰属する部分はその製品のみに依存すること，という3つの条件を掲げた。これらの条件は，Noreen によると同時に満たされる必要があり，とりわけ，第2条件の正比例性が最重要視されている。ここで，とくにコスト・プールの設定およびコスト・プール別計算に焦点を当てると，従来の文献による会計的アプローチと Christensen & Demski による古典的アプローチから，Noreen の見解のとくに第1条件との関連で新たな示唆と補完が得られる。

Christensen & Demski の所説による古典的アプローチでは，とくに資源の価格要因を利用して，分割可能性の条件と加法性の条件が導出されている。分

割可能性の条件は，全体原価関数を構成する投入要素（資源）の価格要因について微分して派生需要弾力性の概念を導入し，あるプールに集約される資源の種類が経済的に同じ属性を有していることを必要としている。この点について，Bromwich & Hong (1999) は，資源の価格要因だけでなく技術制約の要因にも着目しているのである。

まず資源ドライバーと活動ドライバーとが比例関係にある場合，分割可能性の条件は既に満たされていることが判る。同じような経済的属性を有する資源でなければ，各資源別の資源ドライバーを集約することができない。各資源別の資源ドライバーが集約されて初めて，それらの資源ドライバーと活動ドライバーとの間に比例関係が成立することになる。したがって，分割可能性の条件は，資源ドライバーと活動ドライバーとの間の比例関係を成立させるための必要条件であるといえる。コスト・プール間の交差弾力性が0になる（各コスト・プールが独立）という加法性の条件については，各コスト・プール別原価の合計が企業全体における原価総額を表していることを示している。すなわち，加法性の条件は，各コスト・プールにおける範囲の経済や不経済が生じないことを示しており，技術に関連する条件および資源の価格に関連する条件と結び付いている。したがって，加法性の条件も資源ドライバーと活動ドライバーとが比例関係になるための必要条件であるといえよう。

以上より，Christensen & Demski (1995) による古典的アプローチから導出された2つの条件は，資源ドライバーと活動ドライバーとが比例関係になるための必要条件となり，すなわち，コスト・プール別計算段階と製品別計算段階における整合性を確保する上で，重要な役割を果たす可能性がある。

4-3. Noreen & Soderstrom と Demski の見解に関する分析

製品別計算段階に着目すると，Noreen (1991) は，第2条件（コスト・プール別原価が活動に対して正比例すること）を最重要であると位置づけて，自ら検証を行っている[13]。Noreen の所説では製品別計算段階に着目して，各コスト・プール別原価関数が活動に対して正比例するかという点に焦点を当てた検証を

行っており，それは従来からの原価計算研究において製品別計算段階に重点を置いてコスト・プール別計算段階との整合性を軽視していた傾向と一貫する。その意味では，Bromwich & Hong (1999) が資源ドライバーと活動ドライバーが比例関係を求めたことは，Noreen の所説において重要な補完的役割を担うことができるといえよう。

次に，Noreen と Demski の見解の相違があることを思い起こすことができる。両者の見解の相違における最も重要な点は，正確性が保証されるレリバント・レンジを考慮しているか否かにある。Demski (1997) によると，少なくともレリバント・レンジ内では，コスト・ドライバーとコスト・プール別原価の間を線形的に近似することが妥当であるという。ここで，Demski (1997) は，LLA の傾きが必ずしも原価関数を微分して算出したもの（限界原価）でなければならないとは述べていない。LLA は，会計担当者の恣意性や，機械的な選択の影響を受けざるを得ないからである。当然，選択の仕方によっては，LLA が原点を通るように，すなわち正比例になるように設定することも可能である。実は，資源ドライバーと活動ドライバーとが比例関係になっている場合には，LLA が正比例であるように設定されても妥当であることを指摘できる。

前述の例の通り，Bromwich & Hong (1999) は，資源ドライバーと活動ドライバーが比例関係になるように，段取活動の活動ドライバーとして段取時間が選択され，その段取時間の増加に応じて利用量（資源ドライバー量）が増加するような資源（工具等）が段取活動に集約ないしグルーピングされる。この要件を満たすということは，Noreen (1991) の第2条件である各コスト・プール別原価と活動との正比例性を確保するためには，非常に重要な役割を果たす。

資源ドライバーと活動ドライバーとが比例関係にあるということは，活動ドライバー量が増加すると，それに応じて各資源の資源ドライバー量が増加する。しかも，その増加率について，活動ドライバー量の増加率 $\Delta h^k(x^k)$ は，各資源ドライバーにおける増加率 Δx_i^k と等しいことになる $(\Delta h^k(x^k) = \Delta x_i^k)$。コスト・プールに集約される資源については全て同じ経済的属性を有していることになっており，また技術的な制約により投入資源間のミックスは基本的に一

定であるから，各コスト・プール別の原価関数が正比例性であると考えることができる。その場合には，当然にレリバント・レンジにおけるLLAについても正比例性を考えることができ，各コスト・プール別原価関数の平均原価と限界原価は等しくなるので，Noreenの所説とDemskiの所説との間の見解の相違は問題にならなくなるといえよう。

また，おそらく，Noreen (1991) が意図していなかったことであると思われるが，その第3条件（各活動が製品間で分割可能であり，各製品に帰属する部分はその製品のみに依存すること）は，Bromwich & Hong (1999) の示した8つの条件を満たすために重要な存在であることも指摘できる。本書においては，より望ましい意思決定を導くために個別の製品に関する製品原価を正確に計算することを志向しているため，Noreen (1991) の第3条件は本書における前提的な位置づけであった。しかしながら，技術に関連する条件を導出する過程で導かれた(6-6) 式で示される生産関数は，まさに個別の製品についての技術によって企業全体の技術を形成することができるということを示しており，製品間の非結合性の仮定が必須となっている。したがって，Noreenの所説において第2条件のみが重視されたり，コスト・プール別計算と製品別計算との整合性との関係で第2条件と第1条件との関係が議論されたりすることが多かったが，第3条件も資源ドライバーと活動ドライバーが比例関係を形成する上で重要な役割を有していることに注意が必要といえる。

4-4. コスト・プール別計算と製品別計算との間のジレンマ

第5章において，DatarとGuptaの所説に基づいて，Noreen (1991) の第1条件と第2条件との間に密接な関係があること，かつ，コスト・プール別計算の段階における正確性を追究することと製品別計算段階における正確性を追究することとの間にはトレード・オフが生じる可能性があることを示した。このような問題を引き起こす最大の原因は，共通費の存在である。本書でとくに問題としている共通費とは，部門共通費ないしコスト・プール共通費であり，中間的原価計算対象であるコスト・プールに対する間接原価のことである[14]。

一般に，原価計算において「原価集計プロセスを複雑にする基本的原因は，資源の投入が必ずしも利用に応じて行われないことである」(廣本1997, p.52)。ある資源の消費額である原価発生額が特定の原価計算対象との関連で，直接原価か間接原価かの区分は，当該資源の消費が原価計算対象に対して直接的に投入されているか否かに依存する。たとえば，ある機械を複数種類の製品の製造に用いている場合，その機械のコスト（減価償却費等）は，個別の製品に直接的に投入されているわけではないので間接原価となる。同様に，工場建物の減価償却費や固定資産税等は，工場建物内の複数の部署に対して投入されているので，間接原価となる。ただし，間接原価として把握されているものの中に直接原価として測定可能なものも存在する。その場合には，因果関係をより明確に反映できるとされており，原価集計プロセスの改善には，まず，より多くの原価を直課させることである。

間接原価を直接原価として把握する試みについては，例えば次のような場合がある[15]。工場で使用している電力について，電力料は，工場建物に１つの測定器のみが設置されている場合には，各部門にとって共通費となるが，各部門別に測定器が設定されている場合には個別費となる。空間用役提供活動というコスト・プールを設定した場合には，建物の減価償却費，保険料，固定資産税，空調コスト等が集計され，これらの原価は空間用役提供活動に対して個別費として直課される。ただし，このような原価集計プロセスの改善は原価管理上の有用性を認められるものの，資源の投入と利用の関係を正確に写像するという観点からの有用性には疑問が残る。先の例で，空間用役提供活動というコスト・プールを設定した場合，たしかに各資源の消費原価を各活動別に直接原価ないし個別費として識別することができる。しかしながら，製品の製造活動において，空間用役提供活動等は補助部門ないし副次的活動として扱われなければならず，その原価は製造部門ないし主活動を介して製品に割り当てられる。すなわち，建物の減価償却費等は，コスト・プール別計算の第１次集計の段階では個別費化することができるが，コスト・プール別計算の第２次集計の段階では共通費と同様に配賦計算が必要になるのである。この関係は第１章の

第6章　現代的原価計算システムの再構築　　227

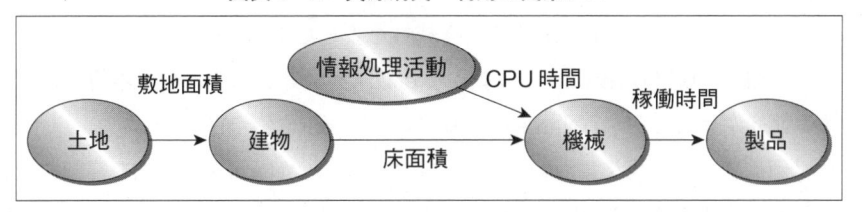

図表6-2：資源消費・利用の因果フロー

[図：土地 →(敷地面積)→ 建物 →(床面積)→ 機械 →(稼働時間)→ 製品、情報処理活動 →(CPU時間)→ 機械]

図表1-3で示した因果フローに基づくものである。ここで再度，図表6-2として示す。

Bromwich & Hong (1999) の貢献は，この因果フローに，資源ドライバーと活動ドライバーとの比例関係を求めるというものである。図表6-2においては各活動別のコスト・ドライバーが活動ドライバーとなり，資源から活動への割り当てに使用されるのが資源ドライバーとなるので，土地という資源のコストを建物に集計するための矢印には資源ドライバーが用いられ，その他の矢印には各活動別の活動ドライバーが使用されている。最終的な活動である機械センターの活動ドライバーないしコスト・ドライバーに対して，いずれの矢印におけるドライバーも比例関係を有していなければならず，さもなくば歪められた原価データが原価計算システムから提供されてしまうという。

Datar と Gupta の所説では，特定化誤差・統合化誤差⇔測定誤差のトレード・オフ問題を解決するための指針は明確には示されていなかった。Datar と Gupta の所説に基づいて Noreen (1991) の第1条件と第2条件との間に排他的関係が生じる可能性を明らかにした片岡 (2004d) においても具体的な指針を明示することはなかった。Bromwich & Hong (1999) の示した条件によるインプリケーションが資源ドライバーと活動ドライバーが比例関係を有しなければならないということによって，1つの指針が示されたことになる。

第5節　課題への対処と本章のまとめ：製品原価計算システムの意義と限界

Noreen (1991) の3つの条件は，原価計算システムが生産中止や販売価格設

定等の意思決定に資する基礎原価データを提供するための条件として提示されたが，原価計算システムが有するべき属性を表した要件であるということもできる。ABCの提唱以後に，このような製品原価計算システムの基本構造に関する研究が登場したが，Noreenの所説は，その先駆的存在である。

原価計算の基本構造について考察するに当たり，Noreenの所説を詳細に分析していく過程で様々な問題点が明らかになった。

まず，Christensen & Demski (1995) や Bromwich & Hong (1999) 他で，Noreen (1991) が示した全体原価関数は，資源の価格要因と，技術制約に関する要因を一定ないし所与のものとして考慮していないことが挙げられる。原価は，いかなる場合でも，数量と価格の積で決定する。したがって，Noreenの所説のように数量要因のみを基礎に全体原価関数を構築した場合には，価格要因と技術制約要因とが捨象された研究になる。そこで，Christensen & Demski (1995) が古典的アプローチとして，主に資源の価格要因を導入したモデルを構築したのである。その結果，①分割可能性の条件と②加法性の条件が導出された。しかし，このアプローチはコスト・プール別計算に着目しており，必ずしも原価計算システム全体に対して整合性を持った理論を提供するものではなかった。

次に，コスト・ドライバーと製品別計算については，各コスト・プール別原価関数とコスト・ドライバーとの関係がNoreenとDemskiの見解に基づいて考察された結果，とくにレリバント・レンジの重要性について両者には見解の相違があり，いかなる状況でそれが問題になるのか等の課題が明らかになった。さらに，製品別計算における様々な議論をする際に，各コスト・プール別原価は所与であるか，正確に計算されているものと仮定されて展開されている。

原価計算システムの一貫性については，Noreen (1991) の条件間の関係をDatarとGuptaの見解に基づいて分析した結果，コスト・プール別計算段階における正確性と製品別計算段階における正確性との間にはトレード・オフが生じる可能性があることが明らかになり，Noreenの条件間でも同時に満たすこ

とが困難である可能性があるという問題が明らかになった。

一方，Bromwich & Hong（1999）の条件は，Noreen（1991）の条件を拡張する目的で導出されている。とくに，資源の価格要因と技術制約の要因をモデルに取り込んでいることが特徴であるといえる。Christensen & Demski（1995）が資源の価格要因のみを組み入れてモデル化したのに対し，技術制約に関する要因をも組み入れてモデル化したことは高く評価できるだろう。技術制約の要因は製品別，コスト・プール別に生産関数を設定することを可能とし，それに基づいて活動を識別することができるようになる。その上で，価格要因は，Christensen & Demski（1995）と同じく，同じ経済的属性を有する資源同士が同じプールに集約されるべきことを求め，かつ，資源の価格が集約されたコスト・プール別の配賦率（コスト・ドライバー・レート）を形成しなければならないことを求めた。その結果として，Bromwich & Hong（1999）の条件によって，資源ドライバーと活動ドライバーとが比例関係にならなければならないことが明らかにされたのである。

資源ドライバーと活動ドライバーとの間に比例関係が存在するように原価計算システムが設計されることは，Noreen（1991）の示した3つの条件を満たす上で重要な役割を果たす。コスト・プール別計算段階においては，Christensen & Demski（1995）の見解から導出された分割可能性の条件と加法性の条件が，資源ドライバーと活動ドライバーとの比例関係のための必要条件になり，製品別計算段階との整合性を築く上でも必要な条件であることが明らかになった。製品別計算の段階においては，資源ドライバーと活動ドライバーとの間に比例関係がある場合には，NoreenとDemskiとの間の見解の相違が問題とはならなくなり，かつ，各コスト・プール別の原価の計算が正確であるとする暗黙の前提に対しても合理性を提供できる。このようにコスト・プール別計算と製品別計算の各段階に対する貢献により，原価計算システム全体の整合性ないし一貫性が確保されるための1つの指針が示されたように思われる。

ただし，残されている課題もあり，新たに生じる問題もある。

まず，残された課題のうち最も重要なものは，共通費の問題である。前述の

通り，一般に製品別計算における正確性を志向してコスト・プールを細分化すると，コスト・プール別計算の段階において共通費が相対的に増大してしまう。コスト・プール共通費が相対的に増大するか減少するかによって，コスト・プールの細分化によって原価計算システムの正確性を確保する上でジレンマが生じる。このジレンマは，必ずしもBromwich & Hong (1999)の貢献によって解消されるとは限らないことを指摘する必要があるだろう。例えば，工場建物に関連するコスト（減価償却費等）は，工場建物自体が1つの活動プールとして設定されていればコスト・プール個別費となるが，工場建物内の諸活動に対する共通費である。工場建物の減価償却費等の資源ドライバーには，一般に延べ床面積等が使用される。工場建物内の諸活動が利用した床面積割合は合理的に把握することができると思われるが，その床面積と各活動別の活動ドライバー（例えば，機械稼働時間や段取時間）とが比例関係を有する可能性に疑問が残る。工場建物の減価償却費を機械プールと段取プールに配賦する状況で，床面積使用時間と機械稼働時間，および床面積使用時間と段取時間が各々比例関係を形成することができた場合には，機械時間と段取時間も論理的に比例関係になってしまう。ところが，一般に段取活動は，非操業度関連の活動であり，操業度関連のコスト・ドライバーとは比例的な関係にならない。したがって，コスト・プール共通費を配賦する際に，資源ドライバーと活動ドライバーとの間の比例関係は非常に限られた状況下のみでしか成立可能ではないと考えられる。

　一方，新たに生じる課題は，資源ドライバーと活動ドライバーとの間に比例関係をもつような原価計算システムの設計が実務的にはきわめて困難であるという問題である。今日のような厳しい生産環境下では，生産量，製品種類，市場への投入のタイミング，製品ライフサイクル等，生産工程を複雑にする要因は数多く存在する。それに対応する原価計算システムを設計・運用するとなると，その煩雑さは膨大なものとなるだろう。とくに図表6-2における因果フローの連鎖を見ると，各矢印ごとに設定される全てのドライバー間で比例関係を形成するように設計される必要があるとなると，現実的な実行可能性はほぼ

皆無に近いと思われる。その意味でも Bromwich & Hong (1999) の貢献は，原価計算の基本構造が有するべき理論上の特性に対するものに留まっており，現実の企業が直面する諸問題に対してはインプリケーションが少ないように考えられる。

以上，資源の投入と利用の関係を可視化するために，原価計算の精緻化に関する analytical approach の潮流における代表的な研究を分析することにより，原価計算システムが具備すべき要件，抱えている問題，対処すべき課題，残された課題等を明らかにすることができた。原価計算は，企業内部における諸活動の原因と結果とをリンクさせることを志向して発展してきた。今後も原因と結果とをリンクさせる原価計算システムの探求には終わりがない。本書で示された原価計算システムが具備すべき要件は，種々の意思決定に資する基礎原価データを提供するための1つの答えに過ぎない。先の共通費の例からも課題が残されていることが明らかである。このような点について，次の指摘を引用して警鐘を促しつつ，本章の結びとしたい。

「相互依存性と連結原価・共通費という基本的問題を見落とすべきではありません。いかにうまく理由づけしようと，提案される答えは，分離可能な原価関数，単一のコスト・ドライバー，線形性，独立性といった単純化に依存せざるを得ないのです」（ホーングレン 1992, p.141）。

1　Demski とシステム選択論については Demski (1980) や Demski & Feltham (1976) 他を参照されたい。システム選択論をアメリカにおける管理会計論の発展との関係で理解するためには廣本 (1993a) を参照されたい。

2　この点について，Kaplan & Cooper (1998) も，取引ドライバーよりも時間ドライバーの方が優れている旨を指摘している。ただし，時間ドライバーよりもさらに強度ドライバーの方が優れている旨も述べている (pp.95-98)。

3　Bromwich & Hong (1999, p.42) は全体原価関数式を $c(w, y) = \min \{wx : x \in V(y), x \geq 0\}$ と表している。これは第3章の (3-1) 式で示した Christensen & Demski (1995, p.15) による全体原価関数と同等である （$C(q;p) = \min_{x} p \cdot x$, subject to $(q, x) \in T$）。

投入要素（資源）のベクトル x は製品を表すベクトル y によって決定し，その関数 V

を表すのが技術の要因となる。この制約式を $x \in V(y)$ として表していることが両者間の主たる相違である。

なお，製品を表すベクトルと価格要因を表すベクトルについて，Bromwich & Hong (1999) が各々 y と w を用いているのに対し，Christensen & Demski (1995) は各々 q と p を用いていることにも注意が必要である。したがって，本書においても，第3章では Christensen & Demski (1995) の記号法に準拠しており，本章では Bromwich & Hong (1999) の記号法に準拠している。

4 コスト・プール別の配賦率とコスト・ドライバー・レートとは同じものを指している。

5 Noreen (1991) による増分原価ないし回避可能原価の基礎データの定義と同じである (p.163)。

6 技術は，製品と，その生産によって必要になる資源との物理的な関係を表すという意味で，生産関数によって捕捉される。

7 $V(y) = V_1(y_1) + \cdots + V_n(y_n)$

8 Banker & Hughes (1994)，Christensen & Demski (1995) 他を参照。資源間の代替可能性がある場合として，Cobb-Douglas の技術を利用している文献も見られる。

9 その結果，投入要素（資源）間の代替可能性および活動間の代替可能性を意思決定者から剥奪することになるという (Bromwich & Hong 1999, p.59)。

10 廣本 (1997) によると，「ここに，コスト・ドライバーは2つに分類される。すなわち，活動ドライバー（activity driver）と資源ドライバー（resource driver）である。活動コスト・ドライバー（activity cost driver），資源コスト・ドライバー（resource cost driver）ともいう。活動ドライバーは，活動量を決定する要因であり，製品と活動を関係づけるのに対して，資源ドライバーは，犠牲となる資源の量を決定する要因であり，活動と資源を関係づけるのである。この分類に従えば，ABC システムにおいて配賦基準として用いられるコスト・ドライバーは，活動ドライバーである」(p.478)。一般にコスト・ドライバーといえば活動ドライバーを指す。

11 また，Kaplan & Cooper (1998) は，次の引用文を抜粋している。「資源は，モデルに対する原価の基準を表している。資源は，類似の機能を果たすか，人間の場合なら同様の経験を有する既存の原価のはっきりと識別された同質なグループで構成される。あるモデルにおける全ての資源の合計は，一定期間内の組織全体の原価に等しい」(p.86)。

12 その意味で，製品からの活動用役に対する需要を「製品→活動ドライバー」として表すことができ，活動から資源に対する需要を「活動→資源ドライバー」と表すことができる。

13 Noreen & Soderstrom (1994；1997) および本書第4章を参照。

14 間接原価および間接費については，廣本 (1997) p.53 および p.58 脚注20を参照されたい。

15　例えば岡本（1994）pp.277-278，廣本（1997）pp.461-463 他を参照。

第7章　製品原価計算研究の近年の動向

第1節　問題の所在

　活動基準原価計算（ABC）が登場した1980年代後半以降，製品原価計算に関する議論が活性化したように思われる。しかしながら，ABCのような精緻で正確な原価計算システムは，必ずしも適切に実施されているとはいえないのが現状である。その理由の1つには，実行可能性の問題を挙げられる（Kaplan & Anderson 2007；他）。

　序章でも示した通り，製品原価計算システムの実行可能性の観点からABC登場以後の研究を分類すると，次の3つの潮流に区分できる：

(1)　Anderson (1995) 他による実施段階における諸問題についての研究
　　（implementation-phase approach）
(2)　Noreen (1991) 他による計算構造上の理論的問題についての研究
　　（analytical approach）
(3)　Cooper (1988b) 他による測定コストとエラーのコストについての研究
　　（cost-benefit approach）

　各々の潮流は必ずしも別の潮流から得た知見を基礎に議論を展開していない傾向にあるが，ABCの実行可能性を高め，さらに製品原価計算研究を発展させるためには，潮流間の相互作用が不可欠であると思われる[1]。また，ABCの

ような新しい知識を実施する際には、まず技術的な理論が確実に妥当であり、その上で教育と助成および内部コミットメントの創造という追加的プロセスが必要となる（Argyris & Kaplan 1994）。とくに ABC の理論の妥当性をテストする上でも、因果関係の追究という普遍的な問題を扱う Noreen (1991) 他による研究潮流（analytical approach）は非常に重要な意味をもつ。

なお、近年の研究には、Kaplan & Anderson (2007) による時間主導型 ABC (Time-Driven ABC : TDABC) を挙げることができ、また analytical approach に属する研究に Labro 等の所説を挙げることができる。前者は時間方程式を用いた計算の簡略化を志向しており、後者は製品原価数値に焦点を当てて議論を展開している。これらの研究についても、3つの潮流との関連で、とくに analytical approach の視点から十分に検討する必要があると思われる。

そこで本章では、ABC の実行可能性を高め、そして今後の研究に有用な示唆を提供するために、Kaplan & Anderson (2007) による TDABC と Labro 等の所説を取り上げ、潮流間の相互作用や新たに得られるインプリケーションを明らかにすることを目的とする。以上を受けて、次節では TDABC 提唱の背景ともなった製品原価計算システムの実行可能性に関する諸問題について検討し、近年の研究潮流間における相互作用の必要性を提示する。その上で第3節において、TDABC と Labro 等の所説を検討し、その意義と貢献を明らかにしたい。

第2節　実行可能性の問題の再認識と3つの潮流

2-1. 実行可能性の問題：TDABC 提唱の背景

一般に、製品原価計算は、原価の収集と集計のプロセスから構成され、とくに ABC の原価集計プロセスは活動別集計段階→製品別集計段階という2段階計算構造を有している[2]。この計算構造自体は単純であり、利用される目的や環境に応じて適切に設計され、実施・運用されることが可能なはずである。しかし、序章にも示した通り、ABC のような精緻で正確な原価計算システムは

組織の様々な意思決定やマネジメント・コントロールのために重要な役割を果たすにもかかわらず,その採用率は必ずしも高くない[3]。

まず洗練化された原価計算システムに対するニーズについて,すでに多くの企業は何らかの原価計算システムを有しており,現存のシステムが十分な機能を果たしている場合にはABCのような新たなシステムが必要になる可能性は低い。例えばIness & Mitchell (1995) によると,ABCの導入を検討すらしていない企業は40％もあり,その中でも既存システムで満足している企業は19％にも及ぶという。

次にコスト・ベネフィットの問題について,より正確な原価データを求めてより精緻なシステムを構築すれば,より高コストとなり,それに見合うだけの便益が必要となる。情報技術が発展した現代においても,ABCが採用されない最大の原因であると言える。

さらに組織の抵抗や変化を望まない企業文化等が存在する可能性もある。ABC採用に関する多くの文献で取り上げられているのが組織上の問題である(Cooper et al. 1992)。その後,ABC採用に対する組織的抵抗(従業員の抵抗・反発)がABC導入のいかなる段階でいかなる影響を与えるのかについての研究は多い。この点について,コスト・ベネフィットの問題とも関連させて,Kaplan & Anderson (2007, p.5) も次のように述べている。

「新しいアイデアの受入れに伴う行動的・組織的抵抗により,ABCの採用を取りやめた会社もあるし,廃止してしまった会社もある。とくにABCのように,組織内のほとんどのコストを変動的に扱ったり,不採算顧客の可能性を認めてしまったりするような一見急進的な手法であればなおさらである。しかし,ABCの導入や維持に対する抵抗の多くは合理的で正当性がある。」

TDABCのアプローチは,計算構造を簡略化し,導入／運用／更新のコストを低減させることによって組織内の様々な抵抗を緩和させようとするものであった (Cooper et al. 1992；Argyris & Kaplan 1994；他)。TDABC提唱の背景には,

Kaplan & Anderson (2007) によるABCの実行可能性における問題点の認識がある。彼ら自身，ABCは優れたシステムであるものの，システム構築に多大な費用を要し，維持／運用には手間が掛るだけでなく，修正／更新が困難であることを指摘している (Kaplan & Anderson 2007, pp.5-6)。ABCを一旦は採用した多くの企業は，ABC実施のための調査とデータ処理に時間とコストが掛かり過ぎるため，ABCを廃止するか，システム更新を中止してしまっていたという。

以上より，現在利用されているシステムに優位性があれば，ABCを新たに利用するニーズは生まれないだろうし，また多くの場合，コスト・ベネフィット分析や組織的抵抗の結果として不採用か廃止になる。しかしながら，必ずしもそのような理由だけで不採用になるとは限らない。果たしてABCを含む原価計算システムには計算技術上ないし基本構造に関連する理論上の問題はないのだろうかという疑問が生じるからである。したがって，ABCがいかなる状況下で，いかなる条件の下で，いかなる意思決定に資する原価データを提供できるのか，その基本構造に焦点を当てて検討する必要がある。

2-2. 潮流間の相互作用の必要性

まず，製品原価計算システムの実行可能性の観点から，序章でも示したABC登場以降の製品原価計算研究における3つの潮流は，図表7-1にまとめることができる。

ABCの提唱当初よりKaplan & Cooper (1998) に至るまで，各潮流間の直接的な相互作用を見出すのは容易ではない。まず，各々の潮流で基礎とする理論・コンセプトが異なっていることを指摘できる。implementation-phase approachは組織変革にかかわる組織上／人間行動上の問題への対処を志向し，analytical approachは分析的手法を利用した規範的・理論的研究を継承し，cost-benefit approachは情報経済学の流れを汲んでいる。そして，各々の潮流は，必ずしも別の潮流から得た知見を基礎に議論を展開していない傾向があり，またいずれの潮流においても議論が現在も継続している状態にある。図表

第7章 製品原価計算研究の近年の動向　239

図表7-1：製品原価計算研究の3つの潮流と代表的研究

	implementation-phase approach	analytical approach	cost-benefit approach
代表的研究	Anderson（1995） Krumwiede（1998） Innes & Mitchel（1995） Shields（1995） Swenson（1995） Gosselin（1997） Foster & Swenson（1997） 他	―計算構造自体に焦点― Noreen（1991） Noreen & Soderstrom（1994；1997） Christensen & Demski（1995；1997） Bromwich & Hong（1999；2000） ―製品原価数値に焦点― Gupta（1993） Hwang et al.（1993） Datar & Gupta（1994）他	Cooper（1988b；1989a；1989c） Babad & Balachandran（1993） Homburg（2001）他

7-1から近年の研究動向をみると，cost-benefit approachからanalytical approachへと展開し，その後Implementation-phase approachがABCの現実的適用への諸問題に貢献したといった史的傾向を見出せるかもしれない。そのような展開の一環で，実行可能性を高めたTDABCが提唱されたと解することもできる。ただし，そのような史的展開と3つの研究潮流とをどのように結び付けて議論することができるのか，まだ検討の余地が残っており，今後の課題でもある。

そこで，実行可能性を向上させるため，かつ，今後の製品原価計算研究の発展の方向性を示すためにも，各々の潮流から得られる知見を踏まえた研究（相互作用）が必要であると思われる。いずれにおいても，まずはABCの理論が妥当であることが重要であり（Argyris & Kaplan 1994），analytical approachから得られる知見を活用することが期待される。

第3節　近年の動向とインプリケーション

3-1. Kaplan & Anderson (2007) の所説：TDABC
3-1-1. TDABC の意義と計算構造

　ABC の近年の展開に，TDABC を挙げることができる (Kaplan & Anderson 2007 他)。TDABC は，とくに活動別集計段階における ABC の実施の困難性 (時間配分割合見積の主観性，更新の困難性，高い運用コスト) に対処するために提唱された。

　まず従来の ABC によると，従業員へのインタビュー調査等による部門内諸活動別の消費時間割合に基づいて部門費が各活動に配分される (Kaplan & Anderson 2007, pp.8-10)。また経営者は，このような従業員の主観的な見積に基づく原価割当の正確性にも疑義を抱いているという[4]。一方，TDABC では，プロジェクト・リーダーが「信用調査や品目名の入力，急な注文といった業務遂行の具体的手順を進めるのに必要な時間の直接的な推定値を求める」(Kaplan & Anderson 2007, p.26) ため，より正確性が高いと主張される。ここでの推定値は時間方程式に組み込まれる。その結果，従業員による時間配分割合見積の主観性を排除でき，非常に容易に推定できるため運用コストも低く抑えることができるという。さらに，懸案事項であった更新困難性については，部門内諸活動が以前とは変化・増減した場合においても，確認された新しい個々の活動の遂行に必要な時間の推定値を時間方程式に組み込むことにより対処されることになる (Kaplan & Anderson 2007, pp.15-17)。

　次に，TDABC の計算構造に着目してみよう。従来の ABC の焦点は主として製品別集計段階の洗練化に当てられていたが，TDABC の焦点は活動別集計段階の簡略化に当てられている。この点には注目してよい。つまり，TDABC によると活動別集計段階の前提となるインタビューと調査を省略することができることから，時間・コスト・主観性に対処できるとされている。その計算構造上の特徴は次の引用文からも明らかであろう。

「TDABC は，…，したがって部門内で遂行されている複数の活動に部門費を配賦する必要性を省略する。この時間主導アプローチによると，従来の ABC にみられるコストと時間を要する主観的な活動調査業務を回避できる。TDABC は，時間方程式を用いて，遂行された活動と処理された取引に資源のコストを直接的かつ自動的に割り当てる。たった 2 つの変数を推定すればよい：部門のキャパシティコスト率と，部門内で処理される個々の取引別のキャパシティ利用度である。この両変数は，容易にかつ客観的に推定できる。」(Kaplan & Anderson 2007, p.10)

したがって，TDABC によると，まず部門ないしプロセスへ供給された資源の原価を計算し，(7-1) 式のようにキャパシティコスト率を求める (Kaplan & Anderson 2007, p.10)。

(7-1)　部門別キャパシティコスト率 $= \dfrac{供給キャパシティの原価}{供給資源の実際的生産能力}$

次に，TDABC モデルに入力される重要な要素は，部門内の活動を遂行するために要する時間である。この活動別の推定時間に基づく部門内の各取引時間を基礎にしたキャパシティ利用度を (7-2) 式の時間方程式を用いて計算する (Kaplan & Anderson 2007, p.31)。

(7-2)　プロセス時間 = 個々の活動時間の合計 $= \beta_0 + \sum_{i=1} \beta_i X_i$

ただし，時間方程式内の β_0 は基本的活動の遂行に要する標準時間を，β_i は追加的活動 i の推定時間を，X_i は追加的活動 i の活動量を各々表している。特定の製品・サービスを提供するために要したプロセス時間に，(7-1) 式で求めた部門別キャパシティコスト率を乗じれば，製品原価を計算できる[5]。なお，プロセス時間は部門内諸活動の時間の合計であるから，部門内諸活動を遂行する時間（供給資源の実際的生産能力）との差分は，部門別未利用キャパシティを表す。

3-1-2. TDABC の位置づけと評価

TDABC の特徴は，活動別集計段階の簡略化という観点から，ABC の実行可

能性に関する問題に対処したことに見出すことができる。とくに，時間方程式とキャパシティコスト率の計算式を用いることで更新可能性を高めたことは，ABC の経営管理上の有用性に大きな影響を及ぼしたといえよう[6]。

以上を要するに，TDABC は，implementation-phase approach および cost-benefit approach から得られた知見を踏まえて従来の ABC を簡略化したシステムである。因果関係の追究を志向した理論モデルの研究は analytical approach に属する一方で，Kaplan & Anderson (2007) は，時間方程式を利用した簡素化を優先することによるシステムの導入／運用／更新の容易性を志向しており，cost-benefit approach に属する研究といえる。その意味でも，TDABC は従来の ABC とは別のモデルと考えた方が理解しやすい。

一方，analytical approach の視点から TDABC を分析すると，例えば (7-2) 式の時間方程式それ自体は，Noreen (1991) が提示した条件に照らしても必ずしも矛盾しないかもしれない[7]。しかし，TDABC によると従業員へのインタビューや調査による主観性を回避できるとされているが，その場合，プロジェクト・リーダーによるキャパシティ利用度 (時間) の見積や時間方程式の推定に主観性が入る可能性もある。そのような問題に対して，従業員の事前申告により誤差を少なくできることや，部門費の配分に比率でなく時間単位を用いることで推定時間の過大見積が生じてしまうことが示されている (Cardinaels & Labro 2008)。さらに TDABC は，活動別集計段階の簡略化に伴い，活動原価の概念を軽視していることも注意してよい。

3-2. Labro 等の所説

近年の analytical approach の展開には，Labro 等の所説を挙げることができる (Labro 2006；Labro & Vanhoucke 2007a；2007b；Cardinaels & Labro 2008)。いずれも，原価計算システムから算出される製品原価数値に着目して議論を展開している。

3-2-1. Labro (2006) の知見

Labro (2006) は，まず意思決定を下すためには限界原価に基づくべきとする

経済学の論理と，種々の意思決定局面で全部原価を用いる実務とのギャップを説明するために，4つの研究潮流を明らかにした[8]。とくにABCによって説明する研究の潮流に基づいて議論を展開している点に特徴を見出せる。またLabro (2006) は，ベンチマークとなるべき真の製品原価数値と様々な原価計算システムから得られる値とを対比する必要がある旨を強調し，このことが実務に対しても示唆を与えるとした。そのような観点からNoreen (1991) やDatar & Gupta (1994) 等を中心に検討し，次の点を指摘して議論を結んでいる (Labro 2006, pp.231-232)。

(1) 正確性それ自体を目的として正確性を追究するのではなく，今後の研究では，システム設計を原価計算システムの目的にリンクさせることが重要である。
(2) 通常は実務では観察不可能な真のベンチマークとなる原価計算システムに対する要求を打開し，または共働する方法を模索しなければならない[9]。
(3) 情報経済学やエージェンシー理論に関連した概念の検討を実務のシステム設計に活かすべきである。

3-2-2. Labro & Vanhoucke (2007a；2007b) の知見

Labro & Vanhoucke (2007a；2007b) は，Datar & Gupta (1994) が提示した3つの誤差の概念を拡張して計算シミュレーションを行い，次の3つの知見を明らかにしている：①原価計算システムにおける部分的改善は通常は特殊なケースを除き，報告される製品原価の全体の正確性を増加させる。特殊なケースとは，誤差間に相殺効果がある場合をいい，活動コスト・プールにおける統合化誤差と資源ドライバーにおける測定誤差が存在する場合に顕著である。②製品別集計段階の誤差が全体の正確性に及ぼす影響は活動別集計段階におけるそれよりも大きいので，システム洗練化の焦点は製品別集計段階に当てるべきである。③統合化誤差と測定誤差が存在する場合，少量高額製品への過大配賦と多量低額製品への過小配賦を伴って，通常，相対的に多くの製品に過大配賦より

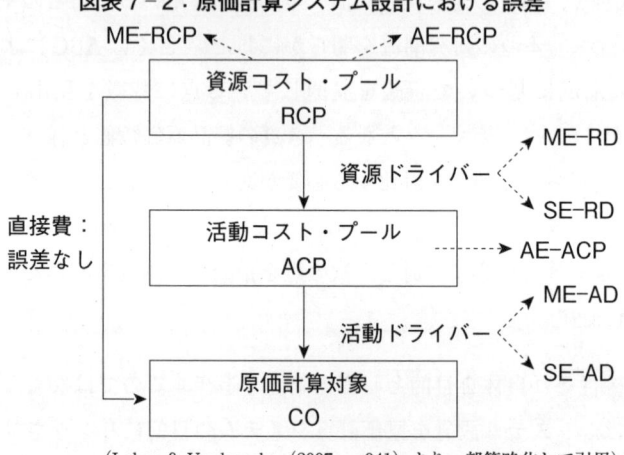

図表 7-2：原価計算システム設計における誤差

```
         ME-RCP ←        ← AE-RCP
              ┌─────────────────┐
              │  資源コスト・プール  │
              │      RCP         │
              └─────────────────┘
                       │      資源ドライバー ← ME-RD
                       │                    ← SE-RD
                       ↓
直接費：      ┌─────────────────┐
誤差なし      │  活動コスト・プール  │------→ AE-ACP
              │      ACP         │
              └─────────────────┘
                       │      活動ドライバー ← ME-AD
                       │                    ← SE-AD
                       ↓
              ┌─────────────────┐
              │    原価計算対象    │
              │       CO         │
              └─────────────────┘
```

（Labro & Vanhoucke（2007a, p.941）より一部簡略化して引用）

も過小配賦が生じてしまうという。いかなる誤差要因が製品原価数値の正確性にいかなる影響を及ぼすのかを明らかにすることは，原価計算システムの設計と運用の実務に指針を提供することができ，重要な貢献があるといえよう。なお，Labro & Vanhoucke (2007a) は 3 つの誤差概念を次のように拡張している（図表 7-2）。

(1) 特定化誤差（specification error） ⇒ SE-RD，SE-AD
(2) 統合化誤差（aggregation error） ⇒ AE-RCP，AE-ACP
(3) 測定誤差（measurement error） ⇒ ME-RCP，ME-RD，ME-AD

Labro & Vanhoucke (2007a) のモデルの特徴は，資源コスト・プールにおける誤差（AE-RCP，ME-RCP）および資源ドライバーにおける誤差（SE-RD，ME-RD）を識別していることと，コスト・ドライバーの設定に関する誤差を質的要因（SE-RD，SE-AD）と量的要因（ME-RD，ME-AD）に区分していることにある。とくに，活動コスト・プールにおける統合化誤差（AE-ACP）と，資源ドライバーにおける測定誤差（ME-RD）との間のトレード・オフには最も注意すべき旨が指

摘されている。しかし，部分的な原価計算システムの改善が統合化誤差と特定化誤差をより大きくする可能性があることを示した Datar & Gupta (1994) の知見を拡張したものの，誤差間のトレード・オフ関係に対する解決策を提示できてはいない。

3-2-3. Cardinaels & Labro (2008) の知見

Cardinaels & Labro (2008) は，TDABC において，測定誤差が生じる要因をシミュレーションによって分析している。その結果，①統合化誤差と測定誤差との間にはトレード・オフの関係があること，②従業員による事前申告によって測定誤差を減少させることができること，および③部門費を比率に応じて活動へ按分するよりも，時間基準に按分する方が過大見積を生み出しやすいことを明らかにしている。必ずしも TDABC 論者の意図するほど活動別集計段階における計算の正確性を得られず，その意味での警鐘を鳴らしている。

3-2-4. Labro 等の貢献

analytical approach における近年の代表的な研究ともいえる Labro 等の所説は，製品原価数値に焦点を当てた研究に位置づけることができる。とくに製品原価数値に誤差をもたらす要因について詳細に分析している点を高く評価してよい。この点は implementation-phase approach に対しても有用な示唆を発信できるであろう。

ただし，潮流内・潮流間の相互作用については，Labro 等の所説に対して限定的な評価をせざるを得ない。まず潮流内については，製品原価数値の正確性に焦点を当て過ぎているため，計算構造自体に焦点を当てた研究との相互作用に欠けていることを指摘できる。これまでの章においても検討してきたように，両者の間に相互補完的な関係を築き上げなければ，製品原価計算システムは種々の意思決定に資する基礎的原価データを提供することができない。そもそも製品原価数値は，活動別増分原価が正確に計算されれば，結果として正確に計算される。つまり，因果関係に基づいて，原価計算対象の変化に各コスト・ドライバーが直結することが重要なのである。

さらに潮流間について，Labro 等の所説には他の潮流から得られる知見が必

ずしも直接的には活用されてはいないようである。しかし，他の潮流の知見を踏まえて提唱されたTDABCの妥当性をanalytical approachの視点から検証したCardinaels & Labro (2008) には，一条の光明を見出すことができる。イノベーション・アクション・リサーチによってABCの理論が深化したことを鑑みても，興味深いアプローチであるといえよう。

また，Labro (2006) が提示した4つの研究潮流の中では，全部原価ベースの価格決定とキャパシティ・プランニングを発見的方法によって説明する研究の潮流が興味深い[10]。製品原価計算研究において，価格決定やキャパシティ・プランニングは古くからの重要な問題であり，しかも多くの場合，ABCなどの知見が援用されて議論が展開されている (Banker & Hughes 1994)。今後もanalytical approachから得られる知見の活用が期待される。

3-3. その他の主要な研究

TDABCやLabro等の所説以外にも，多くの研究を見ることができる。例えば，Narayanan & Sarkar (2002) からはimplementation-phase approachに対する有用な示唆を得ることができるだろう。また，コンティンジェンシーのコンテクストからの研究は[11]，生産環境と製品原価計算との関係性を検証しており，製品原価数値に焦点を当てた研究における誤差の値に影響を与える要因の分析に役立つと思われる。

第4節　本章の要約と結論

本章では，近年の製品原価計算研究における3つの潮流のうちanalytical approachを議論の中心に据え，TDABCとLabro等の所説を取り上げ，潮流間の相互作用や新たに得られるインプリケーションを明らかにした。

TDABCは，implementation-phase approachおよびcost-benefit approachから得られる知見を踏まえて，従来のABCの欠点である実施の困難性（時間按分割合見積の主観性，更新の困難性，高い運用コスト）に対処することを意図したシス

テムであった。計算構造自体が簡略化され，従来の ABC とは異なる計算構造を有する新しいモデルと位置づけることができる。その意味でも，Kaplan & Anderson（2007）は cost-benefit approach に属する研究といえる。また，analytical approach の視点から分析すると，従業員の事前申告により測定誤差を少なくできること等が指摘されている。

さらに，製品原価数値に焦点を当てて誤差が生じる要因を分析した Labro 等の所説からは，implementation-phase approach における諸問題に対処するための有用な示唆を得られる。その一方で analytical approach 内における計算構造自体へ焦点を当てた研究と製品原価数値へ焦点を当てた研究との相互作用が希薄になる傾向と，他の潮流から得られる知見を活用できていない傾向が見受けられた。ただし，TDABC の妥当性の検証には新たな可能性を見出せる。

ABC の実行可能性を高めるためには，また今後の製品原価計算研究の発展のためには，analytical approach から得られた知見の活用と潮流間の相互作用に期待される役割は大きい。とくに原価計算対象の変化にコスト・ドライバーが確実に反応できるシステムを設計するためには，今後も，市場→製品→活動→資源という因果関係を徹底的に追究することが重要であるといえよう。

1　ABC の理論の深化は，イノベーション・アクション・リサーチによる実務と理論との相互作用によるところが大きい（Kaplan 1998）。
2　第1章でも示したように，ABC も伝統的方法も同じく2段階計算構造を有するが，ABC は活動原価の製品別集計に操業度関連／非操業度関連のコスト・ドライバーを併用する（Cooper & Kaplan 1991b, p.270）。また，直接費は典型的には製品に直接に割り当てられる（Cooper & Kaplan 1991b, p.94）。なお，伝統的方法は ABC に包含されるという見解もある（Noreen 1991）。
3　本書序章を参照。例えば Innes & Mitchell（1995）によると，イギリスの大企業における ABC 採用率は19.5％であったという。また，わが国における採用率は6.7％に過ぎないという調査結果もある（日本会計研究学会特別委員会編1999）。近年の調査においても，採用率の低さは顕著である（Bhimani et al. 2007；他）。ただし，何をもって ABC とするべきか，郵送による大規模サーベイ調査では，企業間の一貫性や回答者の主観性に疑義が生じないわけではない。
4　Kaplan & Anderson（2007）によると，従業員の記憶に基づく時間配分の測定誤差だけ

でなく，インタビューの際に従業員は，そのデータの使用方法を推測し，バイアスや歪みの入った回答をするかもしれないという。したがって，従来のABCでは，従業員の主観性の入る余地があるのみならず，多大な時間とコストを要するとしている。

5 TDABCでは部門別プロセス時間の推定に時間方程式を用いる。この点が標準原価計算における原価標準の設定と類似していることを指摘できる。いったん原価標準が設定されれば計算は簡略化・迅速化され，原価標準と実際生産量との積で標準原価が計算される。とりわけ，両者は物量標準を基礎的構成要素として利用する点で酷似している。また，TDABCにおいても，業務プロセスが標準化されている状況，つまり反復性の高い業務プロセスであればある程，時間方程式によるモデル化が容易になることも指摘されている（Kaplan & Anderson 2007，p.251）。

6 Kaplan & Anderson（2007，p.ix）では，TDABCとBSCとは補完的に利用されるべき旨が示されている。BSCが価値創造のモデルを記述しているのに対し，TDABCモデルは収益性と原価に関する情報を提供する。BSCの下では，とくに製品や顧客からのニーズに対応させた適正な資源供給量を予測するためにTDABCが有用である旨が指摘されている。

7 本書第1章の（1-12）～（1-14）式を参照のこと。

8 Labro（2006，p.218）が提示する4つの潮流は次の通りである：①ABCによって説明する研究（Cooper & Kaplan 1992；他），②全部原価ベースの価格決定とキャパシティ・プランニングの発見的方法によって説明する研究（Balakrishnan & Silvaramakrishnan 2002；他），③エージェンシー理論に基づいて原価配賦のインセンティブ効果によって説明する研究（Zimmerman 1979；他）④行動科学の文献によって説明する研究（Buchheit 2004；他）。

9 「真のベンチマークとなる原価計算システム」とは，真の製品原価数値を算出する原価計算システムのことであり，システム設計の際のベンチマークとなるべきシステムを指しいる。

10 例えば，Balakrishnan & Silvaramakrishnan（2002）は，資源取得時に期待された利用量に基づく資源の機会原価の近似値を求められることに原価配賦の有用性を求めている。その他にも，Balakrishnan & Silvaramakrishnan（2001），Gox（2002），Banker et al.（2002），Dhavale（2007）などを挙げることができる。

11 Hoque（2000），Drury & Tayles（2005），Al-Omiri & Drury（2007）他を挙げられる。

終章　製品原価計算研究の課題と展望

　本章では，意思決定に資する正確な製品原価計算システムを構築する際に生じる基本構造上の諸問題について，これまでの議論を取りまとめて本書における考察の結論を述べる。その上で，製品原価計算研究における課題と今後の展開について若干の私見を述べてみたい。

第1節　本書の要約と結論

1-1. 研究の潮流と研究対象

　原価計算は，生産活動を中心とした企業内部の諸活動を正確に識別し，測定することが求められている。その際，活動基準原価計算（Activity-Based Costing：ABC）のように精緻で正確な原価計算システムによって，資源の投入と利用の関係を正確に写像ないし可視化することが意思決定のために重要である。ABCのような正確な原価計算システムを構築するために，その基本構造を分析し，探究する必要性を感じたところに本書の問題意識がある。

　ところが，種々の目的に利用可能な基礎原価データを提供するABCのような精緻で正確な原価計算システムは必ずしも適切に実施されているとはいえない。企業がABCを利用しない理由には，ニーズ，コスト，実行可能性等，様々なものを考えることができる。これらを要するにABCシステムの実行可能性に問題を集約できると考えられる。

　実行可能性に対処するアプローチとして，ABC登場以降の製品原価計算に

関する研究には，3つの潮流があることを指摘できる。(1) Anderson (1995) 他による実施段階における諸問題についての研究—implementation-phase approach, (2) Noreen (1991) 他による計算構造上の理論的問題についての研究— analytical approach, および (3) Cooper (1988b) 他による測定コストとエラーのコストについての研究—cost-benefit approach である。いわゆる規範的・理論的研究は (2) Noreen 等による潮流のみで，他の2つは実務で生じる問題に関連している。

実行可能性，とくに技術的な理論上の妥当性の観点から，製品原価計算システムの構築に関する基礎理論を究明するためには，製品原価計算論の生成・発展から現在に至るまでの代表的な原価計算研究の動向を把握した上で，とくに Noreen (1991) 他の analytical approach に属する研究を受け継いで，その課題を克服していくことが必要不可欠であると思われる。

以上を受けて，本書では，製品原価計算研究の生成から発展の史的展開と現代における動向を踏まえた上で，種々の意思決定に利用可能な，正確で，かつ，適切な増分原価の基礎データを求めるための理論的枠組みを明らかにしている。とくに，ABC が製品別計算の段階に焦点を当てているように，従来は原価計算の各プロセスにおける個々の手法について考察する研究は見られたが，原価計算の基本構造における各プロセスと原価計算システム全体とを関連付け，正確な製品原価の計算という観点から体系化して考察した研究は数少ないように思われる。したがって，本書の意義は，原価計算における正確性を追究して意思決定を支援するために，その基本構造について各プロセス別に分析し，かつ，原価計算全体と関連付けて体系化していることにある。

1-2. 原価計算における前提と史的展開

本書における考察では，Noreen (1991) の見解を中心に議論を展開している。Noreen (1991) は，製品の販売価格設定や生産中止等の意思決定に用いる関連原価の計算に必要な基礎原価データを ABC が提供するための条件を導出するために，ABC の構造について分析しており，その後の研究にも大きな影

響を与えているものとして注目されている。Noreen (1991) が示す条件とは，①基礎をなす現実の原価関数が各コスト・プールへ分割可能であり，それらの各コスト・プールは単一の活動のみに依存すること，②各コスト・プール別の原価が活動に正比例すること，③各活動が製品間で分割可能であり，各製品に帰属する部分はその製品のみに依存すること，の3つである。ABC が意思決定に資する適切なデータを提供するためには，これらを満たしている必要があり，とりわけ，第2条件の正比例性が最重要視されている。これらの条件は，原価計算の基本構造が具備すべき本質的な属性を表している。

なお，原価計算は，19世紀末から20世紀初頭にかけて生成・確立したといわれている。本書では，その確立の要件として，一般会計システムとの有機的結合，間接費の取り扱い（範囲と計算方法），および原価計算の体系化という3つを採り上げた。この3つが満たされるようになったのが Church と Nicholson の貢献であるといえる。その他，原価計算は，原価の凝着性，因果関係，資源の投入と利用の区分等，多くの前提を有しており，それらの前提の上で Noreen (1991) の議論が展開されている。

また，展開・反省期には，平均原価と限界原価との相克を見ることができ，ASOBAT 以後にレリバンス・ロストも見ることができた。

1-3. コスト・プール別計算段階

正確な製品原価を計算するためには，コスト・プールの適切な設定と，それに基づいた正確なコスト・プール別計算が必須である。Noreen (1991) は第1条件において，企業における総原価関数が各コスト・プール別に分割可能であり，それらの各コスト・プールは単一の活動のみに依存することと示している。しかし，Gupta (1993) が指摘する通り，この段階でコスト・プール別原価に誤差が生じる場合には，製品別計算の段階では，製品原価の誤差がより大きくなる。そこで，正確なコスト・プール別原価ないし活動原価を計算するために，コスト・プールの設定方法とコスト・プール別計算の方法を採り上げる必要があった。

そこでまず従来から行われている会計的(現代的)アプローチの理論を中心に議論を展開している。コスト・プール別計算については，部門費の第1次集計および第2次集計を経て行われること，その際に，複数基準配賦法および相互配賦法が用いられることで問題はない。コスト・プールないしコスト・センターの設定については，大きく責任センター別，活動センター別に区分できるものの，番場教授の所説によると5つに区分できる。すなわち，①権限および責任，②製品の種類，③作業・設備等の種別，④設備・作業場所の所在，および⑤製品検査点の5つである。これらをABCの理論と比較すると，計算の正確性の視点から多くの共通点を見出すことができたが，①権限および責任の区分を除き，いずれも製品別計算における正確性を志向していることが明らかとなった。①権限および責任の区分は，ある責任者の下で資源が消費されたのかを把握する上で重要な役割を果たし，そのことは円滑に原価情報を収集する上で必須となる。

一方，Christensen & Demski (1995) は，古典的(経済学的)アプローチを展開し，Noreen (1991) が示した全体原価関数式が資源の価格要因を暗黙的に無視しているか，一定であると仮定していることを指摘し，全体原価関数を修正した。その全体原価関数式を資源の価格要因で微分することにより，資源の価格の変化率に対する需要量の変化率(派生需要弾力性)の概念を導き，この派生需要弾力性に基づいて全体原価関数が各コスト・プール別原価関数に分割可能になるという条件を提示したのである。すなわち，あるプール内の資源が同じ経済的属性を有するべきことを示す分割可能性の条件と，各コスト・プールが相互に独立しているべきとする加法性の条件である。例えば，ある組立活動プールには同じ経済的属性を有する労働用役他が集約され，組立活動プールは他のプールとは独立した存在である場合に，各コスト・プール別の原価関数が内生的に求められるのである。しかしながら，古典的アプローチによると非操業度関連コスト・ドライバーをもコスト・プール別原価関数の説明変数に利用することを想定していないだけでなく，資源とコスト・プールとの関係に焦点を当てているため，製品別計算との整合性に欠けることを指摘できる。

会計的アプローチと古典的アプローチとを比較・検討すると，会計的アプローチでは製品別計算段階に焦点を当てているのに対し，古典的アプローチではコスト・プール別計算段階に焦点を当てている。また，責任センターと活動センターの別および費目別計算における機能別分類と，分割可能性の条件および加法性の条件を分析すると多くの点で共通点を見出すこともできた。以上より，古典的アプローチからのインプリケーションは，1. 各コスト・プール別の特性を説明することができる，2. Noreen (1991) の示す第1条件への役立ち，および3. 各コスト・プール別原価関数を導出することができる，という3点に要約することができる。

1-4. 製品別計算段階

主に1990年代前半に行われたコスト・ドライバー分析に関する代表的な研究として，Foster & Gupta (1990a) および Banker & Johnston (1993) を挙げることができる。Foster & Gupta (1990a) は，ある電気製品メーカーの37工場におけるデータを用いて実証研究を行った結果，ごく一部を除いて，操業度関連のコスト・ドライバーと製造間接費との間に強い相関関係があるという証拠を導き出した。一方，Banker & Johnston (1993) は，アメリカの航空産業におけるデータを用いて，操業度関連コスト・ドライバーのみならず，製品の多様性や生産工程の複雑性を考慮した非操業度関連のコスト・ドライバーも重要な相関を示すという実証的証拠を示した。これらの研究は，製造間接費とコスト・ドライバーの関係について分析したのみに過ぎず，現代の原価計算の発展に必ずしも大きな貢献をもたらしたかは疑問である。

一方，Noreen & Soderstrom (1994；1997) は，Noreen (1991) で示された第2条件（各コスト・プール別原価が活動に対して正比例すること）をワシントン州内にある100以上の病院の原価計算システムを対象として実証研究を行っている。彼らの検証の結果は，原価関数が正比例していないので病院の原価計算システムから得られる原価データは種々の意思決定には有用ではないというものであった。彼らのアプローチは，適切な原価データを提供するための原価計算システ

ムにおけるコスト・ドライバーの役割を分析したという点で高く評価できる。

また一方で，Demski (1997) は，企業内における各活動のレリバント・レンジの観点から，その範囲内で線形近似できれば良いという立場をとっている。その範囲内で求められる原価関数の傾きないし勾配（限界原価）が，種々の意思決定に資する基礎原価データとなると考えているのである。Demski のアプローチは，レリバント・レンジにおけるコスト・ドライバーおよびコスト・ドライバー・レートの役割を示し，原価計算システムが有用な原価データを提供し利用するための礎を示している。この点は高く評価されなければならない。

ここで，Noreen の見解と Demski の見解には重要な相違がある。Noreen は各コスト・プール別原価関数の正比例性を重視しており，種々の意思決定に資する増分原価データは各コスト・プール別原価関数の平均原価で算出されるものと考えている。一方，Demski は各コスト・プール別原価関数のレリバント・レンジ内における線形近似のみを重視しており，種々の意思決定に資する増分原価データは各コスト・プール別原価関数のレリバント・レンジにおける限界原価で算出されるものと考えている。

この両者の差には，次のような視点の相違があると思われる。Noreen も Demski も原価計算システムの基本構造を原価関数の概念を導入して分析したという意味では非常に高く評価されて然るべきと言えるが，Noreen は原価計算プロセスを単なる割り当てのプロセスとして考えており，平均原価の算出に焦点を当てて，平均原価＝限界原価となる要件を提示しているのに対し，Demski は原価関数を種々の目的に適合させて，レリバント・レンジにおける限界原価を利用することを意図していることである。

このような見解の相違は，強度ドライバーが用いられる場合や，平均原価と限界原価とが等しくなる場合等には解消される可能性もある。

1-5. 原価計算システムにおける一貫性

一般に，正確な製品原価を計算するためには活動別にコスト・プールを細分化し，それぞれに適切なコスト・ドライバーを選択する必要があるとされてい

る。その傾向は，ABCにおいても見ることができる。しかしながら，その命題が果たして本当に真であるのかという疑問をDatarとGuptaが呈している。

　Gupta (1993) は，（ⅰ）製品の異質性，（ⅱ）配賦尺度の異質性，および（ⅲ）活動間における製品の資源利用の異質性，それぞれの異質性の程度がコスト・プールの細分化の程度に応じて製品原価にどのような影響を与えるのかを分析している。2社のフィールド・データを分析の対象として，コスト・プールの細分化のレベル別に製品に配賦された原価差額のレベルと，それぞれの異質性の程度との間における相関関係を検証している。

　また，Datar & Gupta (1994) は，次の点を検証している。すなわち，(1) 原価計算システムにおける配賦基準の特定化の部分的な改善およびコスト・プールの設定数の増加は，特定化誤差および統合化誤差を大きくすること，さらに(2) コスト・プールを細分化して適切な配賦基準を用いて特定化誤差と統合化誤差を減少させることは，測定誤差を増加させ，その結果，製品原価の誤差を増加させる可能性があるということである。なお，特定化誤差はコスト・プールの製品別配賦基準によって生じる誤差，統合化誤差はコスト・プールを統合することによって生じる誤差，測定誤差はコスト・プール別集計段階における誤差をそれぞれ示している。

　DatarとGuptaの見解より得られたインプリケーションとは，コスト・プールの細分化の問題に関連して，コスト・プール別計算における正確性を重視すると製品別計算における正確性が損なわれる可能性があり，逆に製品別計算における正確性を重視するとコスト・プール別計算における正確性が損なわれる可能性があるというジレンマの存在を明らかにしたことである。このDatarとGuptaの見解に従ってNoreen (1991) が示した3つの条件の相互関係を検証する必要がある。Noreenも第2条件である各コスト・プール別原価関数が活動に対して正比例することを最重要視しており，製品別計算の段階に主たる焦点を当てている。その意味では，コスト・プール別計算に関連する第1条件前段と，コスト・プールが活動単位を表すという第1条件後段および第2条件との間にもトレード・オフの関係が存在する可能性もあり得る。このようなジレン

マを解消することができなければ，原価計算システムは，いかなる意思決定に資する原価データをも提供することができない。コスト・プール細分化が製品原価計算システムにおける正確性を追究するために必須であるという命題に対して，アンチテーゼが提示された。

1-6. 原価計算システムの意義と限界

原価計算の基本構造について考察するに当たり，Noreen の所説を詳細に分析していく過程で様々な問題点が明らかになった。

まず，Noreen (1991) が示した全体原価関数は，資源の価格要因と，技術制約に関する要因を一定ないし所与のものとして考慮していない。そこで，資源の価格要因を導入したモデルが Christensen & Demski (1995) によって構築され，①分割可能性の条件と②加法性の条件が導出された。しかし，このモデルはコスト・プール別計算に着目しており，必ずしも原価計算システム全体に対して整合性を持った理論を提供するものではなかった。

次に，これまでの原価計算の精緻化を志向する研究には製品別計算段階に着目したものが多かった。Noreen の見解もその傾向と一貫している。しかしながら，製品別計算における様々な議論をする際に，各コスト・プール別原価は所与であるか，正確に計算されているものと仮定されて展開されていることが問題になる。なぜなら，Datar と Gupta の所説で示されたように，製品別計算段階の正確性のみを志向してコスト・プールを細分化しても，必ずしも正確な製品原価を計算することができないからである。

さらに，原価計算システムの一貫性について，Noreen (1991) の条件間の関係を Datar と Gupta の見解に基づいて分析した結果，コスト・プール別計算段階における正確性と製品別計算段階における正確性との間にはトレード・オフが生じる可能性があることが明らかになり，Noreen の各条件も同時に満たすことが困難である可能性があるという問題が明らかになった。

これらの課題に対して，Bromwich & Hong (1999) の条件は，Noreen (1991) の条件を拡張する目的で導出され，とくに資源の価格要因と技術制約の要因を

モデルに取り込んでいることが特徴である。その結果，技術に関連する条件，会計システムに関連する条件，資源の価格に関連する条件，および会計的分割可能性に関する条件からなる8つの条件が示され，資源ドライバーと活動ドライバーとの比例関係の存在が必要とされたのである。

資源ドライバーと活動ドライバーとの間に比例関係が存在するように原価計算システムが設計されることは，Noreen (1991) の示した3つの条件を満たす上で重要な役割を果たす。

まず，コスト・プール別計算段階においては，Christensen & Demski (1995) の見解から導出された分割可能性の条件と加法性の条件が，資源ドライバーと活動ドライバーとの比例関係のための必要条件になり，製品別計算段階との整合性を築く上でも必要な条件であることが明らかになった。製品別計算の段階においては，資源ドライバーと活動ドライバーとの間に比例関係がある場合には，NoreenとDemskiとの間の見解の相違が問題とはならなくなり，かつ，各コスト・プール別の原価の計算が正確であるとする暗黙の前提に対しても合理性を提供できる。このようにコスト・プール別計算と製品別計算の各段階に対する貢献により，原価計算システム全体の整合性ないし一貫性が確保されるための1つの指針が示されたように思われる。ただし，重要なことは，製品原価計算システムにおいて，いかなる経済学的な補完があったとしても，会計専門家による会計的な解釈が必要不可欠であるということである。このようなアプローチについても，会計的な解釈がなされなければ意味がない。この点は，Demski (1997) も随所に指摘しているところである。

さらに，課題と関連させて限界を示さなければならない。まず，共通費の問題が残されている。前述の通り，一般に製品別計算における正確性を志向してコスト・プールを細分化すると，コスト・プール別計算の段階において共通費が相対的に増大してしまう。コスト・プールの細分化／統合化に伴うコスト・プール共通費の相対的増大／減少によって，原価計算システムの正確性を確保する上でジレンマが生じる。このジレンマは，必ずしもBromwich & Hong (1999) の貢献によって解消されるとは限らない。その意味でも，このジレンマ

は原価計算システムにおける限界の1つを表しているといえる。

一方,別の限界としては,資源ドライバーと活動ドライバーとの間に比例関係をもつような原価計算システムの設計が実務的にはきわめて困難であるという問題である。今日の生産環境下では生産工程を複雑にする要因は数多く存在する。それに対応する原価計算システムを設計・運用するとなると,その煩雑さは膨大なものとなるだろう。とくに,因果フローの連鎖内において設定される全てのドライバー間で比例関係を形成するように設計されるとなると,現実的な実行可能性はほぼ皆無に近い。その意味でも Bromwich & Hong (1999) の貢献は,原価計算の基本構造が有するべき理論上の特性に対するものに留まっており,現実の企業が直面する諸問題に対しては限界があるといえよう。

1-7. 近年の動向：TDABC と Labro 等の所説

製品原価計算研究における近年の動向として,Kaplan & Anderson (2007) の TDABC と Labro 等の所説を挙げることができる。

TDABC は,従来の ABC の欠点である実施困難性に対処するために計算構造を簡略化し,実施段階における諸問題とコスト・ベネフィットの問題に対応することを企図していると評価できる。Labro 等の所説は製品原価数値に焦点を当てた研究を展開しており,実施段階における諸問題に対処するための示唆を得ることができる。その一方で analytical approach 内における計算構造自体に焦点を当てた研究と製品原価数値に焦点を当てた研究との相互作用が希薄になる傾向が見受けられた。

ABC の実行可能性を高め,また今後の製品原価計算研究の発展のためには,analytical approach から得られた知見の活用と潮流間の相互作用に期待される役割は大きい。とくに原価計算対象の変化にコスト・ドライバーが確実に反応できるシステムを設計するためには,今後も,市場→製品→活動→資源という因果関係を徹底的に追究することが重要である。

本書では,経営意思決定への有用性という観点から,企業内部の諸活動を識

別して資源の投入と利用の関係を可視化するために，Noreen の所説を議論の中心に据え，正確な原価計算システムの構築に関する現状と課題を明らかにした。現代では，この命題に対してABCが大きく寄与したといえる。しかし，ABCをはじめとする原価計算システムは製品別計算段階に過大に焦点を当てていることに，本書で採り上げた問題の発端がある。

正確な原価計算システムを構築する上で障害となる諸問題は，analytical approach に属する一連の研究を分析する過程で明らかにすることができた。まず，Noreen の所説を拡張した Christensen と Demski の所説および Bromwich と Hong の所説によって原価計算の基本構造に経済学的な解釈を与えたことにより，様々な問題点を顕在化することができたと同時に，各コスト・プール別の原価関数の概念が導入された。また，Datar と Gupta の所説とNoreen の所説とを照らし合わせることにより，原価計算の基本構造が有する特性とその構造内におけるジレンマの存在を明らかにし，発生原価の測定から，コスト・プール別計算を介して製品別計算までのシステム全体の一貫性が不可欠であることも明らかにすることができた。

伝統的管理会計論・原価計算論は「異なる目的には異なる原価」の指導原理の下で発展し，因果関係追究のコンテクストからABCも登場し発展してきたが，その背後には，本書における考察の随所でも指摘した「平均原価と限界原価の相克」が生じていたのであった。

以上，ABCのような洗練化されたシステムが実際に導入・運用されるためにはまだ多くの課題が残されているが，そのような課題を明らかにした上で，分析的手法を用いた理論的研究の視点からその対処を試みたことが本書の特長といえる。

第2節　課題と今後の展望

本書では，Noreen (1991) をはじめとしたanalytical approach の潮流を中心に，正確な製品原価計算システムの構築に関する諸問題を採り上げ，検討を

行った。

　各章において様々な考察を行ったが，計算構造上で最も重要な問題になるのは共通費の問題である。Horngrenも指摘しているように，原価計算の歴史は原因と結果をリンクさせる企てとして説明される。原価計算システムは，その情報利用者がより適切な意思決定を下すための情報システムの１つであり，それを主眼として発達してきた。それは，より明確に資源の投入と利用の関係を可視化しようとする因果関係追究の歴史ともいえる。しかし，原価計算システムから提供される基礎原価データには，共通費の配分のルールに基づいているという大きな限界がある。平均原価と限界原価の相克も随所に見ることができる。しかし，原価配賦の限界を理解した上で，原価計算システムから提供される基礎原価データを利用することが重要である。このような認識を示したのはVatter (1945a) である。彼の見解は，現代における問題状況であっても原価計算における限界を的確に示し，警鐘を促している。彼の問題設定は次の通りである。

　「原因と結果，努力と達成，ないし原価と原価計算単位のような一対の現象は，しかし，めったに単純で直接的に繋がるものではない。あらゆる原因は多くの結果をもたらし，あらゆる事象は多くの原因から生じる。すべての出来事および観測値は，多くの糸によって結び合わせられている。すべての原価は，複雑な構造の中で多かれ少なかれ織り合わされている。つまり，原価は，様々な原価計算単位に関してだけでなく，発生に関しても同様に，大部分が結合的なのである」(Vatter 1945a, p.241)。

　Vatter (1945a) によると，原価の結合的特性は，原価の発生時点における結合と，原価計算対象に関連する結合に区分されるという。前者は複数の活動ないし製品に対して投入される資源の原価を配賦する際に問題となり，後者は連産品に関する原価配分の際に問題になる。本書において，共通費の問題として採り上げているのは前者の問題である。そして，Vatter (1945a) は，原価の結

合的特性の問題を指摘してから，間接費の配賦について，判断に依存すること，便宜的であること，および平均化であることから，限界を有する旨を指摘している。製品原価計算論の発展は，常に Vatter (1945a) が指摘する限界を踏まえつつ，進めていかなければならないのである。

序章でも示したように，本書では analytical approach に属する研究を中心に取り上げたが，implementation-phase approach および cost-benefit approach とは相互に作用し合う関係になっているのだろうか。イノベーション・アクション・リサーチにみられるように，ABC の理論が実務における研鑽を経て深化したことを鑑みると，これらの潮流は相互に影響し合いつつ発展していくことが重要であると思われる。ただし，少なくとも近年の動向からダイナミックな相互作用を見出すことは容易ではない。原価計算／管理会計における理論と実務のリンケージを強化するために，潮流間の相互関係も今後の研究で明らかにする必要あるだろう。

なお，実務における実行可能性に関連する課題も多く残されている。計算の精緻化に伴って構造が複雑化し，企業の会計担当者からの支持が得られにくい可能性もある。いかにして実務における実行可能性を高めていくかも重要な問題であろう。さらに，本社経理担当者，工場経理担当者，および現場担当者の間で意識している問題に相違があり，原価計算システムに要求される正確性に対する意識・視点のギャップが存在していることも考えられる（片岡 2004c；2005b）。同一企業内でもいかなる経営管理問題に対処するかに応じて，様々な視点を有している。各階層の各職能別の担当者間における視点のギャップについて，今後，企業内部における資源の投入と利用の関係を可視化するシステムを各担当者がいかにして利用するのかについても，明らかにしていく必要がある[1]。

また，現代のような厳しい生産環境においては，資源の投入と利用の関係に大きく影響を与えるような技術制約の変化も予想される。製品種類の多様性と生産工程の複雑性が ABC 登場の背景であったように，技術制約のいかなる変化によって，原価計算はいかなる影響を受けるのか。少品種大量生産の時代か

ら，生産量のみだけでなく製品種類の概念も重要なファクターとなる多品種少量生産時代への移行，さらに昨今のように多品種少量生産ないし変種変量生産で，かつ，製品ライフサイクルの短縮化に関連する諸問題も企業にとって重要な課題となっている。

今後いかなる方向へ展開しようとも，資源の投入と利用の関係を可視化せしめる原価計算システムが不可欠であることには変わりない。また，良い会計システムは，目的に適合しているだけではなく，それが利用される組織コンテクストとも結びつけて議論される必要がある（廣本編著2009）。現代の企業が置かれる環境の中で，いかなる経営管理上の問題が存在し，いかなる原価計算システムがどのように利用されているのかについて，今後も徹底的な調査が必要であるといえよう。

1 種々の意思決定に資する基礎的原価データを提供する原価計算の基本構造と，組織における階層的意思決定のコントロールの問題とは，これまで必ずしも関連付けて議論されていない。精緻で正確な原価計算システムから提供される基礎的原価データが，組織のトップ・マネジメント，ミドル・マネジメント，および現場担当者の意思決定にいかにして活用されるのか，または活用されるべきなのか，組織コンテクストとも関連させて検討する必要がある。片岡（2005b；2006a；2007；2008；2010a；他）を参照されたい。

参 考 文 献

Al-Omiri, M. and C. Drury, (2007), "A survey of factors influencing the choice of product costing systems in UK organizations," *Management Accounting Research*, 18, pp.399-424.

American Accounting Association, (1966), *A Statement of Basic Accounting Theory*, AAA. (飯野利夫訳 (1969)『基礎的会計理論』国元書房)

Anderson, S.W., (1995), "A Framework for Assessing Cost Management System Changes: The Case of Activity-Based Costing Implementation at General Motors, 1986-1993.," *Journal of Management Accounting Research*, 7, pp.1-51.

Anthony, R.N., G.A. Welsch, and J.S.Reece, (1985), *Fundamentals of Management Accounting*, 4th ed., Richard D. Irwin, Inc.

Anthony, R.N. and V. Govindarajan, (2001), *Management Control Systems 10th ed.*, McGraw-Hill.

Argyris, C. and R.S. Kaplan, (1994), "Implementing New Knowledge: The Case of Activity-Based Costing," *Accounting Horizons*, September, pp.83-105.

Babad, Y.M. and B.V. Balachandran, (1993), "Cost Driver Optimization in Activity-Based Costing," *The Accounting Review*, July, pp.563-575.

Baker, K.R. and R.E. Taylor, (1979), "A Linear Programming Framework for Cost Allocation and External Acquisition when Reciprocal Service Exist," *The Accounting Review*, October, pp.784-790.

Balakrishnan, R. and K. Sivaramakrishnan, (2001), "Sequential Solutions to Capacity-Planning and Pricing Decisions," *Contemporary Accounting Research*, 18 (1), pp.1-26.

Balakrishnan, R. and K. Sivaramakrishnan, (2002), "A Critical Overview of the Use of Full-Cost Data for Planning and Pricing," *Journal of Management Accounting Research*, 14, pp.3-31.

Banker, R.D., S.M. Datar, S. Kerkre, and T. Mukhopadhyay, (1990), "Costs of Product and Process Complexity," in R.S. Kaplan ed., *Measures for Manufacturing Excellence*, Harvard Business School Press, pp.269-290.

Banker, R.D., I. Hwang, and B.K. Mishra, (2002), "Product Costing and Pricing under

Long-term Capacity Commitment," *Journal of Management Accounting Research*, 14, pp.79-97.

Banker, R.D. and H.H. Johnston, (1993), "Empirical Study of Cost Drivers in U.S. Airline Industry," *The Accounting Review*, July, pp.576-601.

Banker, R.D. and G. Potter, (1993), "Economic Implications of Single Cost Driver Systems," *Journal of Management Accounting Research*, 5, pp.15-32.

Banker, R.D. and J.S. Hughes, (1994), "Product Costing and Pricing," *The Accounting Review*, July, pp.479-494.

Battersby, T., (1878), *The Perfect Double Entry Book-Keeper (Abridged) and the Perfect Prime Cost and Profit Demonstrator for Iron and Brass Founders, Machinists, Engineers, Shipbuilders, Manufacturers, etc.*, John Heywood.

Bhimani, A., M. Gosselin, M. Ncube, and H. Okano, (2007), "Activity-Based Costing: How Far Have We Come Internationally?," *Journal of Cost Management*, May/June, pp.12-17.

Blocker, J.G. and W.K. Weltmer, (1954), *Cost Accounting 3rd ed.*, McGraw-Hill.

Bromwich, M., (1994), "The Economic Foundation of Activity-Based Costing (ABC)," in Dellmann, K. and K.P. Franz, ed., *Neuere Entwicklungen im Kostenmanagement*, Bern, Paul Haupt, pp.167-188.

Bromwich, M., (1997), *Accounting for Overheads: Critique and Reforms*, Studia Oeconomiae Negotiorum 41, Uppsala University.

Bromwich, M. and C. Hong, (1999), "Activity-Based Costing Systems and Incremental Costs," *Management Accounting Research*, 10, pp.39-60.

Bromwich, M. and C. Hong, (2000), "Costs and regulation in the U.K. telecommunications industry," *Management Accounting Research*, 11, pp.137-165.

Brummet, R.L., (1957), *Overhead Costing — The Costing of Manufactured Products*, The Bureau of Business Research, School of Business Administration, University of Michigan.（染谷恭次郎訳（1959）『間接費計算』森山書店）

Brunton, N.M., (1988), "Evaluation of Overhead Allocations," *Management Accounting*, July, pp.22-26.

Buchheit, S., (2004), "Fixed Cost Magnitude, Fixed Cost Reporting Format, and Competitive Pricing Decisions: Some Experimental Evidence," *Contemporary Accounting Research*, 21 (1), pp.1-24.

Cardinaels, E. and E. Labro, (2008), "On the Determinants of Measurement Error in

Time-Driven Costing," *The Accounting Review*, May, pp.735-756.

Chambers, R.G., (1988), *Applied Production Analysis*, Cambridge University Press.

Chen, J.T., (1983), "Cost Allocation and External Acquisition of Services When Self-Services Exist," *The Accounting Review*, July, pp.600-605.

Christensen, J. and J.S. Demski, (1995), "The Classical Foundations of 'Modern' Costing," *Management Accounting Research*, 6, pp.13-32.

Christensen, J. and J.S. Demski, (1997), "Product Costing in the Presence of Endogenous Subcost Functions," *Review of Accounting Studies*, 2 (1), pp.65-87.

Church, A.H., (1908), *The Proper Distribution of Expense Burden*, The Engineering Magazine.

Church, A.H., (1910), *Production Factors in Cost Accounting and Works Management*, The Engineering Magazine.

Church, A.H., (1917), *Manufacturing Costs and Accounts*, McGraw-Hill.

Church, A.H., (1930), *Overhead Expenses in relation to Costs, Sales and Profits*, McGraw-Hill Book.

Churchill, N., (1964), "Linear Algebra and Cost Allocations; Some Examples," *The Accounting Review*, October, pp.894-904.

Clark, J.M., (1923), Studies in the *Economics of Overhead Costs*, University of Chicago Press.

Cole, W.M., (1920), *Accounts, Their Construction and Interpretation*, revised and enlarged ed., Houghton Mifflin Co.

Cooper, R., (1987a), "The Two-Stage Procedure in Cost Accounting: Part One," *Journal of Cost Management*, Summer, pp.43-51.

Cooper, R., (1987b), "The Two-Stage Procedure in Cost Accounting: Part Two," *Journal of Cost Management*, Fall, pp.39-45.

Cooper, R., (1988a), "The Rise of Activity-Based Costing — Part One: What Is an Activity-Based Cost System?," *Journal of Cost Management*, Summer, pp.45-54.

Cooper, R., (1988b), "The Rise of Activity-Based Costing — Part Two: When Do I Need an Activity-Based Cost System?," *Journal of Cost Management*, Fall, pp.41-48.

Cooper, R., (1989a), "The Rise of Activity-Based Costing — Part Three: How Many Cost Drivers Do You Need, How Do You Select Them?," *Journal of Cost Management*, Winter, pp.34-46.

Cooper, R., (1989b), "The Rise of Activity-Based Costing — Part Four: What Do

Activity-Based Cost Systems Look Like?," *Journal of Cost Management*, Spring, pp.34–46.

Cooper, R., (1989c), "You Need a New Cost System When...," *Harvard Business Review*, January-February, pp.77–82.

Cooper, R., (1990), "Cost Classification in Unit Based and Activity-Based Manufacturing Cost Systems," *Journal of Cost Management*, Fall, pp.4–14.

Cooper, R. and R.S. Kaplan, (1988a), "How Cost Accounting Distorts Product Costs," *Management Accounting*, April, pp.20–27.

Cooper, R. and R.S. Kaplan, (1988b), "Measure Costs Right: Make the Right Decisions," *Harvard Business Review*, September-October, pp.96–103.

Cooper, R. and R.S. Kaplan, (1991a), "Profit Priorities from Activity-Based Costing," *Harvard Business Review*, May-June, pp.130–135.

Cooper, R. and R.S. Kaplan, (1991b), *The Design of Cost Management Systems, Text, Cases, and Readings 1st ed.*, Prentice-Hall.

Cooper, R. and R.S. Kaplan, (1992), "Activity-Based Systems: Measuring the Costs of Resource Usage," *Accounting Horizons*, September, pp.1–13.

Cooper, R., R.S. Kaplan, L.S. Maisel, E. Morrissey, and R.M. Oehm, (1992), *Implementing Activity Based Cost Management*, Institute of Management Accountants.

Cooper, R. and P.B.B. Turney, (1990), "Internally Focused Activity-Based Cost Systems," in edited by R.S. Kaplan, *Measures for Manufacturing Excellence*, Harvard Business School Press, pp.291–305.

Datar, S.M., S. Kekre, T. Mukhopadhyay, and K. Srinivasan, (1993), "Simultaneous Estimation of Cost Drivers," *The Accounting Review*, July, pp.602–614.

Datar, S. and M. Gupta, (1994), "Aggregation, Specification, and Measurement Errors in Product Costing," *The Accounting Review*, October, pp.567–591.

Demski, J.S., (1980), *Information Analysis 2nd ed.*, Addison-Wesley.

Demski, J.S., (1981), "Cost Allocation Games," in *Joint Cost Allocations*, edited by S. Moriarity, University of Oklahoma Center for Economic and Management Research.

Demski, J.S., (1997), *Managerial Uses of Accounting Information*, Kluwer Academic Publishers.

Demski, J.S. and G.A. Feltham, (1976), *Cost Determination: A Conceptual Approach*, The Iowa State University Press.

Devine, C.T., (1942), *Inventory Valuation and Periodic Income*, The Ronald Press

Company.

Dhaval, D.G., (2007), "Product Costing for Decision Making in Certain Variable-Proportion Technologies," *Journal of Management Accounting Research*, 19, pp.51-70.

Dickey, R.I. ed., (1960), *Accountants' Cost Handbook 2nd ed.*, The Ronald Press.

Dohr, J.L. and H.A. Inghram, (1946), *Cost Accounting Principles and Practice*, The Ronald Press.

Dopuch, N., (1993), "A Perspective on Cost Drivers," *The Accounting Review*, July, pp.615-620.

Drury, C. and M. Tayles, (2005), Explicating the design of overhead absorption procedures in UK organisations, *The British Accounting Review*, 37, pp.47-84.

Foster, G. and M. Gupta, (1990a), "Manufacturing Overhead Cost Driver Analysis," *Journal of Accounting and Economics*, 12, pp.309-337.

Foster, G. and M. Gupta, (1990b), "Activity Accounting: An electric industry implementation," in edited by R.S. Kaplan, *Measures for Manufacturing Excellence*, Harvard Business School Press, pp.225-268.

Foster, G. and D.W. Swenson, (1997), "Measuring the Success of Activity-Based Cost Management and its Determinants," *Journal of Management Accounting Research*, 9, pp.107-139.

Gammel, F. and C.J. Mcnair, (1994), "Jumping The Growth Threshold Through Activity-Based Cost Management," *Management Accounting*, September, pp.37-46.

Garcke, E. and J.M. Fells, (1887), *Factory Accounts: Their Principles and Practice, A Handbook for Accountants and Manufacturers,* Closby Lockwood & Co..

Garner, S.P., (1954), *Evolution of Cost Accounting to 1925*, University of Alabama Press. (品田誠平, 米田清貴, 園田平三郎, 敷田礼二共訳（1958）『原価計算の発展』一粒社)

Garner, S.P., (1960), "Highlights in The Development of Cost Accounting," in W.E. Thomas, Jr. ed. (1960), *Readings in Cost Accounting Budgeting and Control 2nd ed.*, South-Western Publishing Company., pp.2-14.

Gillespie, C., (1962), *Standard and Direct Costing*, Prentice-Hall.

Gosselin, M., (1997), "The Effect of Strategy and Organizational Structure on The Adoption and Implementation of Activity-Based Costing," *Accounting, Organizations, and Society*, 22 (2), pp.105-122.

Gox, R.F, (2002), Capacity Planning and Pricing under Uncertainty, *Journal of*

Management Accounting Research, 14, pp.59-78.

Gupta, M., (1993), "Heterogeneity Issue in Aggregated Product Costing Systems," *Journal of Management Accounting Research*, 5, pp.180-212.

Harris, J.N., (1936), "What Did We Earn Last Month?," *NACA Bulletin*, January 15, pp.501-527.

Hayes, R.H and G.P. Pisano, (1994), "Beyond World-Class: The New Manufacturing Strategy," *Harvard Business Review*, January-Feburary, pp.77-86.

Henrici, S.B., (1953), *Standard Cost for Manufacturing 2nd ed.*, McGraw-Hill.

Henrici, S.B., (1960), *Standard Cost for Manufacturing 3rd ed.*, McGraw-Hill.

Hiromoto, T., (1988), "Another Hidden Edge — Japanese Management Accounting," *Harvard Business Review*, July-August, pp.22-26.

Hiromoto, T., (1991), "Restoring the Relevance of Management Accounting," *Journal of Management Accounting Research*, 3, pp.1-15.

Homburg, C., (2001), "A note on optimal cost driver selection in ABC," *Management Accounting Research*, 12, pp.197-205.

Hoque, Z., (2000), "Just-In-Time Production, Automation, Cost Allocation Practices and Importance of Cost Information: An Empirical Investigation in New Zealand-Based Manufacturing Organizations," *The British Accounting Review*, 32, pp.133-159.

Horngren, C.T., (1962), "Choosing Accounting Practices for Reporting to Management," *NAA Bulletin*, September, pp.3-15.

Horngren, C.T., (1972), *Cost Accounting A Managerial Emphasis 3rd ed.*, Prentice-Hall.

Horngren, C.T., (1975), "Management Accounting: Where Are We?" in *Proceedings of the Robert Beyer Symposium on Management Accounting and Control*, edited by W.S. Albrecht, University of Wisconsin.

Horngren, C.T., (1990), "Contribution Margin Analysis: No Longer Relevant/Strategic Cost Management: The New Paradigm," edited by M.A. Robinson, *Journal of Management Accounting Research*, 2, pp.2-15.

Horngren, C.T. and G. Foster, (1991), *Cost Accounting: A Managerial Emphasis 7th ed.*, Prentice-Hall.

Horngren, C.T., G. Foster, and S.M. Datar, (2000), *Cost Accounting A Managerial Emphasis 10th ed.*, Prentice-Hall.

Horngren, C.T., G.L. Sundem, and W.O. Stratton, (1999), *Introduction to Management Accounting 11th ed.*, Prentice-Hall.

Horngren, C.T., G.L. Sundem, and W.O. Stratton, (2002), *Introduction to Management Accounting 12th ed.*, Prentice-Hall.

Hunt, R., L. Garrett, and C.M. Merz, (1985), "Direct Labor Cost Not Always Relevant at H-P," *Management Accounting*, February, pp.58-62.

Hwang, Y., J.H. Evans Ⅲ, and V.G. Hedge, (1993), "Product Cost Bias and Selection of an Allocation Base," *Journal of Management Accounting Research*, 5, pp.213-242.

Innes, J. and F. Mitchell, (1995), "A survey of activity-based costing in the U.K.'s largest companies," *Management Accounting Research*, 6, pp.137-153.

Jackson, W.J., (1952), "A Harf-Century of Cost Accounting Progress," *N.A.C.A. Bulletin*, September, in W.E. Thomas, Jr. ed. (1960), *Readings in Cost Accounting Budgeting and Control 2nd ed.*, South-Western Publishing Company., pp.15-28.

Johnson, H.T., (1992), "It's Time to Stop Overselling Activity-Based Concept," *Management Accounting*, September, pp.26-35.

Johnson, H.T. and R.S. Kaplan, (1987), *Relevance Lost: The Rise and Fall of Management Accounting*. Harvard Business School Press.

Jordan, J.P. and G.L. Harris, (1920), *Cost Accounting*, The Ronald Press.

Kaplan, R.S., (1973), "Variable and Self-Service Costs in Reciprocal Allocation Models," *The Accounting Review*, October, pp.738-748.

Kaplan, R. S., (1982), *Advanced Management Accounting* 1st ed., Prentice-Hall.（西村明・昆誠一監訳 (1989)『上級管理会計』中央経済社）

Kaplan, R. S., (1984), "Yesterday's Accounting Undermines Production," *Harvard Business Review*, July-August, pp.95-101.

Kaplan, R.S., (1985), "Accounting Lag: The Obsolescence of Cost Accounting Systems," in edited by K. B. Clark, R. H. Hayes, and C. Lorenz, *The Uneasy Alliance*, Harvard Business School Press, pp.195-226.

Kaplan, R.S., (1988), "One Cost System Isn't Enough," *Harvard Business Review*, January-February, pp.61-66.

Kaplan, R.S., (1990a), "Contribution Margin Analysis: No Longer Relevant/Strategic Cost Management: The New Paradigm," edited by M.A. Robinson, *Journal of Management Accounting Research*, 2, pp.2-15.

Kaplan, R.S., (1990b), *Measures for Manufacturing Excellence*, Harvard Business School Press.

Kaplan, R.S., (1992), "In Defense of Activity-Based Cost Management," *Management

Accounting, November, pp.58-63.

Kaplan, R.S., (1994), "Flexible budgeting in an activity based costing framework," *Accounting Horizons*, June, pp.104-109.

Kaplan, R.S., (1998), "Innovation Action Research: Creating New Management Theory and Practice," *Journal of Management Accounting Research*, 10, pp.89-118.

Kaplan, R.S. and S.R. Anderson, (2004), "Time-Driven Activity-Based Costing," unpublished working paper, Harvard Business School, #04-045.

Kaplan, R.S. and S.R. Anderson, (2007), *Time-Driven Activity Based Costing: A Simpler and More Powerful Path to Higher Profits*, Harvard Business School Press.

Kaplan, R. S. and A.A. Atkinson, (1989), *Advanced Management Accounting* 2nd *ed.*, Prentice-Hall.

Kaplan, R. S. and A.A. Atkinson, (1998), *Advanced Management Accounting* 3rd *ed.*, Prentice-Hall.

Kaplan, R.S. and R. Cooper, (1998), *Cost and Effect: Using Integrated Cost Systems to Drive Profitability and Performance*, Harvard Business School Press. (櫻井通晴訳 (1998)『コスト戦略と業績管理の統合システム』ダイヤモンド社)

Kaplan, R. S. and G. Thompson, (1971), "Overhead Allocation via Mathematical Programming Models," *The Accounting Review*, April, pp.352-364.

Kaplan, R. S. and U. P. Welam, (1974), "Overhead Allocation with Imperfect Markets and Non-linear Technology," *The Accounting Review*, July, pp.477-484.

Keynes, J.N., (1891), *The Scope and Method of Political Economy*, Macmillan.

Keys, D.E. and R.J. Lefevre. (1995), "Departmental Activity-Based Management," *Management Accounting*, January, pp.27-30.

Krumwiede, K.R., (1998), "The Implementation Stages of Activity-Based Costing and Impact of Contextual and Organizational Factors," *Journal of Management Accounting Research*, 10, pp.239-277.

Labro, E., (2006), "Analytics of Costing System Design," in A. Bhimani ed. *Contemporary Issues in Management Accounting*, Oxford University Press, pp.217-242.

Labro, E. and M. Vanhoucke, (2007a), "A Simulation Analysis of Interactions among Errors in Costing Systems," *The Accounting Review*, July, pp.939-962.

Labro, E. and M. Vanhoucke, (2007b), "Diversity in Resource Consumption Patterns and Costing System Robustness to Errors," The 30th Annual Congress of the European Accounting Association Lisbon 2007.

Littleton, A.C., (1933), *Accounting Evolution to 1900*, American Institute Publishing. (片野一郎訳 (1952)『会計発達史』同文館)

Livingstone, J.L., (1968), "Matrix Algebra and Cost Allocation," *The Accounting Review*, July, pp.503-508.

Maher, M.W. and M.L. Marais, (1998), "A Field Study on the Limitations of Activity-Based Costing When Resources Are Provided on a Joint and Indivisible Basis," *Journal of Accounting Research*, Spring, pp.129-142.

Manes, R.P., (1965), "Comment on Matrix Theory and Cost Allocation," *The Accounting Review*, July, pp.640-643.

McFarland, W.B., (1966), *Concept for Management Accounting*, National Association of Accountants.

Metcalfe, H., (1885), *The Cost of Manufactures and the Administration of workshops, Public and Private?*, John Willey & Son.

Miller, J.G. and T.E. Vollmann, (1985), "The Hidden Factory," *Harvard Business Review*, September-October, pp.142-150.

Minch, R. and E. Petri, (1972), "Matrix Models of Reciprocal Service Cost Allocation," *The Accounting Review*, July, pp.576-580.

Moriarity, S. ed., (1981), *Joint Cost Allocations*, University of Oklahoma Center for Economic and Management Research.

Narayanan, V.G. and R.G. Sarkar, (2002), "The Impact of Activity-Based Costing on Managerial Decisions at Insteel Industries — A Field Study," *Journal of Economics & Management Strategy*, 11 (2), pp.257-288.

Nicholson, J.L., (1909), *Factory Organization and Costs, Kohl Technical Publishing* Co..

Noreen, E., (1987), "Commentary on H. Thomas Johnson and Robert S. Kaplan's Relevance Lost," *Accounting Horizons*, December, pp.110-116.

Noreen, E., (1991), "Conditions Under Which Activity-Based Cost Systems Provide Relevant Costs," *Journal of Management Accounting Research*, 3, pp.159-168.

Noreen, E. and N. Soderstrom, (1994), "Are Overhead Costs Strictly Proportional to Activity? Evidence from Hospital Service Departments," *Journal of Accounting and Economics*, 17, pp.255-278.

Noreen, E. and N. Soderstrom, (1997), "The Accuracy of Proportional Cost Models: Evidence from Hospital Service Departments," *Review of Accounting Studies*, 2 (1), pp.89-114.

Norton, G.P., (1889), *Textile Manufacturers' Bookkeeping for the Counting House, Mill and Warehouse*, Hamilton, Adamas & Co..

Paton, W.A., (1922), *Accounting Theory*, The Ronald Press Company.

Paton, W.A. ed., (1949), *Accountants' Handbook 3rd ed.*, The Ronald Press Company.

Paton, W.A. and A.C. Littleton, (1940), *An Introduction to Corporate Accounting Standards*, American Accounting Association. (中島省吾訳 (1953)『会社会計基準序説』森山書店)

Reitell, C. and G.L. Harris, (1948), *Cost Accounting Principles and Methods 3rd ed.*, International Textbook Company.

Roth, H.P. and A. F. Borthick, (1989), "Getting Closer to Real Product Cost," *Management Accounting*, May, pp.28-33.

Roth, H.P. and A.F. Borthick, (1991), "Are You Distorting Costs by Violating ABC Assumptions?," *Management Accounting*, November, pp.39-42.

Schlatter, C.F. and W.J. Schlatter, (1957), *Cost accounting 2nd ed.*, John Wiley.

Scovell, C.H., (1916), *Cost Accounting and Burden Application*, D. Applton and Company.

Shields, M.D., (1995), "An Empirical Analysis of Firm's Implementation Experiences with Activity-Based Costing," *Journal of Management Accounting Research*, 7, pp.148-166.

Shillinglaw, G., (1963), "The Concept of Attributable Cost," *Journal of Accounting Research*, Spring, pp.73-85.

Simon, H.A., H. Guetzkow, G. Kozmtsky, and G. Tyndall, (1954), *Centralization vs. Decentralization in Organizing the Controller's Department*, Controllership Foundation, Inc.

Solomons, D., (1965), *Divisional Performance: Measurement and Control*, Financial Executives Research Foundation, Inc.

Solomons, D., (1968), "The Historical Development of Costing," in D. Solomons ed., *Studies in Cost Analysis 2nd ed.*, The Law Book Company: Australia, pp.3-49. (First published in *Studies in Costing*, 1952.)

Solomons, D., (1987), "Review of Relevance Lost," *The Accounting Review*, October, pp.846-848.

Swenson, D., (1995), "The Benefits of Activity-Based Cost Management to the Manufacturing Industry," *Journal of Management Accounting Research*, 7, pp.167-180.

Vance, L.L., (1952), *Theory and Technique of Cost Accounting*, The Foundation Press.

Vangermeersch, R., (1986), *The Contributions of Alexander Hamilton Church to Accounting and Management*, Garland Publishing.

Vatter, W.J., (1945a), "Limitations of Overhead Allocation," *The Accounting Review*, April, in W.E. Thomas, Jr. ed., (1960), *Readings in Cost Accounting Budgeting and Control 2nd ed.*, South-Western Publishing Company, pp.239-258.

Vatter, W.J., (1945b), "Accounting Measurements of Incremental Cost," *The Journal of Business of University of Chicago*, 18 (3), pp.145-156.

Vollmers, G.L., (1996), "Academic Cost Accounting from 1920-1950: Alive and Well," *Journal of Management Accounting Research*, 8, pp.183-199.

Weber, C., (1966), *The Evolution of Direct Costing*, Center for International Education and Research in Accounting.

Webner, F.E., (1911), *Factory Costs*, The Ronald Press.

Wells, M.C., (1978a), *A Bibliography of Cost Accounting, Its Origins and Development to 1914*, Part 1&2, Center for International Education and Research in Accounting.

Wells, M.C., (1978b), *Accounting for Common Costs*, Center for International Education and Research in Accounting.（内田昌利・岡野浩訳（1992）『ウェルズ原価計算論の視座』同文舘出版）

Zimmerman, J.L., (1979), "The Costs and Benefits of Cost Allocations," *The Accounting Review*, July, pp.504-521.

Zimmerman, J.L., (2000), *Accounting for Decision Making and Control*, McGraw-Hill.

青木茂男責任編集（1980）『原価会計論』中央経済社。

青木茂男（1980）「原価会計の生成・発展」青木茂男責任編集『原価会計論』中央経済社，pp.3-32。

浅羽二郎（1991）『管理会計論の基調』文眞堂。

安藤英義（2010）「巻頭言　簿記会計と財務報告はやがて別物？」『産業経理』第69巻第4号，p.3。

井尻雄士（1968）『会計測定の基礎』東洋経済新報社。

今福愛志（2010）「IFRSの次にくるもの」『企業会計』第62巻第5号，pp.4-10。

大野耐一（1978）『トヨタ生産方式─脱規模の経営をめざして─』ダイヤモンド社。

岡本清（1962）「仕損費の処理法にみる実際原価概念の正常化」『一橋論叢』第48巻第3号，pp.99-106。

岡本清（1963）「原価概念の正常化─米国原価計算史研究の一視角─」『會計』第84

巻第2号, pp.47-67。

岡本清（1964）「アレキサンダー・ハミルトン・チャーチとその間接費計算論」『一橋論叢』第51巻第4号, pp.104-124。

岡本清（1965）「米国における直接原価計算の外部報告機能論争」『一橋論叢』第54巻第3号, pp.35-55。

岡本清（1969）『米国標準原価計算発達史』白桃書房。

岡本清（1972）「減損費・仕損費の処理と番場学説」森田哲爾・岡本清・中村忠編『現代会計学の基本課題』中央経済社。

岡本清（1980）「原価会計と一般会計」青木茂男責任編集『原価会計論』中央経済社, pp.35-60。

岡本清（1994）『原価計算（五訂版）』国元書房。

岡本清・廣本敏郎・尾畑裕・挽文子（2003）『管理会計』中央経済社。

奥雅春（2006）「問題顕在力をさらに高める生産現場の情報武装化」『IEレビュー』245号, pp.6-11。

尾畑裕（1992）「固定費発生原因の生産・原価理論的分析と固定費配賦の理論」『産業経理』第52巻第3号, pp.78-86。

尾畑裕（2000）『ドイツ原価理論学説史』中央経済社。

上總康行（1989）『アメリカ管理会計史』（上・下巻）同文舘出版。

片岡洋人（2001）「製造間接費研究の動向―ABCの貢献を中心として―」『管理会計学』第10巻第1号, pp.27-38。

片岡洋人（2003a）「原価部門設定の基準に関する考察―番場嘉一郎「原価計算論」を中心に―」『産業経理』第62巻第4号, pp.107-116。

片岡洋人（2003b）「正確な製品原価計算システムの構築：ABCの限界」『企業会計』第55巻第2号, pp.99-106。

片岡洋人（2004a）「原価計算の基本的プロセスにみる生成と確立」『大分大学経済論集』第56巻第2号, pp.21-47。

片岡洋人（2004b）「製品原価計算システムの正確性について：現代原価計算研究の系譜」大分大学経済学部ワーキングペーパー, No.8。

片岡洋人（2004c）「日本原価計算研究学会第1期企業研修制度最終報告：日本化薬株式会社における実務から得られた知見」日本原価計算研究学会第30回全国大会レジュメ集, p.53。

片岡洋人（2004d）「ABCの基礎的構造と意思決定」『管理会計学』第12巻第2号, pp.61-74。

片岡洋人（2005a）「製品原価計算の基本構造に関する研究」一橋大学大学院商学研究科博士学位論文。

片岡洋人（2005b）「日本原価計算研究学会第1期企業研修制度報告―日本化薬株式会社における実務から得られた知見―」『原価計算研究』第29巻第2号，pp.87-93。

片岡洋人（2006a）「管理会計の新パラダイム：自律的組織におけるコントロール」『大分大学経済論集』第57巻第5号，pp.1-36。

片岡洋人（2006b）「増分原価概念にみる原価計算論の展開：1915年頃～1986年」『大分大学経済論集』第58巻第2号，pp.29-59。

片岡洋人（2007）「自律的組織における意思決定の多様化と原価計算」『会計プログレス』第8号，pp.49-62。

片岡洋人（2008）「継続的改善活動におけるABCの適用：因果関係分析に関連して」『原価計算研究』第32巻第1号，pp.1-11。

片岡洋人（2010a）「MCSにおけるABCの役割期待―コミットメント形成の「場」を中心に―」『原価計算研究』第34巻第1号，pp.116-125。

片岡洋人（2010b）「製品原価計算研究における近年の動向― analytical approach を中心に―」『会計プログレス』第11号，pp.29-44。

片岡洋一（1989）「直接原価計算のもとでの補助部門費配賦について」『原価計算』293号，pp.24-41。

片岡洋一・井岡大度（1983）「補助部門費配賦法と自部門用役の消費について」『原価計算』272号，pp.21-37。

加登豊（1993）『原価企画―戦略的コスト・マネジメント』日本経済新聞社。

小林健吾（1981）『原価計算発達史―直接原価計算の史的考察』中央経済社。

小林哲夫（1993）『現代原価計算論―戦略的コスト・マネジメントへのアプローチ』中央経済社。

昆誠一（1994）『管理会計の展開』文眞堂。

櫻井通晴（1974）「原価計算の起源・完成期に関する本質論的考察」『會計』第105巻第1号，pp.88-100。

櫻井通晴（1991）『CIM構築　企業環境の変化と管理会計』同文舘出版。

高橋賢（2008）『直接原価計算論発達史―米国における史的展開と現代的意義』中央経済社。

谷武幸（1983）『事業部業績管理会計の基礎』国元書房。

谷武幸編著（2004）『成功する管理会計システム―その導入と進化』中央経済社。

中西寅雄編著（1958）『近代原価計算』同文館。

中西寅雄（1958）第一編第二章「原価要素の分類について」中西寅雄編著『近代原価計算』同文館，pp.17-32。

中村博之（2001）「原価管理手法としてのABCと原価の管理可能性」『會計』第160巻第4号，pp.24-36。

日本会計研究学会特別委員会編（1999）『ABCとABMの理論および実践の研究』（吉川武男委員長）日本会計研究学会。

番場嘉一郎（1952a）「英国における原価計算原則」『企業会計』第4巻第4号，pp.69-72。

番場嘉一郎（1952b）「原価部門設定の基準」『企業会計』第4巻第4号，pp.54-58。

番場嘉一郎（1963）『原価計算論』中央経済社。

番場嘉一郎（1970）『新講原価計算』中央経済社。

挽文子（1999）「分権的組織における管理会計の再構築（1）」『一橋論叢』第122巻第5号，pp.19-41。

廣本敏郎（1986）「わが国製造企業の管理会計—1つの覚書—」『ビジネス レビュー』第33巻第4号，pp.64-77。

廣本敏郎（1988）「管理会計研究覚書」『一橋論叢』第100巻第5号，pp.27-44。

廣本敏郎（1993a）『米国管理会計論発達史』森山書店。

廣本敏郎（1993b）「原価管理とABC（活動基準原価計算）」『企業会計』第45巻第12号，pp.47-53。

廣本敏郎（1994）「原価計算論の再構築」『會計』第146巻第1号，pp.20-32。

廣本敏郎（1997）『原価計算論』中央経済社。

廣本敏郎（2008a）「トヨタにおけるミクロ・マクロ・ループの形成—利益ポテンシャルとJコスト」『企業会計』第60巻第9号，pp.18-26。

廣本敏郎（2008b）『原価計算論（第2版）』中央経済社。

廣本敏郎編著（2009）『自律的組織の経営システム—日本的経営の叡智』森山書店。

ホーングレン，C.T.（1992）「アメリカにおける管理会計と財務会計の回顧」『會計』第141巻第4号，pp.133-146。（伊藤邦雄・廣本敏郎訳）

松本雅男（1943）「原価会計の成立」『一橋論叢』第11巻第5号，pp.74-111。

森田哲彌・岡本清・中村忠編（1972）『現代会計学の基本課題』中央経済社。

諸井勝之助（2002）『私の学問遍歴』森山書店。

渡辺岳夫（2001a）「ABC/ABMのインプリメンテーションに関する実証研究（1）」『企業会計』第53巻第7号，pp.94-96。

渡辺岳夫（2001b）「ABC/ABM のインプリメンテーションに関する実証研究（2）」『企業会計』第 53 巻第 8 号, pp.94-96。

著者略歴

片 岡 洋 人（かたおか　ひろと）

1973年	東京都で生まれる
1997年	東京理科大学経営学部卒業
1999年	東京理科大学大学院経営学研究科修士課程修了
2004年	一橋大学大学院商学研究科博士後期課程単位修得
2004年	大分大学経済学部専任講師
2005年	「製品原価計算の基本構造に関する研究」により 一橋大学博士（商学）の学位取得
2005年	「ABCの基礎的構造と意思決定」により 日本管理会計学会・学会賞受賞（奨励賞）
2006年	大分大学経済学部助教授 （2007年に職名変更で准教授）
2008年	明治大学専門職大学院会計専門職研究科准教授 （現在に至る）
2009年	日本原価計算研究学会幹事（現在に至る）
2010年	日本原価計算研究学会学会誌編集委員（現在に至る）

製品原価計算論
せいひんげんかけいさんろん

2011年3月20日　初版第1刷発行

著　者　Ⓒ　片　岡　洋　人
発行者　　　菅　田　直　文
発行所　有限会社　森　山　書　店　東京都千代田区神田錦町
　　　　　　　　　　　　　　　　　1-10林ビル（〒101-0054）
　　　　TEL 03-3293-7061　FAX 03-3293-7063　振替口座 00180-9-32919

落丁・乱丁本はお取りかえします。　　　　印刷／製本・シナノ

　　本書の内容の一部あるいは全部を無断で複写複製する
　　ことは，著作権および出版社の権利の侵害となります
　　ので，その場合は予め小社あて許諾を求めてください。

ISBN978-4-8394-2109-0